比较优势、异质性企业与出口生产率悖论

李建萍　著

中国社会科学出版社

图书在版编目（CIP）数据

比较优势、异质性企业与出口生产率悖论/李建萍著.—北京：
中国社会科学出版社，2017.8
ISBN 978 - 7 - 5203 - 0957 - 8

Ⅰ.①比… Ⅱ.①李… Ⅲ.①外向型企业—研究—
中国 Ⅳ.①F279.24

中国版本图书馆 CIP 数据核字（2017）第 219816 号

出 版 人	赵剑英	
选题策划	刘 艳	
责任编辑	刘 艳	
责任校对	陈 晨	
责任印制	戴 宽	

出 版	中国社会科学出版社	
社 址	北京鼓楼西大街甲 158 号	
邮 编	100720	
网 址	http://www.csspw.cn	
发 行 部	010 - 84083685	
门 市 部	010 - 84029450	
经 销	新华书店及其他书店	

印刷装订	北京君升印刷有限公司	
版 次	2017 年 8 月第 1 版	
印 次	2017 年 8 月第 1 次印刷	

开 本	880×1230 1/32	
印 张	10.25	
插 页	2	
字 数	247 千字	
定 价	56.00 元	

凡购买中国社会科学出版社图书，如有质量问题请与本社营销中心联系调换
电话：010 - 84083683

目　　录

第一章 异质性企业、出口与生产率

第一节 异质性企业的提出

国际贸易理论从亚当·斯密的绝对优势理论开始，经历了近三百年的演化和发展。而异质性企业（heterogeneous firm）在国际贸易理论中却是一个新近出现的名词，它的含义是企业之间在生产率、规模、支付报酬等方面是存在差异的。

在国际贸易理论发展的绝大多数时间里，个体企业的特征是被一视同仁的，即被作为同质性企业看待，在理论模型中涉及企业问题时往往以一个"代表性企业"（representative firm）进行分析。一直到 20 世纪 90 年代，异质性企业与国际贸易的关系才引起学界关注。

一 古典和新古典贸易理论：同质性企业

古典和新古典贸易理论以解释发达国家和发展中国家的产业间贸易为主，其基本假设包括完全竞争、同质产品、规模收益不变等。古典贸易理论从技术差异角度解释贸易的起因，因为仅考虑劳动一种要素，所以国家间技术差异即为劳动生产率差异，不过这里的劳动生产率是指部门劳动生产率水平，无论绝对优势理论还是比较优势理论，其模型都是两国、两部门和单一生产要素模型。在完全竞争、同质产品、规模收益不变等一系列假设下，单个企业生产多少、生产与否，对市场价格、国际分工、贸易利益都没有任何影响，因此在古典贸易理论的分析框架内，企业的个体特征并无存在的必要性。

以要素禀赋理论为代表的新古典贸易理论从国家间要素禀赋差异角度考察贸易的起因，从而将国际贸易基本模型发展为 $2 \times 2 \times 2$ 模型，即两国、两部门、两要素模型。引入两种生产要素的重要性在于，在两个部门使用不同要素组合比例的条件下，生产可能性边界成为一条向外凸的曲线，意味着机会成本递增，从而避免了古典贸易理论下的专业化生产问题。要素禀赋理论引入要素禀赋、要素密集度等重要概念，但秉承了古典贸易理论的完全竞争、同质产品和规模收益不变等重要假设条件，同时假设两国技术相同，H—O 定理由两国要素禀赋差异引起相对供给差异，进一步导致封闭条件下的相对价格差异，从而引发国际贸易。在国际分工上遵循比较优势原则，出口密集使用本国丰富要素的产品，进口密集使用其稀缺要素的产品。在要素价格均等化理论中，由于国际贸易引发的相对价格变动促使国内生产要素市场重新配置，每个部门厂商的资本劳动比都发生变化，但是这里的厂商以部门为单位同质化了，每个部门内部的厂商以相同方式调整生产中的资本——劳动比，从而得出著名的斯托珀－萨缪尔森定理（the Stolper-Samuelson Theorem）：某一商品相对价格上升将导致该商品密集使用的生产要素实际价格提高，而另一生产要素的实际价格下降。

在涉及要素禀赋变化的动态理论中，罗伯津斯基定理指出：在商品相对价格不变的前提下，某一要素的增加会导致密集使用该要素部门的产出增加，而另一部门的产出下降。但部门产出的变化如何影响个体企业产出的变动不得而知，可以想象，如果所有企业面对相同的需求曲线，并且生产完全同质的产品且规模报酬不变，那么部门增加或减少的产出将在部门内部的所有企业间平均分配。由要素积累引发的偏向出口的经济增长，乃至国家比较优势的转换，比较优势部门和比较劣势部门内的企业在这一过程中经过一系列冲击，最终每个企业的形态势必发生颠覆性的变化，但是在以宏观和中观视角为主的传统国际贸易理论中，这些重要变化都被忽略掉了。

二 新贸易理论：由同质性企业向异质性企业过渡

20 世纪 70 年代，随着发达国家之间产业内贸易的兴起，以比较优势为核心的传统国际贸易理论面临挑战，以保罗·克鲁格曼（Paul R. Krugman）为首的一批经济学家以规模经济和不完全经济作为国际贸易的基础，论述了贸易的起因和利益来源，形成所谓"新贸易理论"。在这一过程中，对企业特性的处理虽然总体沿袭了传统贸易理论的同质性方式，但逐渐引入了一些差异性。

在差异产品产业内贸易模型中，假设市场结构是垄断竞争的，这意味着厂商在生产的产品上存在一定的异质性。但差异产品产业内贸易模型随即引入另外一些假设条件，使得厂商之间的异质性仅存在于其产品特征上，在其余方面都是同质的，这些假设条件包括：每个厂商只生产一种产品，厂商的生产技术条件和所面对的需求条件都相同，行业要素投入总量固定不变，市场总需求完全无弹性等。在这些假设条件下，厂商之间的需求曲线、边际收益线、边际成本线、平均成本线的形状及位置完全相同，均衡时的产量水平也相同，因此，在市场均衡时，厂商数目与产品种类相同，所有厂商的产量与产品价格也均相同，结果是市场规模在 n 个厂商之间平均分配。在开放条件下的垄断竞争市场均衡模型假设两国除了市场规模存在差异外，生产技术条件、要素禀赋、以及消费者偏好等方面都完全相同，开放之后，由于规模经济、差异产品的存在导致国际分工与贸易格局不同于传统的比较优势理论的预期。存在规模经济条件下，开放使得两国市场结合成为统一的世界大市场，市场规模扩大，整个世界所能容纳的厂商数目和产量均扩大，但由于假设一国的资源禀赋固定不变，在每个国家内部，单个厂商产量扩大必然意味着国内厂商数目要相应减少。最终国际分工中两国厂商数目要做怎样的调整，哪些厂商会退出，续存的厂商会生产什么样的产品，这些问题在差异产品产业内贸易模型中并没有进一步探讨，形成了一个"黑匣子"。

在差异产品产业内贸易模型中，贸易自由化促使企业变迁可能仅仅因为偶然的一些因素，因为在一系列的假设下，所有企业除了在生产的产品特征上存在差异性之外，其他方面都相同，那么导致其退出的原因只可能存在于其产品特征上，可以推测的一些原因如下：第一，其差异产品虽然在国内认可度较高，但却得不到国外消费者的认可，从而使得该企业在封闭条件下能生存下来，在开放条件下却遭到淘汰；第二，有分属两国的两家企业生产完全相同的产品，那么开放之后，存在于拥有较大市场规模国家的那一企业留存下来，而存在于拥有较小市场规模国家的那一企业则被迫退出生产，因为由于存在规模经济，存在于拥有较大市场规模国家的企业积累了较大的产量水平，从而在贸易开放时，比来自较小市场规模的企业拥有更强的成本优势，这种优势又被称为"先行优势"。

三　新新贸易理论：异质性企业的发现及理论模型

（一）异质性企业的发现

从 20 世纪 80 年代末到 90 年代以来，微观企业数据的可获得性增强，传统国际贸易理论中的"代表性企业"假设收到来自现实数据的挑战，显然企业之间在规模、生产率、资本、技术等方面存在差异性，随后一些实证文献开始探索企业异质性与贸易参与之间的关系。

这些文献首先发现出口只是少数企业参与的活动。Bernard & Jensen（1995）对美国制造业的分析发现，只有少数企业从事出口活动。Bernard et al.（2007）对 2002 年美国制造业企业数据的分析发现（见表 1.1），全制造企业中出口企业比重为 18%，并且不同行业内部出口企业的比例差异很大：服装行业中出口企业比重仅占 7.7%，而计算机和电子设备行业中出口企业比例高达 38.3%。他们还发现，出口企业只是把生产的一小部分销售到国外去，美国制造业国外销售的总体比例为 14.1%，这一比例在不同行业之间也差距较大：计算机行业为 21.3%，而饮料行业只有 7.4%。Mayer & Ottaviano（2007）对欧洲企业数据的分析也得到了类似的结论。

表 1.1　　　　2002 年美国制造业中的出口企业状况

NAICS 行业分类		行业企业占全制造业比重	行业内出口企业比重	行业内出口货物平均比重
311	食品制造业	6.8	11.6	14.8
312	饮料及烟草制品业	0.7	22.9	7.4
313	纺织业	1.0	25.1	12.5
314	纺织产品业	1.9	12.2	11.7
315	服装业	3.2	7.7	13.5
316	皮革制品业	0.4	24.4	13.4
321	木制品业	5.5	8.5	18.5
322	纸制品业	1.4	23.8	9.0
323	印刷业	11.9	5.5	14.4
324	石油、煤炭制品业	0.4	17.8	11.5
325	化学制品业	3.1	36.1	14.3
326	塑料橡胶制品业	4.4	28.1	10.3
327	非金属矿物制品业	4.0	4.0	12.1
331	金属制造业	1.5	30.2	30.2
332	金属制品业	19.9	14.3	14.3
333	机械制造业	9.0	33.0	15.5
334	计算机和电子产品业	4.5	38.3	21.3
335	电气设备业	1.7	37.7	12.9
336	运输设备业	3.4	28.0	13.0
337	家具制造业	6.4	6.5	10.1
339	其他制造业	9.1	1.6	14.9
	制造业总体	100.0	17.6	14.1

资料来源：Bernard et al. , The empirics of firm heterogeneity and international trade, Annual Review of Economics, 2012, 4 (1).

这些文献继而发现出口企业与非出口企业之间存在显著异

质性。Bernard & Jensen（1995）的研究显示，在美国制造业中，出口企业规模更大、资本和技术密集度更高、生产率更高。Bernard et al.（2007）对 2002 年美国制造业企业数据的分析显示，控制行业固定效应后，出口企业在雇用员工上比非出口企业高 97%，在销售上高 108%，出口企业的人均增加值比非出口企业高 11%，全要素生产率高 3%，在工资支付上出口企业比非出口企业高 6%。在要素密集度上，出口企业的资本、技术密集度比非出口企业分别高约 12% 和 11%［见表 1.2 第（2）列］，这与比较优势理论预期相符合，美国的比较优势在于资本和技术密集型行业，因此在生产中投入较多资本和技术要素的企业更容易成为出口商。出口企业和非出口企业之间的这些差别在控制行业固定效应和 Log employment 之后仍然显著存在［见表 1.2 第（3）列］。Holmes & Stevens（2010）同样利用 1997 年美国企业层面数据检验了距离和边界对企业规模和出口关系的影响，发现距离非常重要，大企业不仅出口概率较高，而且在美国国内的出售距离也比小企业更远。

表 1.2　　　　　　美国制造业出口商的溢值

变量	（1）	（2）	（3）
Log employment	1.19	0.97	—
Log shipments	1.48	1.08	0.08
Log value added per worker	0.26	0.11	0.10
Log TFP	0.02	0.03	0.05
Log wage	0.17	0.06	0.06
Log capital per worker	0.32	0.12	0.04
Log skill per worker	0.19	0.11	0.19

续表

变量	(1)	(2)	(3)
控制变量	None	行业固定效应	行业固定效应；Log *employment*

资料来源：Bernard et al., Firms in international trade, The Journal of Economic Perspectives, 2007, 21 (3).

对发展中国家的实证检验结论却难以与传统的比较优势理论相契合。这些国家非熟练劳动力丰富，但是技术和资本稀缺，比较优势存在于劳动密集型部门中，因此在生产中投入较多非熟练劳动力的企业应该更易于成为出口企业。但实证文献得出的结论却并非如此，Alvarez & López（2005）对 1990—1996 年智利制造业企业数据的研究发现，出口企业比非出口企业拥有更高生产率、更大规模、支付更高工资，并且在人均资本投入上，出口企业比非出口企业高出约 60%。出口企业比非出口企业投入更多技术和资本要素这一现象不仅存在于发达国家，而且存在于发展中国家，一些文献解释了其中的原因，例如 Burstein & Vogel（2010）、Harrigan & Resheff（2011）、Sampson（2011）、Verhoogen（2008）、Matsuyama（2007）等。

Bernard & Jensen（1995）之后，出现了众多运用不同国家的微观数据检验出口和生产率关系的实证文献，其中部分文献如表 1.3 所示。这些检验既涵盖发达国家（如美国、英国、加拿大、德国等），又涵盖发展中国家（如中国、哥伦比亚、墨西哥等），还包括转型国家（爱沙尼亚、斯洛文尼亚）和最不发达国家（如非洲国家）。从得到的结论来看，除去少数特例，出口企业的生产率都高于非出口企业，并且出口企业往往拥有更高的生产率增长率。

表1.3　基于企业数据研究出口与生产率关系的实证文献

作者	研究对象及时间	主要结论
Baldwin & Gu（2003）	加拿大 （1974—1996）	出口企业的 LP 和 TFP 高于非出口企业
Meller（1995）	智利 （1986—1989）	出口企业的 LP 高于非出口企业，生产率差别状况因行业而异
Kraay（2002）	中国 （1988—1992）	出口企业的 LP 和 TFP 显著高于非出口企业
Clerides, Lach & Tybout（1998）	哥伦比亚 （1981—1991）	出口企业的 LP 高于非出口企业
Sinani（2003）	爱沙尼亚 （1994—1999）	出口企业的 LP 高于非出口企业，并且出口企业的 LP 增长更快
Bernard & Wagner （1997）	德国 （1978—1992）	小型出口企业的 LP 比非出口企业低3%—4%，大型出口企业的 LP 比非出口企业高 30%—50%
Blalock & Gertler （2004）	印度尼西亚 （1990—1996）	出口企业的 LP 高于非出口企业
Castellani（2002）	意大利 （1989—1994）	出口企业的 LP 高于非出口企业，但在 LP 的增长率上二者没有显著差别
Girma, Görg & Strobl （2004）	爱尔兰 （2000）	出口企业的 LP 高于非出口企业
Aw, Chung & Roberts （2000）	韩国 （1983—1993）	五个行业中，出口企业的 TFP 比非出口企业高出 3.9%—31.1% 不等
Clerides, Lach & Tybout（1998）	墨西哥 （1986—1990）	出口企业的 LP 高于非出口企业、新进入出口企业和退出出口企业
Clerides, Lach & Tybout（1998）	摩洛哥 （1984—1991）	出口企业的 LP 高于非出口企业
Damijan, Polanec & Prasnikar（2004）	斯洛文尼亚 （1994—2002）	出口企业的生产率高于非出口企业，一般而言出口市场越多的企业劳动生产率越高

续表

作者	研究对象及时间	主要结论
Farinas & Martin-Marcos（2003）	西班牙 （1990—1999）	出口企业的 *LP* 和 *TFP* 都高于非出口企业
Greenaway, Gullstrand & Kneller（2003）	瑞典 （1980—1997）	出口企业的 *LP* 高于非出口企业，*TFP* 低于非出口企业，但在控制行业固定效应后，出口企业的 *TFP* 比非出口企业高出约10%
Aw, Chung & Roberts（2000）	中国台湾地区 （1981—1991）	在五个行业中出口企业的 *TFP* 高于非出口企业，出口与非出口企业在三个行业中 *TFP* 增长率差别不大，另两个行业中出口企业的 *TFP* 增长率低于非出口企业
Yasar, Nelson & Rejesus（2003）	土耳其 （1990—1996）	出口溢价约为19%（OLS 回归）
Greenaway & Kneller（2003）	英国 （1989—2002）	出口企业的生产率高于全行业均值5.4%，非出口企业的生产率低于全行业均值4.6%
Bernard / Jensen（2004）	美国 （1983—1992）	一直从事出口的企业其生产率比从未出口的企业高出8%—9%，出口商的生产率增长率比非出口企业低0.72%
Hallward-Driemeier, Iarossi & Sokoloff（2002）	印尼、韩国、马来西亚、菲律宾、泰国 （1996—1998）	出口企业的 *TFP* 高于非出口企业，当地市场越不发达两者之间的差距越大

注：*LP* 是指劳动生产率，*TFP* 是指全要素生产率。

资料来源：Wagner Joachim, Exports and productivity: a survey of the evidence from firm level data, The World Economy, 2007, 30（1）.

这一时期的实证文献同样关注贸易自由化的资源再分配效应，不过与传统贸易理论关注贸易自由化引起的资源在部门间的再分配效应不同，这些文献将关注的重点放在同一部门内部的不同企业之间。Levinsohn（1999）运用智利企业层面数据检验了贸易自由化的就业创造和就业破坏模式以及企业规模和贸易方向与这些模式的关系。贸易自由化伴随着低生产率企业的退出和行业重构引起的行业总体生产率的提升,这种产业内部的重新配置效应不仅在发展中国家找到证据(Tybout & Westbrook, 1991; Pavcnik, 2003),而且在发达国家也找到存在的证据(Bernard, Jensen & Schott, 2006; Trefler, 2004)。即便没有贸易自由化的冲击,再分配效应依然会在异质性企业之间发生,Dunne et al. (1989)发现美国约 1/3 的企业每五年为一个进入或退出的周期,退出者和续存者在生产率、规模等方面存在显著差异。

(二)异质性企业贸易理论

来自微观层面数据的实证研究向传统国际贸易理论提出挑战,引发了异质性企业贸易理论的形成与发展。Melitz(2003)将企业异质性纳入 Krugman(1980)的产业内贸易模型,建立了一个分析异质性企业与贸易问题的标准模型。Melitz(2003)假设潜在企业要进入某一产业需要支付一个沉没固定成本,并且其生产率在进入前存在不确定性,一旦支付沉没成本,企业从一个固定分布中获得它的生产率,并且生产率一直维持不变。企业在垄断竞争市场结构中生产水平差异化产品。在生产中需要支付固定生产成本,这意味着如果企业获得的生产率水平低于零利润生产率临界值,那么其利润为负值,这个企业将退出生产。出口需要支付固定成本和可变成本(Bernard & Jensen, 2004; Das et al., 2007; Roberts & Tybout, 1997),这使得只有那些在出口生产率临界值水平之上的企业能够在出口中有利可图。在贸易自由化下,高生产率的出口企业通过扩大出口市场份额获得更高收益,生产率最高的非出口企业发现进入出口市场有利可图,而低生产率企业退出市场,那些仅供应国内市场的企业则面临收益减少。这些对贸易自由化的反应使得资源倾向于对高生产率企业的再分配，而产业内部重构提高了产业的总体生产率水平。

Melitz（2003）回答了一些基于企业层面数据的实证研究提出的问题。企业异质性和出口固定成本的存在意味着只有部分企业才能从事出口活动，并且出口企业要拥有比非出口企业更高的生产率。出口企业的生产率优势是企业自我选择进入出口市场的结果，而非来自于出口学习效应。企业对于出口市场的自我选择使贸易自由化对生产率水平不同的企业产生不同的效应，并且因此提升整个行业的生产率水平。

Melitz（2003）假设替代弹性不变，从而边际成本上的价格加成不变，Bernard et al.（2003）、Melitz & Ottaviano（2008）将企业价格加成内生化，贸易自由化通过较低的成本加成价格降低企业的定价。在可变成本加成模型中，企业可以针对国内市场和国外市场采取不同程度的加成。De Loecker & Warzynski（2012）对斯洛文尼亚的实证分析证实出口商和非出口商的成本加成存在差异。

Bernard et al.（2007）将异质性企业纳入 Helpman & Krugman（1985）的标准贸易模型，解释了为什么一国在某一产业的出口比另一国多，为什么同一产业内部存在双向贸易，为什么在同一产业内部有的企业出口，而有的企业不出口。Bernard et al.（2007）基于国家间要素禀赋差异引起的部门比较优势差异解释了上述问题。

四　传统国际贸易理论、新贸易理论和异质性企业贸易理论的关系

国际贸易理论经历了从古典贸易理论到新古典贸易理论、从

新贸易理论到新新贸易理论的变迁，其关注的重点从宏观国家层面向微观企业层面转变，其研究的贸易模式由产业间贸易向产业内贸易转换。这些国际贸易理论解释的问题如表1.4所示。

表1.4　　　　　国际贸易理论及其解释的贸易事实

	传统贸易理论	新贸易理论	整合模型	异质性企业贸易理论	整合的异质性企业模型
	Ricardo (1817)、Heckscher (1919)、Ohlin (1933)	Krugman (1980)	Helpman & Krugman (1985)	Melitz (2003)、Bernard et al. (2003)	Bernard, Redding and Schott (2007)
贸易					
产业间贸易	Yes	No	Yes	No	Yes
产业内贸易	No	Yes	Yes	Yes	Yes
同一产业内的出口企业和非出口企业	No	No	No	Yes	Yes
贸易和生产率					
同一产业内的出口企业比非出口企业拥有更高生产效率	No	No	No	Yes	Yes
贸易自由化通过再分配提高产业的生产效率	No	No	No	Yes	Yes
贸易和就业					
贸易自由化导致就业在产业间变动	Yes	No	Yes	No	Yes
贸易自由化产生总体就业创造和产业内就业破坏效应	No	No	No	Yes	Yes
贸易自由化产生相对要素分配效应	Yes	No	Yes	No	Yes

资料来源：Bernard et al., Firms in international trade, The Journal of Economic Perspectives, 2007 (3).

古典贸易理论和新古典贸易理论从比较优势视角解释产品在国家间的流动，比较优势来源于生产率差异（李嘉图模型）或者要素禀赋差异（H—O 理论）。以比较优势为基础的传统国际贸易理论重点解释了产业间贸易，即一国出口一些产业的产品，进口剩余其他产业的产品。要素禀赋理论还提供了一个国际贸易影响相对要素收益的机制。

相当部分的国际贸易发生在经济发展水平相近的国家之间，并且是同一产业内部（Grubel and Lloyd, 1975），例如德国和美国相互出口汽车。这些事实引致了以 Paul Krugman（1980）、Elhanan Helpman（1981）和 William Ethier（1982）为代表的新贸易理论。在这些模型中，规模经济和消费者偏好多样化的假设条件使得相同的企业专业化于生产不同的水平产品，从而产生了国家间的双向贸易，或者称为产业内贸易。在福利效应上，古典和新古典贸易理论强调从生产的机会成本差异提高本国福利水平，而新贸易理论强调从企业生产规模扩大和消费者消费的多样性方面提高本国福利水平。

Helpman & Krugman（1985）在要素禀赋为基础的比较优势模型中纳入水平产品差异和规模收益递增，从而将传统国际贸易理论和新贸易理论整合在一起。这一整合的分析框架迅速成为国际贸易理论的重要范式。如 Helpman（1999）所述，当允许技术差异、要素价格不均等和贸易成本存在时，这一整合对解释贸易模式提供了一个完美框架。

传统贸易理论和新贸易理论都在每个产业内部假设了一个代表性企业，这一假设为用一般均衡方法分析国际贸易问题提供了便利，但是这一假设与实际并不相符，我们观察到的实际情况是，同一产业内部不同企业之间在生产效率、资本密集度、技术密集度等方面存在显著差别。当然，企业异质性的存在并不能成为国际贸易理论存在的一个问题，代表性企业的假设尽管不现实，但是有助于理论分析的简化。

异质性企业贸易理论以研究微观企业与国际贸易的关系为主要特征，其主要特征在于假设企业是异质性的，异质性主要体现在生产率差异。其要分析和解决的主要问题有：什么样的企业会选择出口？出口能够增强企业的绩效和竞争力吗？贸易自由化对于企业和国家的效应是什么？异质性企业贸易理论与先前的国际贸易理论是一种互相补充的关系，是用来解释最新的国际贸易现象和趋势的研究范式。异质性企业贸易理论不是对以前理论的否定和抹杀，而只是开创了一个研究国际贸易的新视角，那就是从企业角度出发，在假设企业异质性的基础上来研究国际贸易情形。异质性企业贸易理论的模型和文献基本都是建立在一个统一的假定框架下，这些假定和模型就是异质性企业贸易模型（HFT 模型）。这些模型从新贸易理论的有关框架出发，在此基础上，引入企业边际成本差异以表达企业异质性，再假定有固定的市场进入成本和开发新产品的固定成本，贸易存在"冰山成本"。所以可以说，新新贸易理论模型是以新贸易理论模型为基础，再加入边际成本差异的企业异质性变量以及固定的市场进入成本而形成，所以新新贸易理论的模型框架又被称为"异质性边际成本和固定市场进入成本模型"（Heterogeneous Marginal Costs and Fixed Market-Entry Costs Model），简称 HM-CFMEC 模型。

第二节 出口企业生产率溢价的来源

生产率异质性是出口企业与非出口企业的关键异质特征，那么出口企业的生产率溢价从何而来？究竟是高的生产率导致了企业出口行为决策的发生还是企业参与出口后带来了生产率提高？异质性企业贸易理论先后提出了"出口自我选择效应"假说和"出口学习效应"假说来解释这一问题。

一 出口自我选择效应假说

（一）理论研究

出口自我选择效应假说以出口固定沉没成本假设为基础，这意味着只有拥有较高生产率的企业才能克服沉没成本进入国际市场从事出口贸易。出口自我选择效应的代表性理论模型是Melitz（2003），该模型揭示了贸易的开放将导致生产率更高的企业进入出口市场，生产率次之的企业仅满足国内市场，生产率最低的企业被迫退出市场。其模型中有一个非常关键的假设就是固定成本和可变贸易成本之和大于生产固定成本时，企业就会产生上述出口状态的分层结构。这不但成功地解释了"为什么只有部分企业出口"的企业自我选择问题，而且还很好地揭示了行业内资源在企业之间的重新配置所导致的行业生产率提高的贸易利得。

Bernard et al.（2003）、Melitz & Ottaviano（2008）等同样认为企业的生产率具有外生性，企业进入生产后，从既定分布中获得一个生产率水平，然后企业在确定其自身的生产率高低之后"自我选择"进入出口市场。由于企业进入出口市场需要支付一定的代价，而其生产率又服从一个随机的分布，当企业得知自己的生产率情况之后，便会依据其生产率的高低做出是否参与出口的最终决策。高生产率的企业可以克服进入出口市场之固定沉没成本成为出口企业，进而获取正的利润存活于出口市场上。低生产率的企业或者无法克服高昂的沉没成本，或是即便进入了出口市场却出现了亏损的情况，进而退出出口市场成为退出者。在这种生产率服从随机外部冲击的前提假设下，依照这种潜在的生产率不确定性，可以将企业最终的自我选择进入出口市场行为用图 1.1 来进行概括性的简要说明。

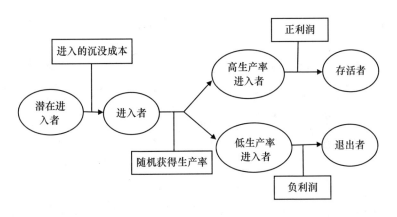

图 1.1 生产率不确定与企业进入和退出

资料来源：Greenaway D, Kneller R. Firm heterogeneity, exporting and foreign direct investment. The Economic Journal, 2007, 117 (517).

根据 Melitz（2003）、Falvey et al.（2004）等的理论模型，外生的生产率分布决定了企业生产与出口与否，同时内生决定的生产率"门槛"又决定了哪些企业从事出口以及哪些退出出口市场，而这种交互作用也使得整个行业的生产率水平得以提高。首先，出口提高了企业的预期利润水平，这将会吸引更多的企业进入出口市场，从而推高了已有企业的生产率门槛，使得那些效率最低的企业在一股"创造性毁灭"的浪潮中被迫退出。显然，这会提高行业的平均生产率。其次，出口还使得效率最高的企业不断进行扩张，并且导致效率较低的企业相对趋于萎缩，这种"重置效应"自然也会提高行业的平均生产率水平。综合上述两种作用机制使得行业的平均生产率得以不断提高。

Falvey et al.（2004）构建了一个同时包含国家和企业层面效率差异的"两国家"的产业内贸易模型，聚焦于贸易对对称性国家的影响。贸易的开放强化了"自我选择效应"，提高了行业的平均收益、利润和效率。再者，更有效的国家拥有更大比例的出口企业同时也有着更高的失败率，使得进入出口市场的风险更大。尽管如此，那些表现较成功的潜在进入者的预期收益较高并且进入后利润也更高。另外，他们还发现了一个十分有趣的结论，即产品之间替代程度较高的行业"自我选择"效应也越明显。至此，包括前述的行业间的重置过程以及具体的生产率分布情况可用图 1.2 予以概括说明。

Melitz（2003）假设劳动是唯一的生产要素以及企业从事的国际化行为决策也仅限于是否参与出口，而现实中企业既不是仅用一种生产要素也不只是进行出口行为决策，因此随之就出现了一些对其理论模型进行拓展的重要文献。代表性文献有：Helpman et al.（2004）、Melitz & Ottaviano（2008）、Bernard et al.（2007）等。Helpman et al.（2004）将水平纳入异质性企业贸易理论的分析框架，认为异质性企业可以通过出口或是建立国外分支机构来满足国外消费者的需求，进而探讨了企业在出口或是进行对外直接投资的标准的"临近—集中"范式下的权衡取舍。企业随着生产率的高低依次进行 FDI、选择出口、国内市场以及最终退出市场。

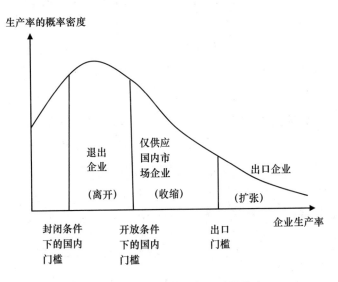

图 1.2　生产率异质性和行业重置效应

资料来源：Greenaway D, Kneller R. Firm heterogeneity, exporting and foreign direct investment. The Economic Journal, 2007, 117（517）.

Das et al.（2007）建立了一个同时刻画企业出口参与决定和出口量的多少这两个问题的动态结构模型，该模型纳入了出口利润中企业层面的异质性、未来利润决定的不确定性和新出口厂商的市场进入成本等要素。运用贝叶斯蒙特卡罗马尔科夫链估计量，将模型应用到三个哥伦比亚制造行业企业层面的面板数据上进行分析。获得利润函数和沉没进入成本系数后进行模拟的结果显示，总的出口反应依赖于进入成本、预期汇率进程、先前出口经验和生产企业的异质性。关于沉没成本大小的度量，Das et al.（2007）得出，对于哥伦比亚的企业来讲大概有 40 万美元之多。结果还表明，出口收入补贴对出口刺激的效果将远远超过对进入成本进行补贴的政策措施。

Melitz & Ottaviano（2008）在其文中做出了区别于以往的不变替代弹性偏好（CES）假设，通过引入包含二次型子效用的准线性效应函数，得出了与 Melitz（2003）类似的结论，只有更有效的企业从事出口，次之的仅供应国内市场。他们还发现，在大国中的竞争会比较激烈，因此产品多样化种类更多，平均生产率也更高另外，由于新进入者失败概率的提高，降低了企业生存的概率。除此之外，作者还得出了市场规模的大小是非常重要的，较小的市场比较大市场从一体化过程中获得更多的利益，但是较大的市场却比较小市场对于企业在其地理区位的选择上更具吸引力。

此外，还有一种观点认为企业在进入出口市场之前存在有意识的"投资"等微观行为决策来提高其生产率水平，进而进入国际市场（Yeaple，2005；López，2004，2009），因而也称为"有意识的自我选择效应"（conscious self-selection）。López（2004）认为，鉴于像智利等这样的新兴工业化国家或其他发展中国家，出口一些具有较少国内市场需求的高质量产品，可能是由于国际市场较高的预期回报吸引了这些发展中国家的企业为了生产较高质量的产品而引进并采用新技术，从而提高了其生产率水平。这种进入出口市场的微观决策也就产生了由出口预期收益引致的"有意识的自我选择"效应①。

（二）实证研究

考虑到进入出口市场的沉没成本，企业当前的市场参与情况将会受到先前出口经验的影响。Roberts & Tybout（1997）运用哥伦比亚制造业企业的样本数据量化了企业先前经验对当期出口参与决定的影响，通过建立一个关于区分利润异质性和沉没进入成本的动态离散选择模型来解释企业的出口状态。实证分析中，对企业的预期利润采用了简约型计量方程进行经验检验，结果发现沉没成本是显著存在的，并且企业先前的出口经验使得当期出口的概率提高了60%之多。最后，提出了一国在目标制定上应该明确是强调已有出口企业贸易量的扩张还是新出口企业的进入，这也为政府在制定促进出口政策上提供了一定的政策启示以及经验参考。

早在Melitz（2003）之前，Clerides et al.（1998）就已经提出了"自我选择"假说，他们运用哥伦比亚、摩洛哥和墨西哥的企业面板数据分析了出口和生产率之间的因果联系。结果表明，出口状态和生产率之间的正向联系由相对更有效的企业选择进入国外市场的"自我选择"效应所唯一决定。同时，作者还估计了一个自回归成本函数以及刻画出口市场参与决定的动态离散选择方程。自该经验研究问世以来，加之Melitz（2003）具有阶段性意义理论模型的进一步阐释，利用不同国别或地区企业数据对"自我选择"假说进行经验检验与理论拓展的研究便接踵而至。

---

① 赵金亮：《异质性视角下的出口与生产率：企业动因及行业绩效》，博士学位论文，浙江大学，2012年。

Bernard & Jensen（2004）运用美国制造业企业面板数据对企业特征、临近出口商的外溢、进入成本和政府促进出口的补贴等因素进行了实证检验。美国的企业存在着大量的进入和退出出口市场的情况，先前曾经出口过的企业易于重新进入出口市场，企业也倾向于在连续的年份从事出口活动。他们发现，出口市场之进入成本的影响是显著的，而其他出口企业的外溢影响却是微不足道的，国家促进出口的补贴支出对企业的出口概率并不存在显著影响，相反厂商企业特征，尤其是代表厂商企业过去成功的一些指标以及厂商企业所处行业的变动则显著提高了其出口的概率。

既然考虑了潜在的沉没成本，那么外溢效应、社会网络等影响沉没成本的因素就会间接地影响到企业的出口参与决策。Aitken et al.（1997）重点研究了外溢效应对进入成本进而对企业出口行为决策的影响，认为分析出口行为的案例表明已渗透到国外市场的企业通过"学习效应"或是建立商业联系降低了其他潜在出口厂商的进入成本。他们在明确了产生外溢效应的两个来源为"一般的出口生产"（export production in general）以及"特定的跨国企业活动"（specific activities of multinationals）之后，运用墨西哥制造业企业的面板数据进行了实证检验，研究结果发现外溢效应主要来源于跨国企业的经济行为而非一般的出口生产活动。

Sjöholm（2003）实证检验了印度尼西亚制造业企业的出口倾向，认为一些企业选择出口而另一些企业继续为国内市场生产的一个重要原因就是企业间的出口沉没成本是存在显著差异的。作者在文中给出了关于"国外网络"（Foreign networks）是否会降低进入出口市场沉没成本进而对印尼制造业企业的出口倾向有正向影响的经验证据。其中,文章对国外所有制、进口、FDI的区域特征三种类型的国外网络分别进行了实证考察。研究结果表明,进口和国外所有制提高了印尼制造业参与出口的概率,而FDI的外溢效应却并不明显。

Cole et al.(2007)运用亚洲新兴国家泰国2001—2004年制造业的年度调查数据,探讨了企业异质性与其出口参与决定之间的关系。研究结果发现,进入出口市场的沉没成本和企业自身的特征均是解释企业参与进入出口市场的重要决定因素。另外,企业的所有制结构要素也被包括在其中,即外资企业比内资企业具有更高的出口倾向。此外,他们还运用了劳动生产率法、半参数法、系统估计法三种测度生产率的方法,发现高生产率的企业自我选择进入出口市场,从而进一步验证了Clerides et al.(1998)、Melitz(2003)等所提出的理论假说的正确性。除了企业生产率之外,企业规模、平均工资等其他特征对企业的出口决定也有一定的影响。

Lawless & Whelan(2008)基于Melitz(2003)的企业生产率异质性框架,运用爱尔兰的包括出口目的地和企业生产率等信息的数据集进行了系统的经验评价。发现了企业出口市场的异质性特征是高度不可预测的,在企业出口市场参与的拓展和出口销售额的扩张之间仅存在着一种相对较弱的正相关关系,并且企业的生产率在解释其出口行为上的作用亦十分有限。通过分析企业异质性对总贸易流量的引力回归的作用,进而展示了企业先前出口到一个特定市场的行为是如何在较大程度上影响当前出口到该市场的概率的,也即企业在其出口目的地上所表现出来的持续性特征。

Albarran et al.（2009）运用 1990—2005 年西班牙 4177 家制造业企业所组成的非平衡面板数据，在充分考虑进入出口市场的沉没成本以及企业多个异质特征的前提下，对运输成本的下降对企业出口行为的影响采用动态概率模型进行了估计和计量检验。结果表明，对交通运输基础设施的投资可以降低企业的距离成本并且赋予企业在更大距离范围内"确立合同"的可能性，计量结果也显示，国内交通运输基础设施的改善显著提高了中小企业的出口倾向。此外，与其他文献类似，他们还得出了企业先前的出口经验对其出口倾向具有很强的正向影响，同时也暗含着企业进入国际市场从事出口贸易时面临着较高的沉没成本。该文为那些国内交通运输基础设施较差并且远离重要国际市场的发展中国家提供了很好的政策启示以及相应的政策建议。

除了上文所列举的文献以外，还存在着不少其他国家或地区的相关经验研究。表 1.5 系统总结了"自我选择效应"的代表性文献。可以看出，针对发达工业化国家的经验检验结果中，几乎无一例外地支持"自我选择效应"假说，而对于新兴工业化经济体而言，除了对韩国的经验检验表现不明显以外，其他国家或地区也都支持该假说，其余发展中国家的情况不尽一致，表现出一定的不确定性。总之，在绝大多数国家和地区企业层面的经验检验结果均表明了"自我选择效应"假说的有效性，而发展中国家可能由于其处于转型阶段实施了特殊的发展战略而导致结果具有不确定性。

表1.5　"自我选择效应"的代表性文献及其经验检验结果

国家类别	国别/地区	文献	自我选择效应检验结果
发达工业化国家	美国	Bernard & Jensen（1995）	支持
		Jensen & Musick（1996）	支持
		Bernard & Jensen（1999）	支持
		Bernard & Jensen（2004a）	支持
		Bernard & Jensen（2004b）	支持
	英国	Greenaway & Kneller（2003）	支持
		Girma，Greenaway & Kneller（2004）	支持
		Greenaway & Kneller（2004）	支持
		Greenaway & Yu（2004）	支持
		Crespi，Criscuolo & Haskel（2006）	支持
	德国	Bernard & Wagner（1997）	支持
		Bernard & Wagner（2001）	支持
		Wagner（2002）	支持
		Wagner（2007）	支持联邦德国
		Arnold & Hussinger（2005）	支持
		Hansen（2010）	支持
	澳大利亚	Hansen（2010）	支持
	意大利	Castellani（2002）	支持
		Serti & Tomasi（2008）	支持
	加拿大	Baldwin & Gu（2003）	支持
	日本	Kimura & Kiyota（2006）	支持
	瑞士	Johansson（2009）	支持
	斯洛文尼亚	Damijan，polanec & Prašnikar（2004）	不总是支持
	葡萄牙	Silva，Afonso & Africano（2010）	支持
	西班牙	Manez-Castillejo et al.（2010）	支持小企业
	芬兰	Ilmakunnas & Nurmi（2010）	支持
	荷兰	Smeets et al.（2010）	支持

续表

国家类别	国别/地区	文献	自我选择效应检验结果
新兴工业化国家	智利	Alvarez & López（2005）	支持
		López（2004）	支持有意识自选择
	墨西哥	Clerides, Lach & Tybout（1998）	支持
	摩洛哥	Clerides, Lach & Tybout（1998）	支持
	哥伦比亚	Clerides, Lach & Tybout（1998）	支持
		Isgut（2001）	支持
	中国台湾	Aw & Hwang（1995）	近似支持自选择
		Aw, Chung & Roberts（2000）	支持
	韩国	Aw, Chung & Roberts（2000）	不明显
		Hahn（2004）	不明显
发展中和不发达国家	印度尼西亚	Blalock & Gertler（2004）	不支持
	9个非洲国家	Van Biesebroeck（2005）	支持

资料来源：赵金亮：《异质性视角下的出口与生产率：企业动因与行业绩效》，博士学位论文，浙江大学，2012年。

二 出口学习效应假说

出口学习效应是指出口企业可以通过获取国外进口商的技术援助、获得通过出口市场学习先进技术知识的机会以及激烈的竞争使企业增加对新产品和市场需求的敏感度等渠道来促进生产率水平的提高。新贸易理论认为，在新产品出口过程中企业至少可以通过"出口中学效应"和"知识溢出效应"来提升行业生产率水平。然而，将研究视角从中观行业层面转向微观企业层面的新新贸易理论认为，出口对企业生产率的作用方向并不明确，出口学习效应并不必然会发生。在实证层面，是否存在出口学习效应也存在很大争议。

（一）理论研究

Melitz（2003）的经典理论分析抽象出企业"生产率"异质性的关键假设，演示了出口的这种分层结构即便在单个企业的生产率保持不变的前提下，同样可以提高行业的生产率。当贸易政策壁垒或是运输成本下降的时候，高生产率的出口企业得以生存并进一步扩张，而低生产率的非出口企业则更易于在市场竞争中惨遭淘汰以至于从市场中完全退出，或是生产要素等资源流向高生产率企业或行业。这种由贸易引致的低效企业向更有效企业重新配置的现象，解释了为什么即使不提高单个厂商的生产效率，贸易也可能提高行业总体的生产率，这就提供了一个区别于传统意义上的贸易利得的源泉。自此，贸易自由化促进行业生产率提高的微观机制得以建立并被大量应用于不同国别或地区的经验研究之中。

Yeaple（2005）建立了一个一般均衡贸易模型，在这个模型中同质企业从一个"技术选择集"中选择一种技术，并且从具有异质性技能的"工人集"中选择雇员。更明确的来讲，同质企业面临着四类决策：一是进入，二是技术选择，三是做出出口与否的决定，四是选择雇用的工人类型。只能选择其一的技术、贸易成本以及工人技能的异质性这些特征之间的交互作用导致了企业的异质性，并且这种异质性与一些特征事实是一致的。具体的表现在出口的企业具有更大的规模，选择了更先进的技术，支付工人更高的工资，并且较非出口企业而言表现出更高的生产效率。另外，Yeaple（2005）为那些试图解释贸易和可观测的行业生产率之间关系的经验文献提供了很好的引导作用，也即与运输成本下降相联系的部分可观测的生产率利得，可能反映了异质性工人在不同技术之间配置的改变，而非同质工人在异质性企业之间的变动。最后，作者还强调了运用企业和工人两个维度的异质性来解释行业的生产率动态利得将是一种更好的思路和方法。

Bernard et al.（2007）将企业异质性纳入 H—O 理论框架，旨在探讨国家、产业、企业特征之间在一般均衡情形之下如何相互影响并决定贸易自由化中各国的反应。当企业拥有异质性的生产率时，国家间存在相对要素丰裕度上的差异，产业间要素密集度不同，而贸易成本的降低无论是在产业内、产业间还是在国内、国与国之间都将引起资源的重新配置。这种资源重置现象，在所有的部门创造大量的就业变动，较具有比较劣势的产业而言，在具有比较优势的产业内激励更多的创造性破坏，并且通过放大"事前"的比较优势创造更多来自贸易的福利所得。有成本贸易的开放提高了稳态时一国国内的零利润生产率临界值以及两类行业各自的平均行业生产率。此外，在进入和退出的过程中，对生产率的选择在具有比较优势的行业中会更加激烈，由于会有更多出口的机会，使得在具有比较优势的行业中低生产率的企业在贸易自由化过程中生存变得更加艰难。他们还得出，国家贸易自由化带来的总生产率的提高将抑制稀缺要素的实际工资损失，甚至使其发生逆转。

（二）实证检验

Wagner（2007）的文献提到，在前述两条研究路径的经验检验中，绝大多数支持"自我选择效应"假说，而"出口学习效应"假说却是"混合性"的，具有一定的不确定性。其中，"自我选择效应"由表 1.5 中梳理的文献情况可以看出，绝大多数发达国家和新兴工业化国家的经验结果均支持该假说。而"出口学习效应"的情况则不尽一致,由表1.6可见,在绝大多数欠发达国家、发展中国家以及新兴工业化国家中都支持该假说,在对发达国家经济体的经验检验中却具有相当的不确定性。

表1.6 "出口学习效应"的代表性文献及经验检验结果

国家类别	国别/地区	文献	自我选择效应检验结果
发达工业化国家	美国	Jensen & Musick（1996）	不支持
		Bernard & Jensen（1999）	短期明显，长期不明显
		Bernard & Jensen（2004a）	不支持
	英国	Greenaway & Kneller（2003）	短期明显，长期不明显
		Girma, Greenaway & Kneller（2004）	支持
		Greenaway & Kneller（2004）	短期明显，长期不明显
		Greenaway &Yu（2004）	新进入者为正，有出口经验的较弱或为负
		Crespi, Criscuolo & Haskel（2006）	支持
		Harris & Li（2008）	支持
	德国	Bernard & Wagner（1997）	不支持
		Wagner（2002）	不支持
		Wagner（2007）	基本不支持
		Arnold & Hussinger（2005）	不支持
		Hansen（2010）	支持
	澳大利亚	Hansen（2010）	支持
	意大利	Castellani（2002）	不支持
		Serti & Tomasi（2008）	支持
	加拿大	Baldwin & Gu（2003）	支持
	日本	Kimura & Kiyota（2006）	基本不支持

续表

国家类别	国别/地区	文献	自我选择效应检验结果
发达工业化国家	瑞士	Falvey（2005）	支持
	斯洛文尼亚	Damijan, polanec & Prašnikar（2004）	支持
		Loecker（2007）	支持
		Kostevc（2009）	支持
	西班牙	Manez-Castillejo et al.（2010）	支持
	荷兰	Kox et al.（2010）	支持
新兴工业化国家	智利	Alvarez & López（2005）	支持
	墨西哥	Clerides, Lach & Tybout（1998）	不支持
	摩洛哥	Clerides, Lach & Tybout（1998）	支持
	哥伦比亚	Clerides, Lach & Tybout（1998）	支持
		Isgut（2001）	支持
	中国台湾	Aw, Chung & Roberts（2000）	支持
	韩国	Aw, Chung & Roberts（2000）	支持
		Hahn（2004）	支持
发展中和不发达国家	印度	Alessandra Tucci（2005）	支持
	印度尼西亚	Blalock & Gertler（2004）	支持
	阿根廷	Albornoz & Ercolani（2007）	支持
	4个非洲国家	Bigsten et al.（2000）	支持
	9个非洲国家	Van Biesebroeck（2005）	支持
	3个非洲国家	Mengistae & Pattillo（2004）	支持

资料来源：赵金亮：《异质性视角下的出口与生产率：企业动因与行业绩效》，博士学位论文，浙江大学，2012年。

根据表1.6不同国别或地区的经验检验结果，可以看出如果大致按照发达国家为"南方"，其他国家为"北方"的话，"南—北"国家或经济体之间在"自我选择效应"和"出口学习效应"上的表现基本上相反。尽管这是微观层面的企业数据所表现出的经验计量结果，但是如果从更为宏观的特征事实和直觉来看的话，在全球一体化、贸易自由化进程不断加深的国际环境和背景下，正是"南—北"国家之间的比较优势在国际宏观层面最为直观的外在体现，也向我们展示了"南—北"经济体之间所呈现出来的生产率"趋同"的重要作用渠道之一，以及贸易自由化过程中生产率动态调整的总体态势。

论及贸易自由化对企业生产率的影响，Tybout & Westbrook（1995）、Pavcnik（2002）、Trefler（2004）等分别利用来自墨西哥、智利以及加拿大的企业微观数据发现，在行业内经历了剧烈的由低生产率企业向高生产率企业转移的市场份额重置现象，并最终导致低生产率的企业退出。这在一定程度上同样为"出口学习效应"提供了来自不同国家或地区的微观证据和经验支持。

（三）出口学习效应的获得途径

对于出口企业的生产率为何比非出口企业增长更快有很多文献做出了解释。如果进入出口市场使企业生产扩张、获得规模经济优势，那么出口企业的生产率将比非出口企业增长更快。这些途径可能包括以下方面。

1. 出口时间。出口时间长短意味着出口经验多少，许昌平（2014）发现长期出口企业比起有一定出口经验（比如1—3年）企业的出口学习效应更为显著。可能的原因是，出口企业进入国际市场初期需补偿较高的固定成本，导致"净出口学习效应"不显著，并且技术从学习、掌握到最终运用于生产本身就是一个长期的过程，其作用随着时间的推移才能逐渐显现出来。

2. 企业所有制特征。基于企业所有制异质性视角的实证文献大多得出相似结论：港澳台企业和外资企业由于自身较高的生产率而无法获得国外先进技术和管理知识的外溢，所以不存在出口学习效应；相反，国有企业、集体企业虽然本身生产率较低，但提升空间大，"出口学习效应"显著；私有企业、民营企业规模小且灵活多变，具有高效学习、改进工艺流程和组织管理的能力，出口学习效应同样非常显著（佟家栋，2014；许昌平，2014）。

3. 出口目的地。Loecker（2007）认为相对于出口到比母国经济水平更为落后的低收入市场，出口到高收入市场的企业生产率增长得更快，因为它能够为企业提供更多学习复杂技术的机会。

4. 企业规模。邱斌等（2012）发现虽然不同规模企业均存在出口学习效应，但是小规模企业更显著，这源于其更强的出口倾向。

5. 企业所处的行业特征。Greenaway & Kneller（2008）发现，对于开放度已经很高的行业，企业出口学习效应并不高。

6. 企业资本密集度。佟家栋（2014）根据要素密集度分行业考察，发现我国入世后低技术密集型行业的出口学习效应下降得非常严重，高技术密集型行业虽然也有下降趋势但并不明显。

7. 企业贸易方式。与一般贸易相比，从事加工贸易的企业生产率普遍较低，对于新技术的学习和吸收能力相对较弱。项松林和马卫红（2013）的研究证实，出口学习效应仅发生在一般贸易企业，加工贸易企业不显著。

8. 出口产品多样化。已有考察出口产品多样化与生产率关系的文献（Feenstra & Kee，2008；Chen，2013）均证实了"出口产品种类越多，生产率提高越多"的事实，品种多样化不仅能够获得范围经济带来的好处，而且更易于将从出口中学到的技术和知识运用在更为匹配的商品上，生产率提高自然更多。

9. 出口密度。范剑勇和冯猛（2013）对 1998—2007 年我国工业企业数据按出口密度分组检验，发现出口密度低的组别存在"出口学习效应"，而出口密度高的组别则不存在。

第三节 企业异质性的内涵

一 企业异质性内容的广度延伸

生产率异质性是企业异质性内容最基本的构成要素，除此之外，学者们根据需要将不同研究内容与生产率异质性相结合，对企业异质性内容进行了广度延伸，极大地丰富和发展了 Melitz（2003）所提出的"企业异质性由生产率异质性唯一表示"的假设。目前对企业异质性内容的探讨大致包括八种视角①。

1. 单因素企业生产率异质性视角。20 世纪 90 年代出现的一批基于企业微观数据的实证文献首先发现出口企业与非出口企业之间以及出口企业之间存在巨大的差异，Melitz（2003）将企业异质性抽象为生产率异质性，并由此解释企业贸易行为的差异，开创异质性企业贸易理论；随后，Bernard 等（2011）对单因素生产率异质性进行拓展，假设企业以不同生产率生产多

---

① 金秀燕、许培源：《企业出口自选择效应与出口学习效应研究述评》，《国际商务（对外经济贸易大学学报）》2016 年第 4 期。

种产品，并构建了一个多产品多生产率异质性的企业贸易模型框架，但这个假设并没有脱离 Melitz（2003）关于"生产率是决定企业出口的最重要因素"的前提，所以本质上依然属于单因素生产率异质性视角。

2. 企业生产率和企业规模多因素异质性视角。Bernard 等（2003）引入企业异质性、不完全竞争、国家间要素禀赋和产业间要素密集度差异，证明了只有生产成本较低、生产率较高的企业才有足够的利润支付可变贸易成本并选择出口，其本质已将企业生产率异质性拓展为生产率和企业规模多因素异质性视角。

3. 企业生产率和产品质量多因素异质性视角。Hallak & Sivadasan（2008）放宽 Melitz（2003）假设，引入产品质量异质性，以生产率和产品质量异质性解释出口企业不仅生产率高，出口价格也高的事实（根据 Melitz 的理论，企业生产率越高，出口产品价格应该更低）。施炳展（2013）发现企业的市场绩效取决于产品的"性价比"，在生产率相同的前提下，企业的质量生产能力越高意味着产品的"性价比"越高。

4. 企业生产率和所有制类型多因素异质性视角。国内一些文献将企业生产率和所有制类型相结合，运用所有制分样本来检验出口自选择效应在我国的适用性。不同于一般的市场经济国家，我国企业产权制度多样化，且均得到法律制度的确认。现有的企业注册类型就有十大类，并且不同所有制企业在资金、规模、行业进入壁垒、享受到的国家政策待遇等方面存在巨大差异，因此这是一个符合我国国情的极其重要的研究视角；Lu 等（2010）和盛丹（2013）的研究发现，在我国生产经营的外资子公司存在出口"生产率悖论"，而本土企业符合异质性企业贸易理论。

5. 企业生产率和贸易方式多因素异质性视角。如赵伟等（2011b）将产品按贸易方式分为一般贸易产品和加工贸易产品，选取我国典型省份——具有一般贸易偏向的浙江省和加工贸易偏向的广东省来研究企业出口决策。

6. 企业生产率和产品要素密集度多因素异质性视角。根据李建萍（2014）的研究，产品要素密集度的差异会导致企业出口决策的差异，密集使用本国丰裕要素的企业产品会形成低成本低价格优势，易出现"自选择悖论"；相反，密集使用本国稀缺要素的企业产品由于没有低成本低价格竞争力，只能依靠高生产率形成的单一异质性进入出口市场，所以符合"出口自选择"假说。

7. 企业生产率与贸易成本多因素异质性视角。多数研究文献认为，我国国内市场的进入成本较高甚至超过了国外市场的进入成本，即企业出口贸易成本相比起国内贸易成本反而较低，这是导致"生产率悖论"出现的重要原因（徐雷和尹翔硕，2012）。

8. 企业生产率与出口密度多因素异质性视角。学者从出口密度的视角对出口企业进行划分，出口与生产率的关系随企业出口密度而变化。范剑勇和冯猛（2013）发现，出口密度高的企业存在生产率悖论现象，出口密度低的企业则不存在悖论现象。

二 企业生产率异质性的深度拓展

根据 Cole 等（2010）的研究，国内外学者对生产率异质性进行深度拓展，大致形成了包括企业规模、年龄、新产品销售与否、工资、应收账款占比、资本密集度、人力资本、平均利润等多维度的生产率异质性特征。企业异质性内容的广度延伸和企业生产率异质性的深度拓展既有联系又有区别。前者研究的是企业异质性的内容，它包括单因素生产率异质性和七种多因素异质性，每种情况都包括企业生产率异质性，后者正是对企业这种最重要的异质性——生产率异质性进行的深度拓展，其本质是考察影响企业生产率异质性的重要因素、每种因素对企业出口决策的作用方向等。表 1.7 列出了每种因素的经济内涵、理论预期与实证结果，以及其内在联系。

表 1.7 显示，关于企业规模、年龄、新产品销售与否、工资、应收账款占比、资本密集度、人力资本、平均利润等多维度生产率异质性内容对出口决定的影响方向，只有少数（应收账款占比、资本密集度）理论预期与实证研究结果基本一致。规模因素即规模经济对出口决策的影响主要体现在基于企业自身规模所形成的成本优势上。出口企业一方面会面临国际市场的高度不确定性和政治经济环境变化带来的风险；另一方面不得不承担运输、销售渠道开拓等额外成本。规模较大的企业在处理这些问题时具有优势，所以理论上应该具有更高的出口倾向（刘志彪等，2009）；企业年龄作为市场、技术、知识等经验积累的表现，显然经营时间越长的企业更具出口优势；工资可以看成是劳动力质量的一个近似替代，工资越高越容易吸引到高素质劳动力，越有能力从事一些创新活动，自然出口倾向越高；人力资本与工资水平类似，理论上对出口决策的作用为正；新产品销售与否体现了技术创新因素对出口决策的影响，但实证结果显示创新并未促进出口贸易，赵伟等（2011）认为企业可能存在出口惰性的情况；利润是企业最关键的目标之

一，利润为企业从事生产和创新活动所需的巨额资金提供现金流，由于存在制度等非经济因素，企业追求利润最大化的假定在很大程度上要受到企业与政府复杂的利益关系的影响，结果导致"生产率悖论"的发生（聂文星等，2013）。以上这些因素在理论上对企业出口决策的影响方向均应为正向，然而实证检验结果却或为反向或是不显著或存在争议。应收账款作为企业流动资产的一项重要内容，其占总产值的比重也从另一个侧面反映了国内信用制度环境。应收账款占比越高，反映资金流动性越低，商业信用环境越差，越不利于出口。赵伟等（2011）的实证结果证实了这一点；资本密集度的实证检验结果大多显著为负，说明 K/L 越小，即越是劳动密集型企业，越倾向于出口；这两个影响因素的实证结果与理论相符。

表1.7 企业生产率异质性的影响因素及其对出口决策的影响方向

影响因素	经济内涵	理论预期	实证结果
规模	规模经济	+	+ 或 -
年龄	企业运营经验	+	显著二次型
新产品销售与否	技术创新	+	+ 或 - 或不显著
工资水平	人力资本报酬	+	不显著
应收账款占比	国内制度创新	-	-
资本密集度	比较优势	-	-
人力资本	对先进技术和设备的学习、运用能力	+	+ 或 -
平均利润	企业盈利能力	+	-

资料来源：金秀燕、许培源：《企业出口自选择效应与出口学习效应研究述评》，《国际商务（对外经济贸易大学学报）》2016 年第 4 期。

第四节 异质性企业生产率的测度

生产率异质性作为异质性企业的主要特征，对其正确估计对实证检验的结果是否稳健非常重要。在实证文献中，对异质性企业生产率的测度通常采用劳动生产率和全要素生产率（*TFP*）两种指标。

一 劳动生产率

劳动生产率计算相对简便，所以很多文献都采用劳动生产率指标，以人均产出或人均增加值作为劳动生产率的代理，即便采用 *TFP* 的文献多数也选择同时运用劳动生产率作为参照和稳健性估计。从经济活动的目标看，劳动生产率无疑是最重要的宏观和长期投入—产出效率测度，它最终决定着地区间（横向）或不同时期（纵向）居民福利水平的差异。然而，宏观投入—产出效率是由微观企业的投入—产出效率决定的。在市场经济中，企业是产出活动的决策主体，它们在技术可能性和要素价格约束下选择最大化利润的生产方式。特定时期或区域的生产技术限定了企业在不同要素间进行替代的可能性。企业劳动生产率的纵向或横向差异受到要素价格和相对稀缺度的影响，并不能充分反映企业的真实效率。为了分析微观企业层面的投入—产出效率，需要控制生产技术所允许的投入要素间的替代，全要素生产率估计较好地满足了这一要求。

二 全要素生产率

控制企业生产技术所允许的投入要素间的替代，是企业

TFP 估计的基本任务。处理要素间替代问题的传统方法主要包括 DEA（Data Envelopment Analysis）方法、指数方法和传统参数方法三大类型①。

　　DEA 方法将企业（决策单元）的效率定义为产出与加权投入之比，其中每个企业投入权重的估计是：在所有企业用该权重计算的效率不大于 1 的约束下，使得该企业的效率指标最大化。这样定义的效率实质是每个企业单位产出的投入与其余所有企业相应投入的线性组合相比较。DEA 把企业生产经营过程完全视为黑箱，借助线性规划技术从投入—产出数据中获得 *TFP* 的测度。Charnes et al.（1978）最早提出规模报酬不变情况下的 DEA 方法，Banker et al.（1984）将其扩展到可变规模报酬的情形。该方法能够分析多投入、多产出的情形。它允许企业生产技术的异质性，不需要对生产函数的形式做出假设。由于 DEA 是一个确定的方法，个别企业的测量误差会影响每个企业的效率测度，这使得其对随机误差和野值（outliers）相当敏感。因此它在企业层面的 *TFP* 分析中并不常用。而且，企业 *TFP* 估计中常用根据市场价格加总的企业工作量（产值或销售收入）测量产出，一般不需要处理多维产出问题，DEA 方法处理多投入、多产出的优势很难体现出来。

　　指数方法以要素份额为权重对多种投入要素加权，构成综合产出的测量指标。Solow（1957）较早地应用了指数方法，他在充分竞争和规模收益不变的假定下推导出一般生产函数的 *TFP* 增长率表达式，这在后来被称为"Solow 残差"。Caves et

————————
① 尹恒、柳荻、李世刚：《企业全要素生产率估计方法比较》，《世界经济文汇》2015 年第 4 期。

al.（1982），Hall（1989）等将指数方法扩展到不完全竞争、规模收益可变的情形。指数方法也不需要使用具体的函数形式。不过它需要先验设定规模收益参数，同样没有考虑随机误差，将测量误差等异质性全部包括在 *TFP* 中。指数方法还必须假定所有的投入要素在样本期内没有调整成本，都是静态投入。

传统参数方法先估计出生产函数的参数，据此计算加权投入，然后估计 *TFP*。参数方法与 DEA 和指数方法的一个明显差别就是设定行业内企业基本生产模式（生产函数）的同质性，从而估计 *TFP* 时要素间的替代模式一样。这样的设定对于 *TFP* 估计而言不是弱点，反而是一个优势。*TFP* 是一个相对的概念，纵向评估生产率的增长或者横向比较企业 *TFP* 的差异才有意义。其基本目标是回答：为什么同样的投入有些企业会产出更多，为什么同样的投入有些企业产出会增长更快？某企业的生产技术比行业内其他企业更先进，或者企业采用了更有效率的生产模式，由此形成的产出差异是企业效率比较的题中应有之义，应该被纳入 *TFP* 中去。DEA 和指数方法把这种异质性概括为生产函数的差异，将其从 *TFP* 中排除了。其实，假定在同一时点上行业内企业都面临基本相同的技术选择，它们在共同的技术约束下选择各自的要素组合方式，这是合理的，尤其在竞争市场中如此。这在估计中体现为生产函数的参数相同，从而效率的异质性作为剩余全部包括在 *TFP* 中。

PH 参数方法还能够明确地引入随机扰动，可以处理各种误差。然而，用 OLS 估计面临严重的内生性问题，全要素生产率可能与投入要素相关（例如与资本正相关，导致资本的弹性系数偏小）。这就是 Marschak & Andrews（1944）最早提及的生产率估计的首要困难，即转换偏误（transmission bias）。解决内生性问题的努力是推动企业 *TFP* 估计文献发展的主要力量。工具变量法是最初的尝试，例如用投入的价格作为工具，但这类努力基本上是不成功的（Ackerberg et al.，2007）。如果假定生产率固定不变，可以运用固定效应模型。然而这个假定忽略了生产率的跨期变化，而且结果一般也不令人满意，资本的弹性系数仍然偏小（Griliches & Mairesse，1998）。Arellano & Bond（1991）假定生产率包含不随时间变化的部分和随时间变化的部分。他们先差分掉不随时间变化的部分，再利用投入变量的滞后值作为工具变量进行 GMM 估计。然而，他们面临弱工具变量的问题，资本的弹性系数仍然偏小（Bhmdell & Bond，2000），为了解决弱工具变量问题，Bhmdell & Bond（2000）同样假定生产率包含固定部分和变化部分，并设定后者满足一阶自回归。在 Arellano & Bond（1991）的基础上，Bhmdell & Bond（2000）同时使用投入要素的滞后一阶差分来作其水平值的工具变量，使用系统 GMM 方法估计生产函数。

第二章　出口生产率悖论

第一节　出口生产率悖论的由来

出口生产率悖论是异质性企业贸易理论与实践相结合的一个产物。异质性企业贸易理论是国际贸易理论的研究对象由宏观转向微观的标志，其产生始于一系列以出口企业特征为对象的实证研究，这些实证研究主要包括 Bernard & Jensen (1999)、Bernard & Wagner (1997)、Clerides et al. (1998)、Delgado et al. (2002)、Castellani (2002)、Greenaway & Kneller (2004)、Hansson & Lundin (2004)、Damijan (2006) 分别对美国、德国、哥伦比亚、墨西哥和摩洛哥、西班牙、意大利、英国、瑞典和斯洛文尼亚的研究。这些研究的主要结论是出口企业与非出口企业是存在差异性的，出口企业具有更大的规模、更高的生产率、支付更高的工资。后来，Melitz (2003)、Jean (2002)、Medin (2003)、Helpman et al. (2004) 从理论上解释了为什么一些企业出口而另一些企业不出口的问题，从微观层面提供了一个出口与生产率增长因果联系的一般均衡框架。

　　贸易的起因和贸易的结果是国际贸易理论致力于探讨的两

个基本问题，从李嘉图基于单一要素和完全竞争的比较优势理论到克鲁格曼基于不完全竞争的新贸易理论，传统国际贸易理论都是从宏观方面探讨这两个问题，异质性企业贸易理论则从微观方面展开研究，并形成了两大假说，就贸易的起因来说，以出口自我选择假说为代表（Melitz，2003），他们认为出口企业与非出口企业之间存在异质性，生产率是异质性的主要体现，一个企业能进入国外市场是因为它比那些不能进入国外市场的企业拥有更高的生产率；就贸易的结果来说，以出口中学习假说为代表（Clerides et al.，1998；Aw et al.，2000），认为企业进入国际市场后会从外国消费者和竞争者那里获取更多知识，从而提高自身的生产率水平。很多实证研究都证实了这两个假说。

但是也有一些实证研究，特别是大量针对中国微观数据的研究，得出了与异质性企业贸易理论不一致的结论，例如出口企业与非出口企业在各方面并没有显著性差异，出口企业的生产率水平要低于非出口企业，出口企业的生产率水平并没有因为参与出口活动而得到持续提高，等等。李春顶等（2009）首次提出了"出口生产率悖论"这一名称，他们在对中国企业数据的检验中发现出口企业的生产率低于非出口企业，显著违背了异质性企业贸易理论。此后的国内文献都沿用了他们提出的这一名称，将出口企业生产率低于非出口企业的情况称为"出口生产率悖论"。

按照异质性企业贸易理论，从事前和事后的角度来看，出口生产率悖论的形成包括两方面的原因：第一，从贸易的起因来说，企业行为违背出口自选择假说，出口企业在开始出口前的生产率就比非出口企业低，本书称这种现象为"出口自我选择悖论"; 第二, 从贸易的结果来说, 企业行为违背出口中学习假说, 出口企业没有获得出口学习效应, 生产率的增长率落后于非出口企业, 本书称这种现象为"出口学习悖论"。

第二节　出口生产率悖论的国外证据

一　国外关于出口生产率悖论的实证文献

与异质性企业贸易理论有关的实证研究始于 Bernard & Jensen (1995), 并在 Melitz (2003) 前后达到高潮。尽管研究对象、研究方法存在差异, 但综观这些文献的结论, 绝大部分都支持自我选择假说和出口中学习假说, 这为异质性企业贸易理论提供了有力支持。但在这些文献中也有一部分不支持异质性企业贸易理论的预期, 如表 2.1 所示。在这些研究中, 有四项研究显示出口企业与非出口企业在生产率方面无显著差别或者出口企业的生产率显著低于非出口企业: Bernard & Wagner (1997) 对德国的研究显示出口企业与非出口企业的劳动生产率基本无差别, 但规模比较小的出口企业劳动生产率比非出口企业低 3%—4%; Greenaway, Gullstrand & Kneller (2003) 对瑞典的研究显示出口企业的全要素生产率比非出口企业低; Girma, Görg & Strobl (2004) 对爱尔兰的研究显示出口商和非出口商的劳动生产率无明显差别; Mengistae & Pattillo (2004) 对撒哈拉以南三个非洲国家的检验显示间接出口商与非出口商的全要素生产率差别不显著。

表 2.1 　　　　　　　出口生产率悖论的国际证据

作者	研究对象	结论
Bernard (1995)	墨西哥 (1986—1990)	出口商和非出口商的劳动生产率增长差异不显著
Jensen & Musick (1996)	美国 (1987—1992)	出口商与非出口商劳动生产率的增长差异不显著
Bernard & Wagner (1997)	德国 (1978—1992)	出口企业与非出口企业的劳动生产率基本无差别，但规模比较小的出口企业劳动生产率比非出口企业要低 3%—4%，出口企业劳动生产率增长慢于非出口企业
Aw，Chung & Roberts (2000)	韩国 (1983—1993)	出口商和非出口商的 TFP 增长差异不显著，企业进入国际市场前没有显著表现出高生产率水平和高增长率，自选择效应不显著
Isgut (2001)	哥伦比亚 (1981—1991)	出口企业和非出口企业劳动生产率的增长差异不显著
Castellani (2002)	意大利 (1989—1994)	劳动生产率的增长在出口和非出口企业之间没有显著差别
Wagner (2002)	德国 (1978—1989)	出口商和非出口商的劳动生产率差别在进入国际市场前不显著
Greenaway，Gullstrand & Kneller (2003)	瑞典 (1980—1997)	出口商的 TFP 比非出口商低
Blalock & Gertle (2004)	印度尼西亚 (1990—1996)	在开始出口前企业生产率没有显著提升
Girma，Görg & Strobl (2004)	爱尔兰 (2000)	出口商和非出口商的劳动生产率无明显差别
Pär& Nan (2004)	瑞典 (1990—1999)	开始出口前，出口商与非出口商 TFP 的增长无明显差异
Bernard & Jensen (2004)	美国 (1983—1992)	出口商的生产率增长率比国内厂商低 0.72%
Mengistae & Pattillo (2004)	三个非洲国家 (1992—1995)	间接出口商与非出口商的 TFP 及增长差别不显著

资料来源：作者整理。

不支持出口学习假说的文献明显多于不支持出口自我选择假说的文献。有四项研究显示出口自我选择假说不成立：Aw，Chung & Roberts（2000）、Wagner（2002）、Blalock & Gertle（2004）、Pär & Nan（2004）的研究显示出口企业进入国际市场前的生产率水平并不显著高于非出口商。有八项研究显示出口学习效应不显著：Bernard（1995）、Jensen & Musick（1996）、Bernard & Wagner（1997）、Aw，Chung & Roberts（2000）、Isgut（2001）、Castellani（2002）、Bernard & Jensen（2004）、Mengistae & Pattillo（2004）的研究显示出口商的生产率增长慢于非出口商，或者二者的增长率无显著差异。

二　出口生产率悖论与经济发展阶段的关系

比较这些文献可以发现，处于不同经济发展阶段的国家都有出现这种或那种"悖论"的可能性。

Bernard & Wagner（1997）、Greenaway，Gullstrand & Kneller（2003）证实德国、瑞典等发达国家的企业与异质性企业贸易理论的预期相违背，Mengistae & Pattillo（2004）的研究证实发展中国家的企业行为也可能与异质性企业贸易理论的预期相违背，Girma，Görg & Strobl（2004）的研究证实中等发达国家企业的行为也可能违背异质性企业贸易理论的预期。

Blalock & Gertle（2004）发现印度尼西亚等发展中国家的企业不支持出口自我选择假说。Wagner（2002）、Pär & Nan（2004）发现德国、瑞典等发达国家的企业不支持出口自我选择假说。Aw，Chung & Roberts（2000）发现韩国这样的中等发达国家也不支持出口自我选择假说。

Jensen & Musick（1996）、Bernard & Wagner（1997）、

Wagner（2002）、Castellani（2002）等发现美国、德国、意大利等发达国家的出口企业学习效应不显著。Bernard（1995）、Isgut（2001）、Mengistae & Pattillo（2004）发现墨西哥、哥伦比亚、非洲国家等发展中国家的出口学习效应也不显著。

三　出口生产率悖论与生产率估算方法的关系

"悖论"与采用何种方法估算企业的生产率关系不大。这些文献中生产率的衡量标准主要是劳动生产率和全要素生产率（TFP）两种指标。由于劳动生产率计算相对简便，所以绝大多数文献都采用劳动生产率指标，以人均产出或（和）人均增加值作为劳动生产率的代理，即便采用 TFP 的文献多数也选择同时运用劳动生产率作为参照和稳健性估计，从这些文献看，两种衡量标准得出的结论基本是一致的。就企业全要素生产率的核算方法来说，Bernard & Jensen（2004）运用了 O-P（Olley-Pakes，1996）方法，Aw，Chung & Roberts（2000）采用了一个关于企业产出和投入之间的 TFP 指数，该指数由 Caves、Christensen & Diewert（1982）创建，Good、Nadiri & Sickles（1996）进行了扩展，该指数假设每个企业 f 用一系列中间投入 X_{ift}（其中 $i = 1, 2, \cdots, n$），只有一种产出 Y_{ft}（其中 $i = 1, 2, \cdots, n$），那么在 t 年企业 f 的全要素生产率指数表示为：

$$\ln TFP_{ft} = (\ln Y_{ft} - \overline{\ln Y_t}) + \sum_{s=2}^{t}(\overline{\ln Y_s} - \overline{\ln Y_{s-1}}) -$$

$$\left[\sum_{i=1}^{n} \frac{1}{2}(S_{ift} + \overline{S_{it}})(\ln X_{ift} - \overline{\ln X_{it}}) + \sum_{s=2}^{t}\sum_{i=1}^{n}\frac{1}{2}(\overline{S_{is}} + \overline{S_{is-1}}) \right.$$
$$\left. (\overline{\ln X_{is}} - \overline{\ln X_{is-1}}) \right]$$

其中，$\overline{\ln Y_t}$ 表示所有企业在 t 年的产出的几何平均，S_i 表示 X_i 在企业要素投入中所占份额，$\overline{S_i}$ 表示 X_i 在所有企业要素投入中所占份额的几何平均，$\overline{\ln X_{it}}$ 表示所有企业在 t 年投入 X_i 的几何平均。该指数以连续方式反映了企业 TFP 的横截面分布以及分布随时间变化状况，在实际应用中非常实用。

Pär & Nan（2004）、Mengistae & Pattillo（2004）则是估计了产出扣除资本、劳动和中间投入之后的剩余。Pär & Nan（2004）对以下方程进行了估计：

$$\ln TFP_{ji} = \ln Y_{ji} - \alpha_{Ki}\ln K_{ji} - \alpha_{Si}\ln L_{ji}^{S} - \alpha_{Ui}\ln L_{ji}^{U} - \alpha_{Mi}\ln M_{ji}$$

其中，j 表示企业，i 表示产业，Y 是总产出，K 是资本，L^s 和 L^U 分别表示技术雇员人数和非技术雇员人数，M 是原材料，α 是要素在总产出中所占的份额。资本存量用永续盘存法计算，折旧率为：建筑物 3%，机器设备 11%。

Mengistae & Pattillo（2004）在估计生产率时假设企业的生产函数为柯布—道格拉斯形式：

$$Q_{it} = \alpha_{it} + \beta_K K_{it} + \beta_M M_{it} + \beta_L L_{it} + \varepsilon_{it}$$

其中，Q_{it} 是企业 i 在 t 期的产出的自然对数，α_{it} 是全要素生产率，K_{it}、M_{it}、L_{it} 分别是资本、中间投入和劳动的自然对数，ε_{it} 服从独立同分布，且与要素投入不相关。全要素生产率 α_{it} 与要素投入不相关，表示为：

$$\alpha_{it} = \alpha_i + \alpha_s + \alpha_t + \sum_j \alpha_j E_{jt-1} + \sum_{h=1} \alpha_h X_{hit}$$

其中，α_i 表示企业固定效应，α_s 表示行业固定效应，α_t 表示时间效应，X_{hit} 表示企业特征，E_{jt-1} 是表示企业在上一年是否出口的二元变量。为避免估计偏差，他们使用了 GLS 方法。

四 出口生产率悖论与计量模型的关系

1. 检验出口企业与非出口企业的差别

Bernard & Wagner（1997）用以下回归方程估算了出口溢价（export premia）：

$$\ln X_{it} = \alpha + \beta Export_{it} + \lambda \ln Size_{it} + \gamma_1 Industry_{it} + \gamma_2 Year_t + \varepsilon_{it} \tag{1}$$

其中，X_{it} 表示企业特征，$Export_i$ 是表示企业当期出口状态的虚拟变量，$Size$ 是企业员工数，出口溢价 β 表示同一产业内部出口企业与非出口企业平均百分比差异。他们同时考察了出口密度对出口溢价的影响：

$$\ln X_{it} = \alpha + \beta Export_{it} + \theta EXPTVS_{it} + \lambda \ln Size_{it} + \gamma_1 Industry_{it} +$$
$$\gamma_2 Year_t + \varepsilon_{it} \tag{2}$$

其中，$EXPTVS_i$ 表示出口占总销售的份额，即出口密度。与模型（1）相比，模型（2）在后来得到更为广泛的应用，Pär & Nan（2004）、Isgut（2001）等都运用了模型（2）估算出口溢价。

2. 检验出口自我选择效应

检验出口商在出口前是否就具备更为优秀的特征的常用模型是用出口前的企业特征对当年的出口状态回归，Bernard & Wagner（1997）、Castellani（2002）、Pär & Nan（2004）、Isgut（2001）都用了此模型，选取那些至少三年没出口的企业，即在 $T-3$、$T-2$、$T-1$ 年不出口，但是在 T 年可能出口也可能不出口，然后用企业在 $T-3$ 的特征对 T 年的出口状态回归，即：

$$\ln X_{iT-3} = \alpha + \beta Export_{iT} + \gamma Industry_i + kYear_{T-3} + \varepsilon_{iT-3}$$

系数 β 估测了潜在的出口商在开始出口前三年的生产率溢

价状况。

他们也用了另外一种方法检验先期成功与出口的关系，即将企业在进入出口前的生产率增长率对出口回归，回归方程为：

$$\Delta \ln X_{it} = \alpha + \beta Export_{iT} + \gamma Industry_i + kYear_T + \varepsilon_{it}$$

$\Delta \ln X_{it}$ 是指未来出口商从 $T-3$ 到 T 这段时间内生产率的年平均增长率。系数 β 估测了未来的出口商与非出口商在生产率增长之间的差异。

检验出口商在进入出口市场前是否具有更高生产率的另一个常用模型是一个关于出口的线性概率模型：

$$Export_{jt} = \alpha + \beta \ln PR_{jit-1} + \delta Export_{jt-1} + \lambda Firm_{jt-1} + \gamma_1 Industry_{jt} + \gamma_2 Year_t + \varepsilon_{jt}$$

$\ln PR_{jit-1}$ 是滞后一期的生产率水平，其估计系数 β 如果显著为正值则意味着先期拥有更高生产率的企业更易于成为出口商。

3. 检验出口学习效应

Bernard & Wagner （1997）、Bernard & Jensen （2004）、Castellani （2002）、Pär & Nan （2004） 检验了当期的出口状态与下一期的生产率增长率之间的关系，回归方程一般形式为：

$$\Delta \ln PR_{it+1} = \ln PR_{it+1} - \ln PR_{it} = \alpha + \beta Export_{it} + \gamma Z_{it} + \varepsilon_{it}$$

其中，$Export_{it}$ 有两种衡量方法：一是将 $Export_{it}$ 作为表示企业是否出口的二值变量，二是用 $Export_{it}$ 作为衡量出口密度的变量。Z_{it} 是控制变量。

Blalock & Gertle （2004） 运用了超越对数生产函数检验出口对生产率的影响，函数形式为：

$$\ln Y_{it} = \beta_0 Exported_{it} + \beta_1 \ln K_{it} + \beta_2 \ln L_{it} + \beta_3 \ln M_{it} + \beta_4 \ln^2 K_{it} +$$

$$\beta_5 \ln^2 L_{it} + \beta_6 \ln^2 M_{it} + \beta_7 \ln K_{it} L_{it} + \beta_8 K_{it} M_{it} + \beta_9 L_{it} M_{it} + \alpha_i + \gamma_t + v_{rt} + w_{it} + \varepsilon_{it}$$

其中，$Exported_{it}$ 是表示企业 i 在 t 年是否出口的虚拟变量，Y_{it}、K_{it}、L_{it} 和 M_{it} 表示企业产出、资本、劳动和原材料，α_i 是企业 i 的固定效应，γ_t 为年度虚拟变量，w_{it} 是一种特质的生产率冲击。如果 $Exported_{it}$ 的估计系数为正，就意味着出口与更高生产率相关。在估计时为避免内生性问题，运用了修正的 O-P（Olley-Pakes）方法和 L-P（Levinsohn-Petrin）方法。

4. 生产率的变化路径与出口状态变化

Bernard & Wagner（1997）估计了以下模型：

$$\Delta \ln X_{iT} = \alpha + \beta_1 Start_{iT} + \beta_2 Both_{iT} + \beta_3 Stop_{iT} + \gamma Z_{i0} + \varepsilon_{iT}$$

其中，Z_{i0} 是表示企业在第 0 年的特征的向量，$Start$、$Both$ 和 $Stop$ 是表示出口状态的虚拟变量，定义如下：

$Start_{iT} = 1$ 如果（$Export_{i0} = 0$） 并且（$Export_{iT} = 1$）

$Both_{iT} = 1$ 如果（$Export_{i0} = 1$） 并且（$Export_{iT} = 1$）

$Stop_{iT} = 1$ 如果（$Export_{i0} = 1$） 并且（$Export_{iT} = 0$）

以在两个年份中都不出口的企业作为参考组，系数 β_1、β_2、β_3 显示了新进入者、一直出口者、退出者相对于非出口者增长率的变化状况。

Bernard & Jensen（2004）、Pär & Nan（2004）的模型为：

$$\ln PR_{ijt} = c_{jt} + \sum_{e \in E} \sum_{x \in X} \beta d_i^e \cdot d_{ijt}^x + \lambda Firm_j + \gamma_1 Industry_j + \gamma_2 Year_t + \varepsilon_{ijt}$$

其中，$\ln PR_{ijt}$ 是企业生产率的对数，d_i^e 是表示出口企业类型的指示变量，d_{ijt}^x 是表示企业当年出口状态的指示变量。他们将出口企业分为五种类型（d_i^e）：always（所有年份都出口）、

starter（在考察期变为出口商且没退出）、other（在出口与非出口之间转换超过一次）、stopper（在考察期内停止出口）、never（在任何年份从未出口）。他们的考察期为五年，记企业进入出口市场（或者退出）为 $d^x_{ijt} = 0$，则 d^x_{ijt} 的取值范围在 -2（在进入或退出前两年）和 2（进入或退出后两年）之间。d^e_i 与 d^x_{ijt} 的交乘项反映了五种类型的企业进入和退出出口市场生产率的相对变化轨迹。

这些文献中也有此类文献运用的比较少的研究方法，如 Wagner（2002）运用匹配方法（a matching approach）、Greenaway, Gullstrand & Kneller（2003）运用匹配的差分方法（the matched difference-in-differences approach）、Girma, Görg & Strobl（2004）运用了一阶随机占优（first order stochastic dominance）基础上的非参数方法。

这些研究的结果涉及"悖论"的检验大部分都以估计系数不显著作为结论，从而认为研究对象在一定程度上不支持自我选择假说或者出口中学习假说。只有两个研究提供了精确的结果，一个是 Bernard & Wagner（1997）的研究显示德国规模比较小的出口企业的劳动生产率比非出口企业低3%—4%，另一个是 Bernard & Jensen（2004）的研究显示就生产率增长率而言，美国出口商要比国内厂商低0.72%。

第三节　对中国出口与生产率
关系检验的文献

一　对中国出口与生产率关系的早期检验

在异质性企业贸易理论传入国内之前，国外就有运用中国微观企业数据就出口与生产率问题进行的研究。Kraay（1997）运用2105家中国企业1988—1992年的面板数据检验了出口学习效应，发现出口显著提高了企业生产率，这种学习效应对既定的出口商最为显著，对新进入者并不显著。Perkins（1997）通过对中国沿海省份300家不同所有制性质的企业1980—1992年的检验发现，出口企业的全要素生产率增长显著快于非出口企业，这一结论适用于不同所有制性质、不同行业、不同省份的企业，格兰杰因果关系检验显示出口导致了企业全要素生产率增长。

国内学界运用微观数据检验异质性企业贸易理论的研究始于张杰等（2008），他们运用江苏省制造业企业的数据，利用联立方程方法检验了出口与企业生产率之间的相互关系，结果发现出口不是促进企业 TFP 增长的因素，而 TFP 是促进企业出口的因素。其后，张杰等（2009）利用1999—2003年中国制造业企业数据检验了中国企业的出口是否存在出口学习效应，结果显示出口促进了企业 TFP 的提高，这种促进效应在企业开始出口前就存在，在企业开始出口后三年内发挥作用。唐宜红等（2009）运用2005年我国工业普查数据检验的结果显示，生产率越高的企业越容易成为出口商。李春顶（2009）利用中国制造业969家上市企业数据的检验显示出口企业的生产率高于不出口企业。这些研究都为异质性企业贸易理论在中国的适应性提供了证据。

二　对中国出口生产率悖论的讨论

对中国出口生产率悖论问题的讨论始于李春顶等（2009），他们用1998—2007年的中国工业企业数据，检验了出口与生产率的关系，得出出口企业的生产率低于只供应国内市场的企业，并且生产率越低的企业出口越多，这一结论与异质性企业贸易理论假说违背，从而提出了中国出口企业存在"生产率悖论"问题。之后，李春顶（2010）、李春顶、石晓军和邢春冰（2010）、Lu（2010）进一步研究了中国出口的"生产率悖论"问题，通过对大样本数据分行业、分地区、分企业类型的差异性检验，得到了中国出口企业存在生产率悖论的确凿证据。

之后，国内学界掀起了一股检验中国出口与生产率关系问题的热潮，这些检验按结果分类如表2.2所示，对异质性企业贸易理论支持的文献和否定的文献几乎各占一半，这些文献所选取的样本范围、使用的实证分析方法、生产率的计算方法都不尽相同。

1. 样本范围。从样本范围看，主要以1997—2008年全国大中型制造业企业为分析对象，数据来源于中国工业企业数据库、全国工业企业的普查数据、上市公司数据以及问卷调查得到的数据，大部分研究选择面板数据。

2. 生产率的衡量。国内文献也是采用劳动生产率（LP）和全要素生产率（TFP）两种标准衡量企业生产率。对劳动生产率的计算大多采用李春顶（2009）的方法，计算单位劳动的产出，公式为：$LP = \ln Q/L$。

对TFP的测算主要有近似全要素生产率（ATFP）方法、修正的O-P方法（余淼杰，2010；张礼卿和孙俊新，2010）、L-P方法和估计索罗残值方法。

（1）近似全要素生产率（Approximate TFP，简写为AT-FP）。这种方法计算简便，对数据要求不高，为很多国内文献运用。ATFP 的本质是计算近似的"索罗残值",由 Griliches & Mairesse(1990)提出,Head & Ries(2003)也使用了此种方法,计算公式为:$ATFP = \ln(Y/L) - s\ln(K/L)$,其中,$Y$ 表示企业产出,L 表示企业雇用人数,K 表示企业的资产,$s \in (0, 1)$ 表示生产函数中资本的贡献度,Hall et al.(1999)将 s 设定为 1/3,此后为很多文献沿用,根据李春顶等(2010)、汤二子、李影和张海英(2011)的检验这一数值也适用中国,但是赵志耘等(2006)、刘海洋和汤二子(2011)根据对中国企业数据估算得出 s 的取值为 0.6 左右。

(2)修正的 O-P 方法(Olley-Pakes,1996)。除了直接采用 O-P 方法外,有些学者对 O-P 模型进行了扩展。O-P 模型不能控制个体差异,张礼卿和孙俊新(2010)扩展了 O-P 模型,引入工业增加值、劳动投入、资本投入、出口产出比等变量来控制企业的个体差异。余淼杰(2010)为处理 OLS 带来的同步偏差和选择偏差问题,结合中国实际修改了 O-P 方法,在企业投资决定方程中加入了企业是否出口的虚拟变量和 WTO 虚拟变量。刘振兴和金祥荣(2011)比较了 O-P 方法和 OLS 方法对生产函数的估计结果,认为在大样本下,二者的估计结果相差不大,在存在内生性和自选性条件下,OLS 对劳动存在向上的估计偏差,对资本存在向下的估计偏差。

(3)L-P 方法(Levinsohn-Petrin)。L-P 方法与 O-P 方法相比,使用中间投入作为代理变量,估计更为准确。L-P 方法往往与其他估计方法同时使用,以使估计结果更为稳健,如赵伟和赵金亮(2011)同时使用了 L-P 和 OLS 估计,范剑勇和冯猛(2013)同时使用了 L-P 方法和 O-P 方法。

(4)索罗剩余法。张杰等(2008)在柯布—道格拉斯生产函数中设置了与资本质量因素相关的虚拟变量，赖伟娟和黄静波（2011）、汤二子、邵莹和刘海洋（2012）首先分行业估计了资本和劳动的产出弹性，然后再估算企业全要素生产率。已有文献一般使用 OLS 方法估计索罗残值，针对 OLS 回归无法解决内生性，容易产生估计偏差的问题，钱学锋等（2011）使用 GMM 方法进行估计。

（5）数据包络分析。基于 DEA 的 Malmquist 指数法用 DEAP 2.1 软件测算 *TFP* 的增长率，如李春顶和唐丁祥（2010）、严建苗等（2013）都使用了此种方法。

表2.2　　　　　对中国企业出口与生产率关系的检验

支持自我选择效应	支持出口学习效应	否定自我选择效应	否定出口学习效应
唐宜红、林勤发（2009） 张礼卿、孙俊新（2010） 钱学锋、王菊蓉等（2011） 易靖韬、傅佳莎（2011） 赵伟、赵金亮、韩媛媛（2011） 刘振兴、金祥荣（2011） 赖伟娟、黄静波（2011） 黄静波、黄小兵（2011） 范剑勇、冯猛（2013）	余淼杰（2010）；钱学锋、王菊蓉等（2011） 易靖韬、傅佳莎（2011） 王华、许和连、杨晶晶（2011） 刘海洋、汤二子（2011） 邵敏（2012） 范剑勇、冯猛（2013）	汤二子、刘海洋（2011a） 汤二子、李影、张海英（2011） 赵伟、赵金亮（2011） 王华、许和连、杨晶晶（2011） 汤二子、刘海洋（2011b） 汤二子、邵莹、刘海洋（2012）	张礼卿、孙俊新（2010） 汤二子、刘海洋（2011a） 孙俊新、蓝乐琴（2011） 汤二子、邵莹、刘海洋（2012） 孙晓华、孙哲（2012）

资料来源：作者整理。

3. 计量模型。国内检验出口与生产率关系的计量模型基本沿用了国外的经典模型，Bernard 和 Wagner（1997）使用的出口溢价模型是最常用的模型。此外，李春顶、石晓军和邢春冰（2010）将出口虚拟变量与控制变量的交乘项纳入了计量模型，刘振兴和金祥荣（2011）同时检验了出口状态和出口密度对生产率的影响，王华、许和连、杨晶晶（2011）运用了超越对数生产函数模型，将出口状态虚拟变量纳入其中，唐宜红和林勤发（2009）、赵伟和赵金亮（2011）、黄静波和黄小兵（2011）运用了线性概率模型。

三 国内文献的结论

通过回顾国内关于企业出口与生产率关系的文献，得到以下两点结论。

1. 中国出口生产率悖论在一定范围内的确存在。虽然中国出口在总体上是否存在"悖论"尚无定论，但是"悖论"在某些范围内存在确是不争的事实，正是这些小范围"悖论"的存在导致了中国出口是否存在"悖论"这一争论。表2.3详细列出了中国存在出口生产率悖论的证据，存在出口自选择悖论的证据多于存在出口学习悖论的证据，学者们从行业、省份、所有制性质、出口密集度等各个角度证实"悖论"存在于某些方面。如李春顶、石晓军和邢春冰（2010）认为在沿海地区、制造业、小规模企业中的"悖论"现象更为突出，刘振兴和金祥荣（2011）、孙晓华和孙哲（2012）的检验结果都表明出口强度越高的企业生产率优势越小，赵伟和赵金亮（2011）的研究表明外资企业出现显著"自我选择悖论"。

2. 中国企业的出口与生产率之间的关系呈现多元化特征，要清楚区分两者之间的关系可能要考虑生产率之外的其他异质性来源。赵伟、赵金亮（2011）指出，企业所有制异质性导致中国企业并不都是按照国外经典假说所演示的路径进入国际市场的，生产率对所有制性质不同企业的出口倾向的影响存在很大差异。刘振兴、金祥荣（2011）也认为以中国企业为样本的理论和实证研究要充分重视中国事实的复杂性和多样性，出口企业生产率高于非出口企业并不具有普适性。

表2.3　　　　　　　　中国出口生产率悖论存在的证据

作者	研究对象	结论
汤二子、刘海洋（2011a）	2008年全国30万家大中型制造业企业	29个行业中19个行业存在生产率悖论，30个省份中20个存在生产率悖论，发达省份和企业数目多的省份生产率悖论更显著
汤二子、李影、张海英（2011）	2007年全国18万家大中型制造业企业	14个行业中有11个存在生产率悖论，31个省份中有22个省份存在生产率悖论
赵伟、赵金亮（2011）	2000—2003年《中国工业企业数据库》全部国有及规模以上非国有企业	集体与私营企业没有显著支持"自我选择假说"，港澳台投资企业和外资企业出现"自我选择悖论"
王华、许和连、杨晶晶（2011）	1997—2000年世界银行1548家企业调查问卷	否定自我选择效应
汤二子、刘海洋（2011b）	2005—2008年《中国工业企业数据库》大中型制造业企业	中国出口企业并不完全符合异质性企业贸易理论的预言，存在"悖论"
汤二子、邵莹、刘海洋（2012）	2007年国有及规模以上非国有企业	生产率的提高会使企业选择出口的概率降低
张礼卿、孙俊新（2010）	2004—2007年规模以上制造业企业	出口对TFP增长的影响不显著
孙俊新、蓝乐琴（2011）	2004—2007年规模以上制造业企业	出口同生产率的增长显著负相关

续表

作者	研究对象	结论
刘振兴、金祥荣 (2011)	2001—2007 年大中型制造业企业	外商投资出口企业的生产率显著低于非出口企业；出口强度越高的企业生产率优势越小
赖伟娟、黄静波 (2011)	1999—2007 年中国企业普查数据	中小型企业的自我选择效应和出口学习效应均不显著
孙晓华、孙哲 (2012)	2006 年中国工业企业数据库 6 万家企业	出口对多数行业生产率水平存在负效应，中小型企业的出口规模与生产率负相关，出口规模越大对企业生产率的负效应越显著
范剑勇、冯猛 (2013)	1998—2007 年大中型工业企业	出口密度最高的企业与内销内业的生产效率无显著差异

资料来源：作者整理。

第四节　产生出口生产率悖论的原因

一　国外文献的解释

国外文献中探讨出口生产率悖论原因的文献比较少。Greenaway, Gullstrand & Kneller (2003) 认为瑞典出口商和非出口商的表现没有明显差别的原因在于瑞典经济的高度开放性。Aw, Chung & Roberts (2000) 认为韩国企业进入出口市场的成本比较高，从而使事前的经验成为出口决策的重要决定因素，政府的补贴政策为企业进入出口市场提供了保险，因此进入出口市场可能与是否获得政府的保险有更多关系，而非与企业生产率有更多关系。

国外文献对出口学习悖论的解释比较多，代表性的观点有三种。

1. 研究方法问题。Fryges & Wagner (2008) 认为在研究出

口与生产率的关系时，简单地将出口状态（是否出口）虚拟变量作为企业出口行为的代理是片面的，出口强度也是影响出口是否能够提高生产率的重要因素。企业参与出口市场的程度是有差异的，有的企业是高度外向型的，而有的企业的出口可能带有偶然性，仅用出口虚拟变量表示出口就掩盖了出口企业结构上的差异。他们用企业出口额与销售额的比例来衡量出口强度，发现在某些子区间内出口对生产率有促进作用，在某些区间出口对生产率没有作用甚至产生副作用。

2. 外部性的影响。Westphal（2002）认为出口企业从国外获得的新技术存在外溢效应，非出口企业得益于这种外溢效应，从而两类企业有相似的生产率成长轨迹，掩盖了出口学习效应。Aw，Chung & Roberts（2000）也提到出口所获得的知识在出口商和非出口商之间传播速度非常快可能是导致韩国出口企业与生产率之间的关系不显著的一个原因。

3. 研究对象的选择问题。企业样本可能会影响检验结果，De Loecker（2007）发现以发达国家为出口目的地的企业比以发展中国家为出口目的地的企业生产率增长得更快。时间选取也会影响检验结果，Aw，Chung & Roberts（2000）认为出口学习效应可能在制造业扩张初期更为显著。另外，如果技术从学习到利用的时间太长或者时间过短，出口学习效应可能都不能被检验出来。

二 国内文献的解释

国内学界对中国出口企业的生产率悖论现象作出很多解释，概括起来主要有三种观点：加工贸易论、国内高贸易成本论和市场失灵论。

（一）加工贸易论

持这一观点的学者认为我国出口出现生产率悖论的原因在于加工贸易出口所占比重过高。加工贸易出口在中国出口中占据半壁江山，主要集中于劳动密集型的加工、装配环节。加工贸易出口主要依赖劳动力、土地、政策等因素，出口部门缺乏创新动力，对我国技术进步和生产率的增长促进作用较小。另外，中国加工贸易的特征是"大进大出"，关键基础和设备依赖外方供给，因此加工贸易部门与区域经济发展的关联性较低，溢出效应较小。外商投资在加工贸易中扮演了重要角色，但是通过独资等方式，外资企业的技术溢出效应有限，甚至会通过资源争夺、垄断等手段阻碍内资企业技术进步，从而阻碍本土企业生产率的提升。

李春顶（2010）首先发现了加工贸易是"悖论"形成的重要原因。他通过检验发现，从企业所有制性质看，"生产率悖论"表现最为显著的是私营企业，其次是集体企业，而国有企业最不显著。国有企业的低效率并非悖论的形成原因，而私营企业中存在的较多加工贸易也许是问题的关键；从企业规模看，"生产率悖论"表现最为显著的是小型企业、其次是中型企业，而最不显著的是大型企业，说明小型企业是悖论的主要推动力，这背后极有可能又是加工贸易使然，因为加工贸易一般都是规模较小的贴牌生产企业，利用国内廉价劳动力资源，产品主要出口，且生产率较低。他将出口比重大于50%的企业定义为加工贸易企业，运用2007年的数据重新进行检验，发现检验结果大大消除和化解了"生产率悖论"，去除加工贸易企业后的出口企业生产率均值100%的高于出口企业整体的生产率均值，且绝大多数行业去除加工贸易后的出口企业生产率均值高于内销企业。从 ATFP（近似全要素生产率）结果看，除了六个行业外，其他行业的"生产率悖论"全部被化解，且出口企业生产率均值大大高于内销企业；从 LTFP（劳动生产率）结果看，仅有两个行业还存在悖论，其他行业的悖论不复存在。这说明出口企业中加工贸易的大量存在是形成"生产率悖论"的主要原因。

李春顶（2010）之后，张礼卿等（2010），汤二子、李影和张海英（2011），孙俊新等（2011），刘振兴等（2011），赖伟娟等（2011）都将"悖论"的主要原因归结为加工贸易。戴觅和余淼杰（2014）通过对 2000—2006 年海关数据的分析发现这一现象完全是由中国大量的加工贸易企业所导致的。他们发现中国有 20% 的企业完全从事出口加工，这些企业的生产率比非出口企业低 10%—22%。由于加工贸易企业主要集中于外资企业与劳动密集型行业，将加工贸易企业与一般贸易企业混在一起就会导致之前研究中所发现的在外资企业与劳动密集型行业内出口企业生产率水平低于非出口企业的结论，而事实上一般贸易企业其生产率总是高于非出口企业，满足 Melitz（2003）等标准的异质性企业贸易理论。剔除加工贸易企业的影响就能回到出口企业生产率更高的传统结论当中。加工贸易企业的低生产率还可以解释"纯出口企业"生产率低的现象，并且他们对纯出口企业的低生产率提供了两类可能的解释，一类是加工贸易活动的特殊性质以及中国对加工贸易的特殊政策导致低生产率的企业自选择从事加工贸易，另一类是转移定价、低市场力量以及产品异质性等方面的原因导致加工贸易企业有着较低的测量生产率。

但是孙少勤等（2014）对加工贸易是否存在"悖论"的

检验显示，只得到了部分的数据支持，认为生产率对加工贸易的出口额有显著促进作用。他们以波特（Michael Porter）的价值链分析模型为基础，结合制造业企业生产运营方式，将企业市场的固定成本细分为研发与设计、产品营销、销售与服务、生产设施与设备四个组成部分。认为不同的市场进入均需要克服该市场进入的固定成本。由于加工贸易企业只需要克服较低的固定成本即可进入国际市场，因而加工贸易企业可以在较低的生产率水平下实现出口行为。当加工贸易企业与非出口企业进行生产率比较时，会出现"生产率悖论"现象。他们利用中国工业企业数据库和中国海关贸易数据库对接后的 2006 年企业贸易数据，检验了加工贸易的"生产率悖论"。研究结果发现，加工贸易的"生产率悖论"只得到了部分的数据支持。而生产率对加工贸易企业的出口额有着显著的促进作用，企业生产率水平越高，企业的出口额越高。同时，内资加工贸易企业的生产率提升对企业出口额的促进作用高于外资企业。非参数匹配检验结果证实，在相同的生产率水平下，加工贸易企业与一般贸易企业相比，其出口贸易额更高。

（二）国内高贸易成本论

Melitz 模型的一个重要假定是出口固定成本大于国内销售的固定成本，因此只有生产率比较高的企业才能克服较高的出口成本从而成功成为出口商。然而有不少学者认为，由于某些原因，中国的国内市场进入成本其实高于国际市场进入成本，只有生产率高的企业才能在国内市场销售，从而导致出口生产率悖论。

徐蕾和尹翔硕（2012）扩展了 Melitz（2003）的模型，考虑固定出口成本高于和低于国内固定贸易成本的不同情况，认为贸易成本的差异对企业的市场选择存在重要的影响。他们根据工业企业数据库的数据检验发现，中国制造业出口企业无论是企业全员劳动生产率还是资本密集度，都没有表现出高于内贸企业，因此 Melitz（2003）的模型认为出口企业的效率高于不出口的企业的结论对于我国制造业来说并不成立。而根据 Logit 和 Probit 模型检验的结果，发现销售费用显著影响企业的市场选择。出口需要承担更多的以运输费用为代表的可变贸易成本，而根据统计数据，典型行业的内贸企业的销售费用高于出口企业，因此一个合理的解释是，这些行业在国内销售的渠道费用及其他固定贸易成本甚至可能超过出口中的相应支出，从事内贸的企业需要在克服这些成本上必须具备一定的优势。从行业固定效应看出，大部分制造业企业更倾向于出口，尤其是纺织服装、鞋、帽制造业，皮革、毛皮、羽毛（绒）制造业等行业。而国有企业进行内贸的机会比例远高于其他企业，国有企业对国内市场的渠道掌握和市场控制能力远高于其他企业，因此更倾向于在国内市场经营。区域市场的分割导致国内市场开放程度低于国际市场，对于贸易管制较少的制造业企业而言，克服国际市场的贸易壁垒的难度甚至低于打开在国内市场的销售渠道，在国际市场出现衰退，扩大内需的关键在于消除国内市场过高的贸易成本。

周世民和沈琪（2013）修正了异质企业贸易理论的假设，将市场分割和融资约束纳入分析框架，证明了市场分割下会导致企业重出口而轻内销。他们认为中国企业的出口行为与企业异质性理论相悖的原因在于中国经济存在一些国外经典理论未关注到的特有现象：其一，由于中国存在着严重的国内市场分割，从而对于中国企业而言，开拓本土市场可能难于开拓国际市场，进而进入国内市场的固定成本可能高于进入国外市场的固定成本（朱希伟、金祥荣和罗德明，2005），这与企业异质性理论所假设的进入国外市场的固定成本高于进入国内市场的固定成本相左。其二，由于受金融体制改革严重滞后和银行信贷资源高度集中的影响，中国出口企业普遍存在融资难问题，这往往会使出口企业对沉没成本的支付面临融资约束。而新近的研究已经证明了企业面临的融资约束会影响生产率与出口之间的联系（Chaney，2005；Manova，2006、2007）。他们从国内市场分割假设出发，通过将本国分为本地和异地两区，结合企业进入不同市场的固定成本融资问题，构建出企业异质性理论框架下的两国三区垄断竞争模型。他们的研究发现，在国内市场分割条件下，由于进入本国异地市场的固定成本高于进入外国市场的固定成本，从而会内生出一类特殊的企业，这类企业只在本地和国外销售，不在国内异地市场销售。这表明，针对中国市场分割的实际，能进入国内异地市场的企业是生产率最高的，出口企业的生产率并不高。相比较而言，因国内市场分割而被"挤出"到出口市场的企业其生产率水平比非出口企业相对更低，这一定程度上解释了中国企业的出口行为存在的"生产率之谜"。进一步地说，从企业为进入不同市场的固定成本融资角度看，如果金融市场是不完全的，那么就会存在一类企业，它们原本可以进入本国异地市场或通过出口获利，但由于无法融到资金来支付进入异地或国外市场的固定成本，进而无法进入本国异地市场或出口市场。具体来讲，就是一部分从生产率层面看可以异地销售或出口获利的企业，由于无法筹集足够的资金支付固定成本而放弃异地市场或出口市场。国内市场分割的现实会带来融资资金在异地市场和出口市场的再分配，由于异地市场的进入成本高于出口市场的进入成本，从而导致更多的资金用以为企业出口而不是国内异地销售融资，进而更多受融资约束的企业放弃异地市场而进入出口市场，这将导致更多生产率相对较低的企业从本国异地市场被"挤出"到出口市场，从而导致"生产率之谜"现象加剧。

盛丹（2013）选取1998—2006年中国工业企业的微观数据，采用Heckman两阶段选择模型，考察了企业出口的"生产率悖论"。发现我国的外资企业的出口存在明显的"生产率悖论"，即外资出口企业的生产率水平显著低于非出口企业，这与新新贸易理论的结论恰好相反。而内资企业的出口行为则符合新新贸易理论的理论预测，并且进一步从地方性行政垄断和行业要素密集度的角度，对这一悖论形成的原因进行了分析，她认为地方性行政垄断对外资企业的影响更为明显，外资企业对本地的经济、地理、消费者偏好等市场环境并不熟悉，需要花费更多的时间和成本来了解当地的市场信息，并与当地政府进行沟通。为此，地方性行政垄断程度越高，则外资企业进入国内市场所需要付出的成本也就越高。由于与国外市场的天然联系，外资企业比内资企业更为了解国外市场信息，并且能够相对有效地规避汇率风险。因此，相比于国内企业，外资企业的出口成本更低。在国内销售高成本与出口低成本的交互作用下，只有那些生产率相对较高的外资企业才会在国内进行销售。外资出口企业的平均生产率要低于内销外资企业的平均生产率，这就导致了"生产率悖论"。实证结果表明地方性行政垄断对我国外资企业的诸多限制及政策引导，扭曲了企业的出口行为，是形成"生产率悖论"的重要原因。史长宽和梁会君（2013）也认为地方性行政垄断导致国内市场的进入成本增加，出口贸易成本相对下降，扭曲了企业出口行为，是形成生产率悖论的主要原因。

梁会君、史长宽（2013；2014）实证检验发现行业国内外贸易成本差异是产生生产率悖论的原因，而加工贸易不是产生"悖论"的原因，国内较高的贸易成本是劳动密集型企业出现较为严重的"悖论"的重要原因。另外，汤二子和刘海洋（2011a；2011b）、王华、许和连和杨晶晶（2011）、安虎森、皮亚彬和薄文广（2013）也都认为贸易成本问题是形成出口生产率悖论的重要原因。安虎森、皮亚彬和薄文广（2013）认为本国市场并不天然地成为企业的首选市场。在 Melitz（2003）的经典模型中，假设国内与国外市场规模是对称的，在进入国外市场时需要支付贸易成本和额外的市场进入成本，因而企业在本国市场获得的利润更高，企业往往首选进入本地市场。考虑到市场进入成本和市场规模差异，如果本地市场规模较小或者市场进入成本较大，企业在本国市场能够获得的纯利润可能为负，在国外市场则可能获得正利润。企业的生产率越高，获利能力越强。无论是 Melitz（2003）的经典模型，还是出现生产率"悖论"的情形，都符合下面的判断：效率最高的企业同时进入两个市场，效率较低企业进入一个市场，效率最低的企退出。因此，在对内销企业和出口企业的效率进行比较研究时，有必要区分纯出口企业、纯内销企业和一般出口企业。

（三）市场失灵论

异质性企业贸易理论认为只要企业生产率水平达到了出口临界值就会出口，但实际上由于市场经济的不完善，很多企业即使生产率达到了出口临界值水平仍然没有成为出口商。汤二子和刘海洋（2011b）指出对于经济转型国家来说，尚未完全对外开放，很多高生产率的企业由于种种原因只能面向国内市场，所以出口企业的生产率并不一定如理论预测的比非出口企业高。张礼卿和孙俊新（2010）、王海军和张茆（2010）、Fu（2005）也都认为不完全的市场体系是中国出口出现生产率悖论的重要原因。

另外，还有一些学者从不同角度分析了中国出口企业生产率悖论的原因。聂文星和朱丽霞（2013）根据演化经济学分析思路，认为中国企业的生产率悖论是由企业技术和制度的路径依赖所致，具体表现为企业出口决策的自增强效应，以及政策、市场环境等非经济因素对企业出口所造成的外部冲击；汤二子和刘海洋（2011b）发现运用均值法测算生产率比用总量法更容易出现"悖论"；汤二子和孙振（2012）引入产品质量重构了异质企业贸易模型，认为仅仅利用企业产品产量而忽略产品质量可能会得出"虚伪生产率"；Lu（2010）认为在解释中国出口企业的行为时必须考虑到资本—劳动比的影响。

三 出口生产率悖论的启示

国内学界在检验出口生产率悖论是否存在以及给出各种解释的同时，也提出了"悖论"给予我们的种种启示。

1. 将异质性企业贸易理论与中国实际相结合时要充分注意中国出口贸易模式的特殊性。出口生产率悖论的出现说明我国出口贸易模式不同于一般国家，要以中国企业样本来研究出口行为和收益的关系，必须注重中国出口的特殊性，避免研究结论过度适用和泛化（李春顶等，2010；刘振兴等，2011）。

2. 中国出口贸易发展模式存在一些亟待解决的问题。出口没有有效提高企业的生产率说明我国的出口扩张是一种粗放式增长，依赖于资源和劳动力要素投入而非企业生产率的提高，因此需要提升出口产品质量，走高附加值路线。中国囿于劳动密集型环节的加工贸易扩张模式将出口企业限定在低技术含量的加工装配环节，弱化了出口部门的创新动力，在推动加工贸易升级转型的同时，要进一步完善市场经济机制，提供激励创新的市场环境，形成对企业的正确激励（李春顶等，2010；胡兵等，2011；黄静波等，2011）。

3. 企业应充分注重提高自身生产率水平。生产率是决定企业出口和市场份额的重要因素，在出现出口生产率悖论的状况下，出口企业更要注重提高其生产率水平，要简化管理规模，提高管理效率，要重视利润的作用，加大研发投入和职工教育投入，提高创新能力，从长期提高自身生产率水平（汤二子等，2011）。

4. 政府应更加谨慎对待外资引进。以市场换技术的战略从微观层面看收效不大，"成本驱动型"外资有抑制本土企业技术进步的倾向，政府引进外资应该更加注重外资在带动本土企业技术进步和创新能力提升等方面的外溢效益，鼓励外资企业转移新技术（赵伟等，2011）。

5. 政府应适度调整对外贸易政策和措施。政府促进出口的措施要向高生产率企业倾斜，鼓励企业出口高技术和高附加值产品；改变依赖出口退税和出口补贴等直接调控政策，转变到以改善出口环境、降低出口成本和风险为重点上来；在外贸政策上给予民营企业一定比例倾斜，为民营企业出口提供更为宽松的金融环境，引导其不断提高生产率水平（严建苗等，2013）。

第三章　出口生产率悖论的 产生机理

本章探讨出口生产率悖论的内涵、实质，分析其产生的机制，以及如何正确看待"悖论"问题。

第一节　什么是出口生产率悖论?

一　出口生产率悖论的内涵

到目前为止，公开文献上对不符合异质性企业贸易理论预期的企业行为没有形成统一的名称和确切的定义。国外文献中多用"not differ significantly""insignificant""weak evidence"等词说明出口企业并不拥有更高的生产率的情况，没有出现含有"悖论"意义的词语。国内文献用得比较多的名称有"出口生产率悖论""出口企业的生产率悖论""生产率悖论"等，因此"出口生产率悖论"一词是产生于中国，带有中国特色的一个词语。

异质性企业贸易理论认为，企业之间生产率的差异是影响其出口决策的主要因素，生产率比较高的企业从事出口，而生产率相对较低的企业选择只在国内市场销售，从而出口企业的生产率高于非出口企业。出口生产率悖论所"悖"的就是这一理论。李春顶、尹翔硕（2009）的研究结果与这一理论恰好相反，他们发现中国出口企业的生产率低于内销企业，企业生产率与出口额呈反方向变动，从而首次提出中国存在出口企业"生产率悖论"问题。其后的文献中将出口企业的生产率低于非出口企业的情况都称为"出口企业的生产率悖论"。

　　本书根据这些文献，将出口生产率悖论定义为在某一时点上，出口企业的平均生产率低于只供应国内市场的企业的一种现象。理解这一概念需要注意的两点是：第一，它仅指将出口企业与非出口企业进行生产率比较后得出的结论，不包括生产率与出口额、出口密度等的关系；第二，它是指出口企业的平均生产率低于内销企业，不是指所有出口企业的生产率都低于内销企业。

　　异质性企业贸易理论和一些国际经验证实，有两种效应机制促使出口企业的生产率高于内销企业：自我选择效应和出口学习效应。自我选择效应是指由于国外市场存在进入壁垒，只有效率更高的企业才能克服这些进入壁垒产生的额外成本，成功进入出口市场获得正利润，也就是出口企业在出口前就比非出口企业具有生产率优势；出口学习效应是指出口企业在出口过程中或者由于国外先进的经验和技术的"外溢"效应，或者由于国际市场的激烈竞争，从而提高了生产率水平，导致出口企业生产率高于内销企业。

　　由这两种效应机制出发，形成出口生产率悖论也有两种效应机制：第一，在进入国外市场前，出口企业的生产率（增长率）就低于内销企业，也就是由于种种原因，生产率低的企业选择出口，而生产率高的企业选择只在国内销售，本书把这种机制称为"出口选择悖论";第二,在进入国际市场后,由于种种原因,出口企业生产率的增长落后于非出口企业,最终导致出口企业生产率低于非出口企业,本书把这种机制称为"出口学习悖论"。

所以,从事前和事后的角度看,出口生产率悖论来源于两个方面:出口选择悖论和出口学习悖论,可能是单独的一个方面导致最终出现出口生产率悖论,也可能是两个方面共同导致了出口企业的生产率低于内销企业。

二 出口生产率悖论的实质

国际贸易是资源在产业内的异质性企业之间重新分配的催化剂,根据 Melitz(2003)的论证,仅仅那些具备较高生产率的企业才能从出口中获得正利润,并且所获得的利润随生产效率提高而增加,贸易在产业内部产生了一种达尔文式的进化(Darwinian evolution),效率最高的企业获益最大,它们成为出口商,在国内外的市场份额和利润都增加;效率较高的企业也成为出口商,它们占据的市场份额也有所增加,但是利润有所减少;效率较低的那些企业仍然留在产业内,但是不从事出口,它们的市场份额和利润都减少;那些效率最低的企业退出产业。贸易通过两条途径迫使效率最低的企业退出:一是贸易使得产品市场的竞争加剧,企业面对来自国外厂商的竞争,并且国外厂商的生产率要比国内厂商高;二是贸易使高生产率的企业和新进入者对要素的需求增加,国内要素的实际价格提高。

出口生产率悖论意味着出口企业的行为违背了 Melitz(2003)所述的达尔文式的进化,不仅拥有高生产率的企业成功成为出口商，那些拥有低生产率的企业也能成功成为出口商，其实质是说明生产率对出口的决定性作用遭到削弱。

决定一个企业能够成为出口商的因素是多重的，一方面，企业之间是异质性的，除了生产率之外，规模、所有制性质、区位、工资水平等也是异质性的表现，这些因素都会对企业是否出口产生一定影响；另一方面，外在因素也会影响企业作出是否出口的决策，例如出口成本、国内交易成本、本国政府的出口支持政策、外国政府的进口限制措施等。当其中某一个因素的作用超越了生产率对出口的决定作用时，便可能出现不符合异质性企业贸易理论预期的情况。

可以构建一个加权出口综合能力指数（Export Capacity Index）作为一个企业能否成为出口商的衡量指标，这一指数由一系列影响企业出口决策的内部和外部因素构成，这些因素在不同时期、不同条件下被赋予的权重可能存在差别：

$$Export\ Capacity\ Index\ =\ w_p productivity\ +\ \sum_{i=1}^{n} w_i x_i$$

其中，productivity 表示生产率因素，x_i 表示其他影响出口决策的因素，w_i 表示各种影响因素的权重。

当生产率所占权重 w_p 超过其他影响因素的权重 w_i 时，生产率是企业能否成功出口的首要决定因素，这种情况下，只有生产率比较高的企业才能出口。但是，当其他影响因素中的任何一个所占的权重超过 w_p 时，生产率便不再是决定出口的首要因素，此时就有可能出现不符合异质性企业贸易理论预期的结果。

以一个规模较大的发展中国家为例，由封闭转向开放的效应是双方面的，在国内企业大量"走出去"的同时，国外的企业也大量进入。开放引起国内市场产生一系列变化：从产品市场看，国外进口增加，进口替代部门竞争加剧；从资本市场看，发达国家的某些夕阳产业开始在发展中国家投资设厂，这引起了两方面的效应：一方面使国内产品市场竞争更加激烈；另一方面使国内要素市场需求增加，提高了要素的实际价格。国内产品市场和要素市场这些变化同样会迫使最低生产效率的企业退出，从而提高了零利润生产率临界值和产业平均生产率水平。在激烈的竞争中存活下来的企业有两种选择：只在国内市场销售和同时在国内与国外销售。影响企业进行出口决策的因素是复杂多样的：国内市场方面，市场经济发育不完善，大国经济导致的地区性行政垄断使企业在国内销售的交易成本比较高，甚至超过了出口成本（李春顶等，2009；梁会君等，2013；盛丹等，2013），在国内同行业内聚集了大量厂商，竞争程度比国外市场更激烈；国际市场方面，来自多边贸易体制和发达国家的各种优惠待遇使出口的可变成本呈降低趋势，随着开放时间的延长，对国外市场越来越熟悉，出口的固定成本也呈下降趋势，从比较优势角度看，本国的比较优势产业就是外国的比较劣势产业，本国有大量廉价劳动力，物美价廉的商品在国外市场上具有比较强的竞争力；政策方面，政府采取出口导向性战略，对企业出口给予直接或间接的补贴。

在这些因素的综合作用下，当一个发展中的大国经济体由封闭转向开放后，也产生了一种达尔文式的进化：加权出口综合能力指数值最高的企业既出口也在国内销售，它们占据的市场份额最大，获取的利润最多；加权出口综合能力指数值较高的企业只在国内销售；效率最低的企业退出产业。一个获得高加权综合能力指数值的企业可能得益于较高的生产率，也可能得益于拥有获得低生产成本的渠道，也可能得益于能获得政府的出口补贴，总之，生产率只是其中的一个组成部分，而不是唯一起决定性的因素，那么此时出口企业生产率和非出口企业的差别状况便存在不确定性。

第二节　出口生产率悖论的产生机制

出口生产率悖论来源于两种途径：出口选择悖论的产生机制和出口学习悖论，这两种效应的产生机制即是出口生产率悖论的产生机制。因此本节分别探讨出口选择悖论的产生机制和出口学习悖论的产生机制。

一　出口选择悖论的产生机制

出口选择悖论是指在出口市场上，效率低的企业成功成为出口商。新新贸易理论认为只有效率高的企业才能出口，因此当出现出口选择悖论时，意味着生产率在出口市场上发挥了"逆向选择"效应。逆向选择模型用来说明信息不对称条件下，低质量的商品将高质量的商品"驱逐"出市场的情况。在产品市场上，企业拥有不同的生产率，生产不同的产品。当开放到有成本的贸易后，每个企业面临出口或者不出口的决策，出口意味着要进入陌生的国外市场，付出额外的出口沉没成本和出口可变成本。企业的决策同样受到外力的影响，主要是政府的对外贸易政策和出口环境。而国外消费者对进口商品是不是由高生产率的企业所生产存在信息的不对称，并且他们对企业的生产效率问题并不关心。这样当低生产率的企业成功进入国外市场后，它们会对高生产率的企业形成一种负面示范效应，高生产率的企业也会模仿低生产率的企业进入国际市场的模式，最后，形成了出口企业生产效率低下的状况。

还可以从另外一个角度探寻出口选择悖论的产生机制，在既有的各种贸易模型中，企业是否出口的行为都是自愿的，在现实中可能有另一种情况，就是企业之所以走出国门可能并非是自愿的，而是被"挤出去"的。设想在国内市场存在激烈竞争，只有生产率高的企业才能生存下来，而生产率低的企业或者出口，或者退出生产。

结合生产率在出口市场上的"逆向选择"效应和国内市场上高生产率企业对低生产率企业的"挤出"效应，可以从政府、出口企业、环境、消费者等几个角度分析出口选择悖论的产生机制（图 3.1）。

政府的对外贸易政策对企业的出口决策起重要作用。本国政府实行出口导向型政策，对内对出口企业采取直接或间接的鼓励政策，对外加入多边贸易体制或与各国政府进行贸易谈判，积极同他国建立自由贸易区。这些政策和措施成为企业成功出口的"推力"。外国政府的对外贸易政策则起到拉力作用，外国政府实行开放型政策，对进口产品实行关税减让和非关税壁垒削减，大大减少出口企业进入的固定成本和可变成本。

环境因素包括国内产品市场环境、国内要素市场环境和出口环境这三方面。国内产品市场中聚集了大量国内厂商、国外厂商以及国外进口产品，竞争异常激烈，企业只有依靠创新才能存活下来。国内市场存在市场分割，跨区交易成本较高；国内要素市场中，一方面有大量廉价劳动力要素存在，能够为企业提供低生产成本，另一方面很多企业资金缺乏，融资困难，难以支持创新活动；出口环境方面，国内政府和国外政府为企业出口创造了有利条件。

消费者方面，无论国内消费者还是国外消费者，都偏好产品多样性，并且都偏好物美价廉的商品，他们关心的是产品的质量和价格，并不在乎企业的生产率水平如何。

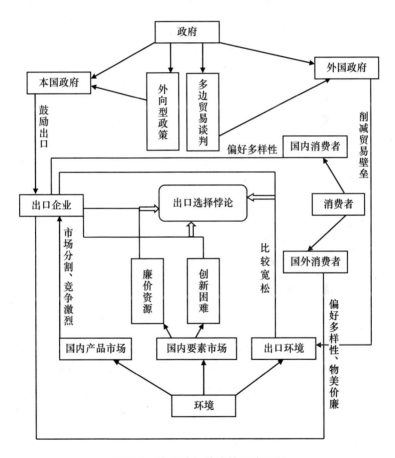

图3.1 出口选择悖论的形成机制

资料来源：作者绘制。

在政府、环境、消费者的共同作用下，出现了以下两类企业：第一类，企业有出口的动力，但没有创新的动力。这类企业鉴于国家的政策鼓励及国内市场的竞争压力，有开拓国际市场的动力，它们利用国内廉价而丰富的要素提供的低生产成本形成了走向国际市场的竞争优势。当然通过创新提高生产率也能形成竞争优势，但是创新活动需要投入较多的人力资本及物力资本，耗费时间较长，最终为企业带来的收益也带有不确定性，因此这类企业没有创新的动力。第二类，企业有出口的能力，但没有创新的能力。这类企业在宽松的出口环境下成功成为出口商，但这类企业本身规模较小，并且在融资和信贷上缺乏政府的政策支持，因此难以进行大规模创新活动。最终，这两类企业成为拥有低生产效率的出口商，当它们在出口商中占据相对较大的比例时，就形成了出口企业的生产率低于内销企业的现象。

二　出口学习悖论的形成机制

出口学习悖论是指企业在出口后生产率增长慢于非出口企业，或者出现生产率下降的情况。根据 Krugman（1980），在垄断竞争条件下，开放可以使每个企业的市场份额扩大，从而获得规模经济效应。即便在完全竞争条件下，开放也会因为国际分工而产生外部规模经济，从而提高企业的生产效率。企业在出口后能提高生产率的另一条途径是通过对国外竞争对手的学习，如果国外竞争对手具有更先进的生产和管理经验，那么通过外溢效应，出口企业会间接提高生产率。因此出口学习悖论意味着出口企业要么没有获得规模经济效应，要么没有获得来自先进竞争对手的外溢效应，可以从这两个方面分析其形成机制。

出口企业没有获得规模经济效应可能归于两方面的因素：第一，企业不处于规模收益递增的生产阶段。企业生产规模变化与产量变化的关系有规模收益递增、规模收益递减、规模收益不变三种，如果企业规模过大，那么由于要素的可得性不能满足和管理效率的下降会导致规模报酬递减。如果出口企业在未出口前规模已经过度扩张，那么在出口后加上国外需求，规模将进一步扩大，从而会使产出增加的比例小于要素投入增加的比例，导致效率下降。第二，出口企业所占的市场份额在开放后减少。开放对生产率不同的企业和不同产业的影响是不对称的。随着生产率最低的企业退出市场，国外的产品以进口方式、国外的企业以直接投资的方式进入国内市场，资源在继续生产的国内企业之间进行了重新分配，拥有较高生产率的那部分企业因为能够抵抗外来冲击，在保存国内市场份额的同时，还占有了一部分国外市场，因此总的市场份额增加，产出扩大，获得规模经济的好处。而拥有较低生产效率的那部分企业，一方面在国内的市场份额因为不能抵御外来冲击而有所损失，另一方面出口市场份额可能也没有实质性扩大，最终结果是这部分企业的总产出在开放后降低了，规模缩小了，从而生产效率下降了。

出口企业没有从国外市场获得"外溢"效应可能基于以下几个方面的因素：第一，企业本身已经具有较高的生产率，无法获得国外企业的技术"外溢"。技术"外溢"是从技术水平高的企业扩散到技术水平低的企业，如果出口企业本身已经拥有最先进的技术和管理水平，则"外溢"的机制也就不复存在了。Greenaway 和 Kneller（2008）、荆逢春等（2013）、许昌平（2014）等的研究发现由于外商投资企业本身生产率较高，其出口学习能力反而受到抑制。第二，出口目的地的总体经济发展水平和技术水平不高、创新能力不强。国外高效率企业的技术外溢是出口学习效应的渠道之一，面对国外多样化的需求和强有力的竞争对手，企业有更多机会学习国外的管理方式和先进技术，促使企业提高创新和学习能力。更强的竞争压力迫使出口企业必须比非出口企业具备更高的生产率增长率。如果出口市场本身的经济发展水平和技术创新水平低于本国，出口企业反而成为国外市场上的高效率企业，那么出口学习效应也就无从获得。Loecker（2007）发现出口学习效应与出口目的地相关，出口到发达国家的企业生产率相比出口到发展中国家的企业增长更快，因为发达国家提供了更多学习复杂技术的机会。第三，出口时间太短。一项技术从获得到学习到掌握运用是一个动态的、长期的过程，包括进口机器设备、中间品等硬件，也包括提高组织管理技能、培训技术人才等软件。因此出口时间短的企业即便已经获得了某些先进的技术，但是用这项技术来提升生产率水平的出口学习效应可能还没有显现出来。第四，企业的出口学习动机不强。一些外部因素导致出口环境比较宽松，企业在国内外的生存压力不大，那么企业可能没有很强的创新意识。例如，中国加入世界贸易组织为中国企业提供了更优越的出口条件，可能会导致企业出口学习动机减弱。佟家栋等（2014）的研究发现出口对中国企业生产效率有一定促进作用，但这种作用在中国加入世界贸易组织后呈明显下降趋势，尤其是外资企业和低技术密集型行业在入世后的出口学习效应几乎不存在。第五，出口企业学习能力较差。溢出效应的强弱在很大程度上取决于发展中国家出口企业的学习能力，学习能力越强，获得的溢出效应越大，相反，如果出口企业的接受能力越差，那么获得的技术外溢效应越小。在对 FDI 的溢出效应的研究中，Kokko（1992、1994）的研究认为，当跨国公司在东道国所占市场份额较大并且技术水平差距较大时，FDI 对提高本土企业劳动生产率的效应不显著。Patricia Carrillo（1996）的研究也证实技术转移需要协同效应。

　　综上所述，可以用图 3.2 来描述出口学习悖论的产生机制。

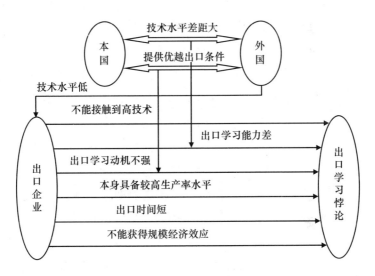

图3.2　出口学习悖论的产生机制

资料来源：作者绘制。

第三节　正确认识出口生产率悖论

一　出口的决定性因素是生产率吗？

国际贸易理论的发展经历了古典和新古典贸易理论、新贸易理论和当前的新新贸易理论，以比较优势理论为基础的古典和新古典贸易理论认为贸易起因于两国相同产品之间的价格差异，价格差异可能来源于两国的生产技术差异（李嘉图模型）、两国的要素禀赋差异（H—O 模型）、两国的消费者偏好差异（重叠需求模型）等方面。这些理论都假设市场是完全竞争的，单个厂商对价格没有控制力。新贸易理论将不完全竞争和规模经济引入模型，认为即便两国的价格水平相同，产品的差异性和规模经济也会导致两国产生贸易。新新贸易理论打破了新贸易理论关于同一产业内厂商对称性的假设，将微观异质性引入模型，认为生产率是企业是否出口的决定性因素。

生产率衡量了企业的产出能力，是企业创新能力和技术水平的主要体现。仅从供给方面来看，只有生产率高的企业才能克服出口中的沉没成本，从而成功成为出口商。而如果结合需求方面来分析，一个企业能否将其产品出口到国外市场则取决于国外消费者的需求，消费者的偏好是异质性的（Jorgenson，1982），他们对相同产品的性能和质量的期望存在差异，由此产生不同的消费者剩余。因此，从需求角度看，消费者剩余是决定企业能否出口的关键因素。价格是影响消费者剩余的重要因素，价格提高，则消费者剩余减少。鉴于消费者剩余只是一种心理感受，那么产品的差异性也是影响消费者剩余大小的一个因素。所以，从需求方面来看，一个企业能否成为出口商在于其提供的产品的价格和性能等能否为国外消费者所接受，并不直接取决于其生产率水平。

二　生产率对出口商来说重要吗？

现代西方经济学认为，企业都是理性的，企业生产的目的是实现自身利润最大化。对于企业来说，从不出口到出口决定性的因素是出口能使企业在国内市场和国外市场获得的联合利润达到最大化。基于这一点，生产率既不是出口的起因，也不是出口的结果。在开放条件下，一个拥有高生产率水平的厂商不会因为自身的高生产率就一定会作出出口决策，它要权衡国内市场、国外需求等各方面因素对收益及利润的影响；同样，一个拥有低生产率水平的厂商作出出口决策也不会是因为它的目的是要从国外竞争对手那里获得技术"外溢"效应，从而提高自身生产率水平，它的决策同样首先是建立在收益和利润基础之上的。

增加企业的利润有多种途径，例如降低成本、创新产品、优化服务、提高管理水平等，引进先进设备和管理经验、提高技术水平、培训人力资本，提高生产率水平是增加企业利润的方式之一，而通过降价薄利多销同样能达到增加利润的效果。出口企业在国外市场通过哪种方式增加收益和利润受国外市场环境、行业特征、企业特征等多种因素制约。企业的出口目的地如果是创新能力强、技术水平高的发达国家，那么它通过提高生产率而提高竞争力的压力就更大，如果出口目的地是技术水平一般的不发达国家，那么企业进行创新的动力就比较小；如果企业所处的行业属于资本、技术密集的高新技术行业，它通过技术革新增加利润的概率更大，而如果企业属于资源、劳动密集的产业，本国又提供了丰富的资源，那它创新的动力就弱；如果企业是得到国家补贴比较多的国有大型企业，那么它有足够的条件和实力开展创新活动，而如果企业是融资困难的、规模比较小的私营企业，那它对于创新活动可能有心无力。

虽然生产率不是出口企业考虑的第一要义，但是它的确对出口企业有重要意义。虽然凭借暂时的廉价原料、降价等方式也能获得市场竞争力和高额利润，但是一个企业只有不断革新、提高生产效率，才能始终保持自己的竞争力。

三　如何看待出口生产率悖论？

根据以上分析，从国际贸易的起因来看，生产率并非是出口的唯一决定因素。从企业从事出口的动机来看，生产率并不是企业要考虑的第一要义。那么出口企业的生产率与非出口企业到底存在怎样的差别则具有不确定性。

当支持创新活动的人力资源和物力资源充足、所在产业对创新活动要求较高时，企业进入国外市场依靠高生产率的可能性较大，出口企业的生产率高于内销企业。但这类企业本身已经具备高生产率，因此出口对生产率的事后影响不显著。在经济发达国家，政府为企业科技创新提供了充足的资金和政策支持，各类教育体系健全，企业和公众都非常重视创新，它们的出口产品主要是资本和技术密集型产品，这类产品本身能产生较高的规模经济效应，所以在发达国家出口企业的生产率要高于内销企业。另一方面，因为来自发达国家的企业已经处于科技的前沿地带，它们获得国外技术"外溢"的可能性很低，因此发达国家的出口企业的出口学习效应不显著。

发展中国家的创新环境与发达国家是不同的，第一，政府没有能力为所有企业的创新活动提供资金，支持企业研发活动的各项制度和政策也并不健全；第二，基础教育、高等教育等各个层次的教育体系仍不健全，人力资本缺乏；第三，企业和公众对于创新的重要性的认知比较浅显。发展中国家主要的出口产品是资源密集型和劳动密集型产品，这恰好使本国的丰裕要素得以充分利用，这也是政府为了解决丰裕要素的闲置问题的政策导向，因此，出口企业凭借廉价的丰裕要素使得生产成本降低，从而在国际市场上产生较强竞争力。Capello（2007）认为，如果某种要素处于不完全使用状态，只要存在外在需求使这种生产要素逐渐得以使用，从不完全使用到完全使用的过程中其生产效率不会有显著提高。因此，在发展中国家的出口中，出口企业的生产率可能并不会高于非出口企业，即出现出口选择悖论，但是由于本身生产率水平较低，这些企业可以在发达国家市场上获得一定"溢出"效应，出口学习效应可能是显著的。

综上所述，出口生产率悖论是在特定环境、特定发展阶段出现的，有其客观存在的必然性。发达国家的企业可能遵循出口自我选择效应，但是可能出现出口学习悖论；发展中国家的企业可能出现出口选择悖论，但是会获得出口学习效应。

第四章 中国出口企业生产率悖论的存在性及动态演化

按照异质性企业贸易理论，出口是有成本的，只有优秀的企业才能克服这些成本成功成为出口商，即出口企业的生产率要高于非出口企业。这一论点为大多数针对发达国家和发展中国家的研究所证实。但是针对中国企业层面数据的实证研究并没有得出一致结论，相当部分的研究认为中国企业在出口中存在生产率悖论，即出口企业的生产率低于内销企业。通过梳理相关国内文献，我们发现这些文献在实证检验时所涉及的时间段比较短且比较集中，面板数据的长度都不足 10 年，基本在 1997—2008 年，对有限时间段的检验结论可能并不适合改革开放 30 多年以来中国出口企业与其生产率变动的整个动态过程。Greenaway et al.（2003）指出开放度是导致瑞典出口商和非出口商的表现没有明显差别的原因。中国企业的出口与生产率的关系是否也因为开放度的变化表现出动态性，这只有选取比较长的时间段进行检验才能得出结论。本章选取 2000—2013 年 14 年间制造业上市企业的数据以检验中国出口企业生产率悖论的存在性及其动态演化，考察生产率悖论的时间演化趋势、产业演化趋势和出口企业生产率的动态变化。

第一节　我国上市企业中的出口商与非出口商

本章的数据来源于国泰安数据库（CSMAR）和各上市企业年度报告。上海证券交易所网站提供了1999—2013年各上市企业的年度报告，深圳证券交易所提供了2001—2013年企业年度报告，鉴于数据的可得性，选取了2000—2013年共14年的数据，为了分析的准确性，选择那些在2000—2013年一直处于上市状态的制造业企业以形成平衡面板，并对数据进行了以下处理：首先剔除了归类为制造业但是在年报披露的职工人数中不包括生产工人的企业；对于数据缺失的样本，采用简单平均方法，取相邻两年数据的平均值补充缺失值，如果缺失三年以上的数据则删除该样本。经过处理，共得到534家上市企业（深市260家、沪市274家）、共7476个观测值作为检验对象，这些企业分布在全国30个省市、27个制造业产业内，其中在所取时间段内有过出口行为的企业共有390家，从未有过出口的企业有144家，分年度出口和非出口企业的数量见表4.1。2000—2013年，样本企业中出口企业数呈逐年递增趋势，在2000—2003年，出口企业数少于非出口企业数，从2004年开始出口企业数大于非出口企业数，反映了我国加入世贸组织后，对外开放度提高，促使更多企业走向国际市场。

表4.1　　　　出口企业和非出口企业数量分年度统计　　　（单位：家）

年份	出口企业数量	非出口企业数量	年份	出口企业数量	非出口企业数量
2000	192	342	2007	300	234
2001	202	332	2008	319	215
2002	221	313	2009	324	210
2003	239	295	2010	329	205
2004	275	259	2011	344	190
2005	282	252	2012	341	193
2006	292	242	2013	343	191

资料来源：作者整理。

　　图4.1和图4.2分别给出了2000年和2013年出口密度（出口额与营业收入之比）在样本企业中的分布状况。在2000年，样本中有64%的企业不进行出口活动，到2013年这一比例下降到35%。2000年，出口企业中有17%的企业出口密度高于50%，到2013年这一比例为10%。出口密度的中值在2000年为15.37%，在2013年下降为11.78%，出口密度的均值在2000年为25.36%，在2013年为19.25%。这说明随着我国对外开放的扩大，有越来越多企业参与到出口市场中，出口密度总体呈下降趋势，可能的原因有两点：第一，我国出口商品所占国际市场份额的增长慢于出口企业数量的增长；第二，出口密度偏高的加工贸易转型升级，一般贸易出口所占比重逐渐增大。

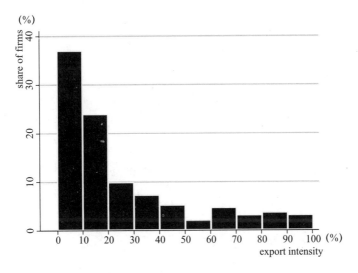

图 4.1 2000 年出口密度分布

资料来源：根据上市企业 2000 年年度报告绘制。

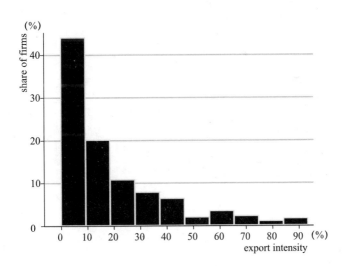

图 4.2 2013 年出口密度分布

资料来源：根据上市企业 2013 年年度报告绘制。

表 4.2 报告了 2000 年和 2013 年企业主要特征的均值。从
2000 年到 2013 年，出口企业和非出口企业的平均规模几乎以
相同的倍数扩张，资本和劳动分别增长了两倍和一倍。这说明
随着我国经济的不断发展，企业规模在扩大，规模经济效应逐
渐显现。在这两个年份中，出口企业都比非出口企业投入更多
资本、劳动和原材料，拥有更高产出，但是就利润而言，出口
企业与非出口企业差别并不显著，2000 年出口企业比非出口
企业多投入 66% 的资产和 50% 的劳动，多收入 94%，但利润
只高 0.5%，2013 年的情况与 2000 年几乎相同，出口企业比
非出口企业多投入 44% 资本和 67% 劳动，多收入 98%，但是
利润只多 2.4%。人均产出方面显示出口企业的劳动生产率低
于非出口企业，2000 年出口企业的劳动生产率比非出口企业
低 14%，比 2013 年低 17%。这说明企业在出口时主要依靠价
格竞争片面追求规模扩张，忽视生产效率的持续提高。

表 4.2 出口商与非出口商的主要特征

	2000 年		2013 年	
	出口企业	非出口企业	出口企业	非出口企业
营业收入（万元）	1550	798	8930	4490
固定资产（万元）	730	438	2490	1730
劳动（人）	4047	2689	7784	4672
人均产出（元/人）	5720	6646	9701	11638
人均资本（元/人）	2016	2231	3085	3750
利润（万元）	8430	8380	8650	8450
中间投入（万元）	7730	3590	1020	591
出口密度（%）	25.36	—	19.25	—

注：所有数据为剔除价格影响后计算所得。

第二节 企业生产率的估算

在现有文献中，衡量企业生产率的指标主要有劳动生产率和全要素生产率，劳动生产率的测算虽然比较简单，但不能全面反映企业生产效率状况，近年来在相关文献中运用较少，因此本书采用全要素生产率。对全要素生产率的测算方法比较多，本书选择了近两年同类文献中运用比较多的 L-P（Levin-sohn-Petrin）方法、索罗剩余法以及近似全要素生产率，运用多种生产率估算方法的目的是相互参考、相互佐证，其中以L-P方法计算的全要素生产率作为基准生产率，其他作为稳健性检验。下文中如果没有指明回归时采用何种生产率，则实际采用的是 L-P 方法估算的生产率。

一 索罗残值法

索罗残值法是比较常用的参数方法，它将全要素生产率表示为产出扣除劳动和资本贡献后的余额。基本估计步骤是先估计出总量生产函数，再从产出增长率中减去各投入要素增长率得到残差来估算全要素生产率。假设技术中性和规模收益不变，总量生产函数为三要素投入 C－D 函数形式：

$$Y_{it} = AK_{it}^{\beta_k}L_{it}^{\beta_l}M_{it}^{\beta_m} \tag{1}$$

其中，Y_{it}、K_{it}、L_{it}、M_{it} 分别表示企业 i 在 t 期的产出、资产、劳动力和中间投入，β_k 表示资本平均产出份额，β_l 表示劳动平均产出份额。企业产出采用企业当年年末营业收入额，资本采用当年年末固定资产净额，劳动力采用当年年末企业在册员工数，如果在册员工数是包括母公司及控股公司的总人数，那么企业产出和资本采用"合并"项下的营业收入和固定资产，如果在册员工数仅是母公司的员工数量，那企业产出和资本采用"母公司"项下的营业收入和固定资产。上市公司年报中没有披露中间投入数据，根据袁堂军（2009），本文中间投入的计算使用生产法①，公式为：中间投入 = 主营业务成本 + 各种费用 − 固定资产折旧 − 劳动报酬，其中各种费用包括销售费用、管理费用和财务费用。为了剔除价格因素的影响，以2000年为基期，对营业收入用工业生产者出厂价格指数平减，对固定资产及折旧用固定资产投资价格指数平减，对营业成本用工业生产者购进价格指数平减，支付薪酬用居民消费价格指数平减，其他各项用商品零售价格指数平减。相关价格指数来自《中国统计年鉴》。

对方程（1）两边取自然对数，得到估计方程：

$$\ln(Y_{it}) = \beta_0 + \beta_k \ln(K_{it}) + \beta_l \ln(L_{it}) + \beta_m \ln(M_{it}) + \varepsilon_{it} \quad (2)$$

由定义知，全要素生产率为：

$$TFP_{it} = \ln(Y_{it}) - \hat{\beta}_k \ln(K_{it}) - \hat{\beta}_l \ln(L_{it}) - \hat{\beta}_m \ln(M_{it}) \quad (3)$$

作为参照，本章首先使用 OLS 方法估计索罗残值，在估计过程中控制了年份、地区、产业、所有制性质因素。

但是 OLS 回归无法解决内生性问题，容易产生估计偏差，因此本书借鉴钱学锋等（2011），使用一般矩估计方法（Generalized Method of Moments，GMM）估计方程（2），首先运用两步系统 GMM 估计方程（2），在估计时加入年度虚拟变量和

---

① 对中间投入的计算也可以使用收入法，公式为：中间投入 = 生产额 − 附加价值，本书比较了两种方法计算的中间投入，发现虽然存在一定偏差，但基本不影响后期检验结果的方向性。相对于收入法，生产法所需的各项数据在国泰安数据库和企业年度报告中都有确切来源，更为可靠。

所有制性质虚拟变量，为克服内生性问题，除年份和所有制变量外其他变量都作为前定解释变量。诊断检验显示模型选取的工具变量及其滞后阶数是合适的，AR（2）检验表明扰动项无自相关，Sargan 检验的 p 值为 0.1788，故接受"所有工具变量都有效"的原假设。然后将估计值代入（3）式计算出全要素生产率。利用差分 GMM 方法估计索罗残值的结果在本章中记为 GMM-TFP。

二　Levinsohn-Petrin 半参数方法

全要素生产率的半参数估计最先由 Olley 和 Pakes（1996）提出，后由 Levinsohn-Petrin（2003）进行了改进（以下简称 L-P方法），L-P 方法与 O-P 方法相比估计更为精确，且较少损失样本量，因此得到广泛应用。半参数法的基本思路是对产出的主要影响因素建立参数关系，对其他未知影响因素建立非参数关系，在生产函数中同时纳入二者，估算生产率。L-P 方法同样基于三要素投入 C－D 生产函数：

$$y_t = \beta_t + \beta_l l_t + \beta_k k_t + \beta_m m_t + \omega_t + \eta_t \tag{4}$$

其中，y_t、l_t、k_t 和 m_t 均为对数形式，y_t 表示产出，劳动 l_t 是自由变量，中间投入 m_t 是代理变量，资本 k_t 是状态变量，ω_t 是全要素生产率，η_t 是随机误差项。

假设 m_t 仅受资本和技术影响，不受任何其他因素影响，因此中间投入需求函数可以记为：$m_t = m_t(\omega_t, k_t)$。再假设 m_t 关于 ω_t 单调递增，且 ω_t 服从一阶马尔科夫过程，即：$\omega_t = E(\omega_t | \omega_{t-1}) + \xi_t$。求中间投入函数的反函数，可得：$\omega_t = \omega_t(m_t, k_t)$。基于此，生产函数可以写为：

$$y_t = \beta_l l_t + \varphi_t(m_t, k_t) + \eta_t \tag{5}$$

其中，$\varphi_t(m_t, k_t) = \beta_0 + \beta_k k_t + \omega_t(m_t, k_t)$

LP 估计分为两个阶段：

第一阶段，估计劳动项的系数 β_l。通过对（5）式的估计可得劳动项的一致无偏估计系数，$\hat{\beta}_l$。

第二阶段，估计 β_k 和 β_m，继而得到 ω_t。将 $\hat{\beta}_l$ 代入（5）式，可得：$\hat{\varphi}_t = y_t - \hat{\beta}_l l_t$。记 β_k 和 β_m 任何一个可能的备选值为 β_k^* 和 β_m^*，由此可以预测 ω_t 每一期的值：$\hat{\omega}_t = \hat{\varphi}_t - \beta_k^* k_t - \beta_m^* m_t$。通过估计下式得到 $E(\omega_t | \omega_{t-1})$ 的非参数一致估计 $E(\omega_t | \hat{\omega}_{t-1})$：

$$\hat{\omega}_t = \gamma_0 + \gamma_1 \omega_{t-1} + \gamma_2 \omega_{t-1}^2 + \gamma_3 \omega_{t-1}^3 + \varepsilon_t$$

β_k^* 和 β_m^* 关于残差的计算为：

$$\hat{\eta}_t + \hat{\xi}_t = y_t - \hat{\beta}_l l_t - \beta_k^* k_t - \beta_m^* m_t - E(\omega_t | \hat{\omega}_{t-1})$$

$\eta_t + \xi_t$ 关于 k_t、m_{t-1}、l_{t-1}、m_{t-2}、k_{t-1} 的条件矩是 0，因此 β_k 和 β_m 的一致有效估计量 $\hat{\beta}_k$ 和 $\hat{\beta}_m$ 就可以通过对残差 $\hat{\eta}_t + \hat{\xi}_t$ 实施以下最优化条件求解得出：

$$\min_{(\beta_k^* \beta_m^*)} \sum_h \{\sum_t (\hat{\eta}_t + \hat{\xi}_t) Z_{ht}\}^2$$

其中，$Z_t \equiv (k_t, m_{t-1}, l_{t-1}, m_{t-2}, k_{t-1})$，$h$ 表示 Z_t 中的元素。

至此，得到 β_l、β_k 和 β_m 的一致有效估计，通过计算可得 ω_t 的一致有效估计。

L-P 方法使用中间投入品作为代理变量，此处的中间投入仍然是以索罗残值法中的中间投入代替。借鉴鲁晓东等（2012）的做法，在自由变量中加入了企业的出口状态、年份、地区、所有制性质和产业五个虚拟变量。以 L-P 方法计算的生产率本章记为 L-P-TFP。

三　近似全要素生产率

近似全要素生产率（Approximate TFP）是由 Griliches 和 Mairesse（1990）在研究异质性企业时提出，它的本质是参数方法中索罗残值法的近似，反映企业产出与多种投入要素之间的关系，它计算简便，并且集合了参数法的优点，计算公式为：

$$ATFP = \ln(Y/L) - s\ln(K/L)$$

其中，Y 为产出变量，L 为劳动投入，K 为资本投入，Y、L、K 的取值均与索罗残值法中的相应变量一样进行相应指数平减。s 为生产函数中资本的产出弹性，取值在 0 到 1 之间，当 s 取 0 时表示劳动生产率，当 s 取 1 时表示资本生产率。对于 s 的取值大部分文献都借鉴了 Hall（1999）和李春顶等（2010）的做法，将 s 设定为 1/3，但赵志耘等（2006）、刘海洋和汤二子（2011）等估算得出 s 的取值应为 0.6 左右。本书 s 的取值运用以下方法：

首先分别用 OLS、GMM 和 L-P 方法估算生产函数，得到不同估算方法下资本投入和劳动投入的系数。然后根据刘海洋和汤二子（2011）的算法得到三种估算方法下的 s 值，公式为：

$$s \approx \hat{\beta}_k / (\hat{\beta}_k + \hat{\beta}_l)$$

最后取三个 s 值的算术平均值作为 s 的最终取值。根据表4.3计算得到 s 的三个取值分别为：0.60（OLS）、0.73（GMM）、0.64（L-P），因此本书 s 的最终取值为 0.66。

四　全要素生产率估计结果的比较

1. 投入要素贡献率分析

在估计全要素生产率之前，为确定各投入要素对经济增长的贡献，先分析生产函数的估计结果，OLS、GMM、L-P 三种方法的估计结果如表4.3所示。

表4.3　　　　　基于不同方法的劳动和资本估计系数

	OLS	GMM	L-P
ln*L*	0.263 *** (22.77)	0.191 *** (2.68)	0.251 *** (5.99)
ln*K*	0.393 *** (37.61)	0.507 *** (10.43)	0.456 *** (6.82)

注：括号内为 *t* 统计量的值，*** 表示1%的显著性水平。

比较 OLS 方法与 GMM 方法的估计结果，GMM 方法估算的劳动力系数低于 OLS 方法，资本系数高于 OLS，鲁晓东等（2012）、王敏等（2010）的估算结果都证实 OLS 估计易于高估劳动对产出的贡献，低估资本对产出的贡献，可见 GMM 估计能够克服内生性，有效解决传统估计存在的问题。比较 L-P 方法与 OLS 方法的估计结果，L-P 方法估算的劳动系数低于 OLS 方法，资本系数高于 OLS 方法，这一结果与 Levinsohn 和 Petrin（1999）、Loecker（2005）、Biesebroeck（2005）的估计结果相同，这显示 L-P 方法可以有效处理样本选择偏差所引起的偏差问题和样本数据相互决定偏差所引起的内生性问题。

为了考察要素投入对出口企业和非出口企业的影响，将样本划分为出口企业和非出口企业，分别用三种方法估算资本和劳动的投入弹性系数。根据表4.4，所有三种估算方法都显示出口企业的资本弹性值高于非出口企业，而出口企业的劳动弹性值都低于非出口企业，这说明资本投入在出口企业增长过程中发挥了更大作用，劳动投入在非出口企业中发挥了更大作用。将劳动估计系数和资本估计系数相加，三种估算方法下出口企业相应的系数之和都大于非出口企业，说明出口企业发展更多依赖于增加要素投入，尤其是比较高的投资率。由于全要素生产率是扣减投入要素贡献后的"剩余"，这预示着在我国上市企业中存在出口生产率悖论的可能性。

表4.4　　　　　　要素投入对出口和非出口企业的影响

	OLS		GMM		L-P	
	出口	非出口	出口	非出口	出口	非出口
$\ln L$	0.209 *** (14.96)	0.283 *** (10.84)	0.244 *** (4.71)	0.276 *** (8.32)	0.246 *** (6.98)	0.254 *** (3.42)
$\ln K$	0.459 *** (34.80)	0.346 *** (17.75)	0.544 *** (6.01)	0.239 *** (11.20)	0.507 *** (8.59)	0.451 *** (4.16)

注：出口企业是指在2000—2013年某一年或者某几年出口额不为0的企业，非出口企业是指在2000—2013年出口额始终为0的企业；括号内为 t 统计量的值；*** 表示1%的显著性水平。

2. 企业全要素生产率的总体估算结果

本章使用GMM方法、L-P方法和近似全要素生产率方法估算了我国上市企业的全要素生产率。为了更全面展示估计值的动态变化和分布特征，图4.3画出了三种方法估算的全要素生产率的核密度函数图，并叠加到同一图，以比较分析。

基于偏度—峰度检验，三种方法均拒绝了 TFP 正态分布的假设。TFP 的均值以GMM方法估计的最大，为8.425，其他依次为L-P方法（6.692）和近似全要素生产率（3.455）。虽然 TFP 的性状在三种方法估算下基本相似，但仍然存在一些统

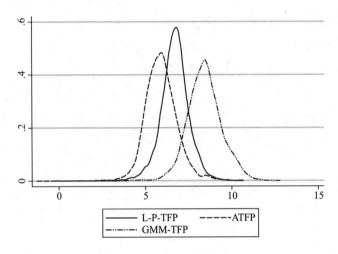

图4.3 *TFP* 估计值的核密度函数图

计量上的差别：首先，GMM 方法和 L-P 方法的偏度都小于零，即呈负偏态分布，L-P 方法估算的 *TFP* 偏度绝对值最大，为 0.49，说明该方法下有更多值落在众数左边，近似全要素生产率得到的偏度为正值（0.34）；其次，峰度最高的是基于 L-P 方法估算的 *TFP*，为 6.46，说明该分布最为陡峭。

3. 出口企业和非出口企业全要素生产率的比较

根据上文对几种 *TFP* 估计结果的比较，基于半参数估计的 L-P 方法并未显著区别于其他方法，为增强分析结论的稳健性，在下文的检验中以 L-P 方法为基础，以其他两种方法作为稳健性检验。在下文分析中，如果没有指明是以哪种方法估算的 *TFP*，那么此时分析所用的是以 L-P 方法估算的 *TFP*。

为了更好地反映生产率的动态变化，本书计算了每个企业从 2000 年到 2013 年每年的 *TFP* 增长率，图4.4 显示了出口企业和非出口企业在 2000—2013 年 *TFP* 增长率的均值变化状况。

出口企业的 *TFP* 增长率呈平稳态势，均值一直位于 0.1 左右。非出口企业的 *TFP* 增长率波动比较大，特别是在 2001—2004 年、2009—2013 年这两个时间段出现显著上升，而反观出口企业在这两个时间段内 *TFP* 增长率并没有显著变化，这说明中国加入世贸组织和全球性金融危机所带来的一些外部冲击对非出口企业产生的影响要大于对出口企业的影响。比较两条曲线的位置，非出口企业曲线总体位于出口企业曲线之上，说明非出口企业 *TFP* 增长率总体高于出口企业。

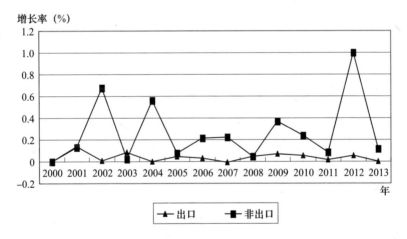

图 4.4　出口企业与非出口企业 *TFP* 增长率比较

注：出口企业是指在 2000—2013 年某一年或者某几年出口额不为 0 的企业，非出口企业是指在 2000—2013 年出口额始终为 0 的企业。

本书进一步计算了不同所有制性质企业的 *TFP* 增长率均值。将所有企业按实际控制人划分为三种类型：国有企业、民营企业和外资企业。划分标准如下：国有企业是指实际控制人为国有企业或者国有机构（省、地区级政府）的企业；民营企业是指实际控制人为集体所有制企业或者内陆公民的企业；外资企业是指实际控制人为港澳台资企业、外资企业、港澳台公民或者外国公民的企业。三类企业中出口企业与非出口企业 *TFP* 增长率均值状况如图 4.5 所示，无论所有制性质如何，非出口企业的 *TFP* 增长率均值总是高于出口企业，其中民营企业中二者的差距最大，民营出口企业的 *TFP* 增长率均值是 0.075，而民营非出口企业的 *TFP* 增长率均值达到 0.685。就出口企业的 *TFP* 增长率而言，民营企业最高，其次是外资企业和国有企业，就非出口企业的 *TFP* 增长率而言，仍然是民营企业最高，然后依次是国有企业和外资企业，可见民营企业在上市企业技术创新中扮演着重要角色。

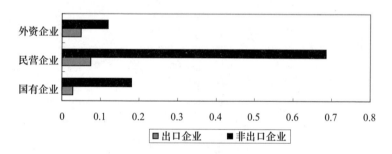

图 4.5　不同所有制类型企业的 *TFP* 增长率均值

第三节　对出口生产率悖论存在性的检验

一　模型及变量说明

通过以上分析看出，我国上市企业中的出口商的某些特征符合异质性企业贸易理论的预期，比如拥有较大规模，但是有些特征不符合异质性企业贸易理论的预期，比如出口企业 *TFP*

的增长率低于非出口企业。为了进一步比较出口企业与非出口企业的生产率，本书首先运用 Stata 10.0 软件检验了出口企业的生产率溢价，采用的基本模型是 Bernard 和 Wagner（1997）使用的出口溢价模型，记为模型 4.1，模型如下：

$$\ln TFP_{ijt} = \alpha + \beta Export_{ijt} + \lambda_1 \ln y_{ijt} + \lambda_2 \ln y_{ijt}^2 + \lambda_3 \ln profit_{ijt} + \gamma Control_{ijt} + \varepsilon_{ijt}$$

其中，i 代表企业，j 代表产业，t 代表年份。TFP_i 为企业 i 的生产率，$Export_i$ 是表示企业 i 当前出口状态的虚拟变量，如果出口，则 $Export = 1$，否则 $Export = 0$。y_i、y_i^2 分别表示企业产出及其平方项，$profit_i$ 表示企业利润，$Control$ 为控制变量，包括 3 个所有制虚拟变量、30 个区域虚拟变量、27 个产业虚拟变量和 14 个年份虚拟变量。出口生产率溢价 β 的估计值显示了相同产业内出口商与非出口商生产率的平均百分比差异，如果 β 的估计值小于零，则意味着出口企业的平均生产率水平比非出口企业低，存在出口企业生产率悖论。

二　检验结果

表 4.5 和表 4.6 报告了对出口生产率溢价模型的检验结果。表 4.5 是对出口溢价模型采用了五种不同的方法进行回归后的结果，这些方法是 OLS 混合回归、固定效应模型（FE）、随机效应模型（RE）、随机效应模型的面板工具变量法（2SLS）和动态系统 GMM 方法，使用的生产率是 L-P 方法估算的全要素生产率。表 4.6 是使用随机效应模型的面板工具变量法基于不同的生产率衡量标准对出口溢价模型的检验

结果①。

　　无论采用何种回归方法或者何种方法估算的生产率，*Export* 的符号始终为负值且非常显著，这说明从总体看，出口企业的生产率显著低于非出口企业，存在出口生产率悖论。二者的差别幅度在不同检验方法和不同生产率衡量标准之间差别比较大，从表4.5看，OLS方法得出的差别幅度最大，出口企业生产率比非出口企业低20.1%，固定效应模型得出的差别幅度最小，为11.9%，其他三种方法得出的结论比较接近；从表4.6看，以L-P方法估算的生产率为基准得出的差别幅度最大，出口企业比非出口企业的生产率低14.6%，以GMM方法得出的差别幅度最小，为0.6%。表4.5和表4.6也说明在检验企业是否存在出口生产率悖论问题上，不同的回归方法和不同的生产率估计方法虽然会导致估计值的大小差异，但并不会改变估计结果的方向性。

　　从其他变量的回归结果看，企业产出的一次项为正，二次项为负，说明产出与生产率呈倒U形关系，产出越大的企业生产率越高，但产出达到一定程度，即企业最优规模，则会导致生产率下降，我国企业还没有达到最优规模。利润变量的符号不确定并且在大部分时候都不显著，仅在表4.5第（5）列和表4.6第（2）列中在10%水平上显著为正，说明利润越高的

———————

　　① 首先，对2000—2013年上市企业数据进行了混合回归和固定效应模型的 *F* 检验，结果为 *F* 检验的 *p* 值为0.0000，故强烈拒绝原假设，所以固定效应模型显著优于混合回归。然后，我们进行豪斯曼检验以确定使用固定效应还是随机效应模型，结果 *p* 值为0.4048，故接受原假设，认为应该使用随机效应模型。模型4.1需要控制出口的内生性问题，因此在回归时使用面板工具变量法更为稳健，以 *Export* 的一阶滞后项作为工具变量。

企业生产率也越高。

　　从控制变量回归结果看，国有企业的符号为负且在各种回归中大都显著，说明相对于外资企业，国有企业对生产率的影响为负值。私营企业的符号为正且非常显著，说明相对于外资企业，私营企业对企业生产率的影响更积极。时间虚拟变量在所有年份都显著，说明生产率随时间有明显变动，产业和地区虚拟变量约一半显著，说明企业生产率在不同产业和地区间存在一定差距。

表 4.5　　出口生产率溢价检验（基于不同检验方法）

lnTFP	OLS（1）	FE（2）	RE（3）	2SLS（4）	GMM（5）
$Export$	− 0.201 *** (0.012)	− 0.119 *** (0.013)	− 0.133 *** (0.013)	− 0.146 *** (0.019)	− 0.156 *** (0.058)
ln$y$	0.890 *** (0.045)	1.259 *** (0.044)	1.231 *** (0.042)	1.244 *** (0.044)	1.227 *** (0.085)
lny^2	− 0.011 *** (0.001)	− 0.021 *** (0.001)	− 0.021 *** (0.001)	− 0.021 *** (0.001)	− 0.012 *** (0.003)
ln$profit$	0.025 (0.024)	0.023 (0.017)	0.024 (0.017)	0.024 (0.016)	0.002 * (0.018)
State owned	− 0.022 (0.021)	− 0.045 ** (0.022)	− 0.050 ** (0.022)	− 0.048 ** (0.022)	− 0.047 * (0.026)
private	0.164 *** (0.023)	0.071 *** (0.023)	0.085 *** (0.022)	0.083 *** (0.023)	0.004 (0.025)
产业 时间 地区	控制 控制 控制	— 控制 —	控制 控制 控制	控制 控制 控制	控制 控制 控制
R^2	0.68	0.66	0.67	0.67	0.94

　　注：（1）State owned 表示国有企业，private 表示民营企业；（2）*** 表示在1% 的水平下通过检验，** 表示在5% 的水平下通过检验，* 表示在10% 的水平下通过检验；（3）GMM 检验对应的 R^2 值为 Sargan 检验得到的 p 值；（4）表中括号内数据是标准差。

表4.6　　出口生产率溢价检验（基于不同方法估算的生产率）

ln*tfp*	LP-TFP（1）	GMM-TFP（2）	ATFP（3）	*p*（4）
Export	-0.146*** (0.019)	-0.006** (0.002)	-0.018** (0.004)	-0.009** (0.003)
ln*y*	1.244*** (0.044)	0.308*** (0.006)	0.531*** (0.011)	0.256*** (0.008)
ln*y*²	-0.021*** (0.001)	-0.007*** (0.0002)	-0.013*** (0.001)	-0.006*** (0.001)
ln*profit*	0.024（0.016）	0.004* (0.002)	-0.010 (0.004)	-0.002 (0.003)
State owned	-0.048** (0.022)	-0.001 (0.003)	-0.003 (0.005)	-0.003 (0.004)
private	0.083*** (0.023)	0.013*** (0.003)	0.038*** (0.005)	0.009*** (0.004)
产业 时间 地区	控制 控制 控制	控制 控制 控制	控制 控制 控制	控制 控制 控制
R^2	0.67	0.75	0.43	0.45

注：（1）State owned 表示国有企业，private 表示私营企业；（2）*** 表示在1%的水平下通过检验，** 表示在5%的水平下通过检验，* 表示在10%的水平下通过检验；（3）表中括号内数据是标准差。

第四节　出口生产率悖论的动态演化趋势

一　出口生产率悖论的时间演化趋势

异质性企业贸易理论认为，出口固定成本使得只有具备较高生产率的企业才能克服这种成本而成功成为出口商。但是出口成本不是固定不变的，在一国开放初期企业进入国际市场的成本较高，之后随着对国际市场的熟悉，出口成本也会随之下降。因此，出口企业的生产率水平应该随一国的开放度表现出动态性。加入世界贸易组织是中国扩大对外开放的重要标志，入世后，中国享受了世贸组织成员国更多关税减让和非关税壁垒削减，出口成本呈下降趋势，出口企业的生产率水平也应表现出一定动态性。

为了验证中国出口企业生产率水平的动态性，对模型4.1用2SLS方法基于L-P方法估计的生产率按年度进行回归①，表4.7列出了各年虚拟变量 Export 的系数②，将估计系数取绝对值后的变化趋势见图4.6。从表4.7看，2001—2013年，每年都表现出了出口生产率悖论，并且都非常显著，Export 的估计系数的绝对值总体呈增大趋势，说明在我国出口中生产率悖论问题有逐年加剧的趋势。2002年估计系数值最低，为−0.214，说明"悖论"最为严重，可能的原因是中国2001年加入世界贸易组织之后，出口企业享受的来自世贸组织成员国的各种优惠待遇增加，出口机会大幅增加，从而导致生产率对出口的决定作用大大减弱。由图4.6看出，出口对生产率的影响是一个逐渐变化的过程，呈现出动态性，在入世的随后几年波动比较大，在2007—2009年全球性金融危机期间，出口对企业生产率的"负"作用有所增强，在2009年后，这种"负"作用趋于平稳。

图4.6同时列出了2001年以来我国对外贸易依存度的变化趋势，我国的外贸依存度在入世之后有了大幅提升，从入世之前的0.4以下一度上升到0.6之上，在历经2007年金融危

---

① 如无特殊说明，本章剩余部分的检验都是用2SLS方法基于L-P方法估算的生产率进行，基于其他方法估算的生产率的回归结果见附录。

② 为了解决内生性问题，将滞后一期的 Export 与生产率回归，因此2000年没有观测值。

机之后，逐渐下降，2009 年之后渐趋平稳。比较两条曲线，二者在入世之初和金融危机期间都经过了比较大幅度的变动，但 2009 年之后都趋于平稳，并且二者的总体变动趋势是一致的，相比入世之初都呈现上升态势，这说明出口生产率悖论与我国对外开放度存在一定关联，并且对外开放度越高越会加剧出口生产率悖论，原因可能正如 Greenway（2003）在解释瑞典企业为何没出现"出口选择效应"和"出口中学习效应"时所述，在高度对外开放的经济体中大部分企业拥有出口机会，国内企业早已习惯与出口企业相竞争，加上进口渗透，结果导致企业之间的特征差别要比那些只有一小部分企业出口的经济体小。

为了更进一步验证出口生产率悖论随时间演化的趋势，将样本时间段重新划分为四个时间段：2001—2003 年、2004—2006 年、2007—2009 年、2010—2013 年，对这四个时间段按模型 4.1 分别回归，表 4.7 的最后两行列出了回归得到的 $Export$ 的系数，可以发现，这四个时间段 $Export$ 的系数都是负值，并且都非常显著，其绝对值依次增大，在 2001—2003 年，出口企业的生产率比非出口企业低 19%，到 2010—2013 年，出口企业的生产率比非出口企业低 35.6%[①]，这进一步说明随着入世时间的延长，中国对外开放度逐渐提高，出口生产率悖论问题日渐显著，出口企业与非出口企业的生产率差别日渐扩大。

----

① 此处回归用的生产率是 L-P-TFP，得出出口企业与非出口企业生产率的差别幅度较大，用其他两种生产率回归得出的差别幅度要小得多，但出口生产率悖论呈扩大的趋势并不改变。

表4.7　　　　　　　　　　按年度回归 *Export* 的系数

年份	系数	年份	系数	年份	系数
2001	-0.163***	2006	-0.189***	2011	-0.197***
2002	-0.214***	2007	-0.206***	2012	-0.206***
2003	-0.158***	2008	-0.176***	2013	-0.208***
2004	-0.183***	2009	-0.206***		
2005	-0.149***	2010	-0.201***		
2001—2003		-0.190***	2007—2009		-0.254***
2004—2006		-0.248***	2010—2013		-0.356***

注：***表示在1%的水平下通过检验。

注：外贸依存度是指各年进出口总额与各年国内生产总值的比值，由《中国统计年鉴》相关数据计算得出。

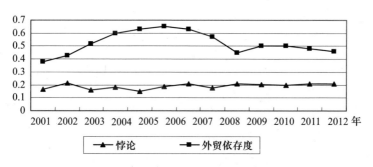

图4.6　出口生产率悖论与外贸依存度

二　出口生产率悖论在产业间的动态演化

为分析出口生产率悖论在各产业随时间演化的趋势，按照《国民经济行业分类》（GB/T 4754 - 2011）制造业共分为31个行业，排除了垄断性行业、观测值小于5个的行业，最终选定25个行业进入分析，包括：农副食品加工业（13）；食品制造业（14）；酒、饮料和精制茶制造业（15）；纺织业（17）；

纺织服装、服饰业（18）；皮革、毛皮、羽毛及其制品和制鞋业（19）；木材加工和木、竹、藤、棕、草制品业（20）；家具制造业（21）；造纸和纸制品业（22）；石油加工、炼焦和核燃料加工业（25）；化学原料和化学制品制造业（26）；医药制造业（27）；化学纤维制造业（28）；橡胶和塑料制品业（29）；非金属矿物制品业（30）；黑色金属冶炼和压延加工业（31）；有色金属冶炼和压延加工业（32）；金属制品业（33）；通用设备制造业（34）；专用设备制造业（35）；汽车制造业（36）；铁路、船舶、航空航天和其他运输设备制造业（37）；电气机械和器材制造业（38）；计算机、通信和其他电子设备制造业（39）；仪器仪表制造业（40）[1]。

首先分产业按年度对模型 4.1 进行了回归，但是由于观测值不足问题，有一大半产业无法得到回归结果。鉴于此，参考 Lall（2001）对发展中国家制造业出口的分类标准将所有产业重新划分为四大类（见表4.8）：资源型、低技术型、中技术型和高技术型。对四类产业按模型4.1进行总体回归的结果显示，只有低技术性产业显著出现"悖论"[2]，分年度回归结果显示每类产业在不同年份均出现过"悖论"，各类产业显著出现出口生产率悖论的年份见表4.9所示。可见，在2001—2007年，主要是资源类和低技术类的产业出现"悖论"，在2009—2012年主要是中、高技术型产业出现"悖论"，值得注意的是，出口生产率悖论在不同产业间的动态演化与我国出口比较优势的变动趋势相一致，根据魏浩等（2011）的研究，我国具

---

① 括号内的数字是《国民经济行业分类》中该行业的代码。

② 显著出现"悖论"指至少在10%水平上通过检验。

有比较优势的出口产品从入世之初到 2008 年发生了较大变化，2002 年具有比较优势的产品主要是低技术含量制成品，2008 年中等技术含量制成品的种类大大增加，高技术含量制成品也有所增加。表 4.9 说明，随着我国出口比较优势从低技术型产品到高技术型产品的过渡，出口生产率悖论也实现了从低技术产品到高技术产品的动态演化，这显示我国出口企业的生产率悖论具有随出口比较优势变动而变动的特点，在比较优势产业上出现的概率更大①。

表 4.8　　　　　　　　　　重新划分的四类产业

	资源型	低技术型	中技术型	高技术型
包括行业（代码）	13、14、15、25、32、20	17、18、19、22、30、33、31、	21、26、28、29、34、35、36、38、39	27、37、40

表 4.9　　　　　　　出口生产率悖论的产业变动情况

产业	总体回归结果	分年度回归中出现"悖论"的年份
资源型	无"悖论"	2002、2004
低技术型	存在"悖论"	2001—2007 各年均出现
中技术型	无"悖论"	2009、2010
高技术型	无"悖论"	2009、2010、2011、2012

第五节　对出口选择悖论的检验

从以上分析看出，出口生产率悖论问题切实存在于中国上

---

① 利用其他两种生产率的回归结果也支持这一结论。

市企业当中，出口企业的生产率缘何低于非出口企业？是开始出口前出口企业的生产率就低于非出口企业，还是开始出口之后出口企业的生产率没有得到持续提高？本章以下部分将要探讨出口生产率悖论的来源问题，如果出口企业在开始出口前其生产率就低于非出口企业，则说明存在出口选择悖论，即效率低的企业成为出口商，如果出口企业的生产率在出口后其增长率落后于非出口企业，则说明存在出口学习悖论，即出口导致企业生产效率下降。

为了检验出口选择悖论是否存在于中国上市企业中，需要考察出口商在进入国外市场前几年的特征。如果是生产率低的企业成为出口商，那么在开始出口的前几年它们的表现就会出现显著差别。为了验证这一可能性，本节从总样本中选取了一个仅包括那些至少三年没有出口的企业的子样本①，这些企业在第 $T-3$ 年、第 $T-2$ 年和第 $T-1$ 年都不出口，在第 T 年可能出口也可能不出口，然后用第 $T-3$ 年的生产率对第 T 年的出口状态回归，模型如下（记为模型4.2）：

$$\ln TFP_{ijT-3} = \alpha + \beta Export_{ijT} + \delta Firm_{ijT-3} + \gamma Industry_{ijt} + \varepsilon_{ijT-3}$$

其中，$Firm_{ijT-3}$ 是表示企业 i 特征的一个向量，这些特征包括企业产出、固定资产和利润，$Industry_{ijt}$ 是产业虚拟变量。

利用模型4.2对子样本回归的结果报告在表4.10中。滞后期三年的检验结果显示 $Export$ 的符号为负值，并且非常显著，说明出口企业在开始出口前三年的生产率显著低于内销企

---

① 该子样本的具体选择方法如下：将总样本划分为三个时间段：2000—2003年、2004—2007年、2008—2011年，分别从这三个时间段中选择前三年出口额为0的企业，再删除在这三个时间段内重复出现的企业，最后得到子样本。

业，存在出口选择悖论。滞后两年和滞后一年的检验结果也显示 Export 的符号显著为负值。这说明生产率对我国上市企业能否成为出口商的选择效应不同于异质性贸易理论所述的那样，生产率高的企业才能成为出口商，在我国上市企业中显著存在出口选择悖论，生产率显示出一种"逆选择"效应，即低生产率的企业成功成为出口商。

表 4.10 的最后一列是针对事前成功与出口之间的关系进行了另一个检验，将企业在进入出口商市场前的生产率增长率与出口状态进行回归，模型如下（记为模型 4.3）：

$$\Delta \ln TFP_{ijT-3} = \frac{1}{4}(\ln TFP_{ijT} - \ln TFP_{ijT-3})$$

$$= \alpha + \beta Export_{ijT} + \delta Firm_{ijT-3} + \gamma Industry_{ijt} + \varepsilon_{ijT-3}$$

对模型 4.3 的检验结果显示出口企业在开始出口前的生产率增长率比非出口企业落后 5.4%。这一结果为出口选择悖论增添了新的证据。

表 4.10 企业在出口前的生产率差别

	模型 4.2			模型 4.3
	滞后 3 年	滞后 2 年	滞后 1 年	
$Export$	-0.163 *** (0.048)	-0.137 *** (0.044)	-0.177 *** (0.045)	-0.054 ** (0.023)
$\ln y$	0.858 *** (0.022)	0.866 *** (0.014)	0.850 *** (0.011)	0.078 *** (0.010)
$\ln k$	-0.533 *** (0.024)	-0.535 *** (0.015)	-0.525 *** (0.012)	-0.072 *** (0.011)
$\ln p$	2.728 *** (1.035)	1.667 *** (0.572)	1.273 *** (0.484)	0.283 (0.304)

	模型 4.2			模型 4.3
	滞后 3 年	滞后 2 年	滞后 1 年	
R^2	0.85	0.88	0.87	0.21

注：*** 表示在 1% 的水平下通过检验，** 表示在 5% 的水平下通过检验；表中括号内数据是标准差。

总之，通过验证模型 4.2 和模型 4.3，本节发现了我国上市企业中存在出口选择悖论的确凿证据，为出口生产率悖论找到了一种来源，即在我国上市企业中出口企业的生产率低于非出口企业是因为出口企业在出口前就拥有较低的生产率。拥有较低生产率的企业能够成功成为出口商，从异质性企业贸易理论的角度至少说明了两个问题：第一，低生产率企业在克服出口成本时拥有比高生产率企业更高的能力，而这种能力可能来源于其自身，比如凭低价格进入国外市场，也可能来源于外部，比如政府对企业提供的某些扶助政策；第二，高生产率的企业并非一定选择出口，即便它们拥有克服出口成本的能力，但是基于国内的一些因素，它们也可能只供应国内市场。

第六节　对出口学习效应的检验

Girma（2004）指出，检验出口学习效应最直接的方法之一是使用滞后期的出口对当期的生产率进行回归，为了检验出口对企业生产率增长的影响，借鉴 Bernard et al.（1997），本节用滞后期的出口对企业生产率的增长率进行回归，模型如下（记为模型 4.4）：

$$\Delta \ln TFP_{ijT} = \frac{1}{T}(\ln TFP_{ijT} - \ln TFP_{ij0})$$

$$= \alpha + \beta Export_{ij0} + \delta Firm_{ij0} + \gamma Industry_{ij0} + \varepsilon_{ijT}$$

表 4. 11 报告了模型 4. 4 的检验结果。1 年期、5 年期和 9
年期的检验结果都显示出口企业生产率的增长要显著快于非出
口企业，以 5 年期的差别最大，出口企业生产率增长比非出口
企业快 5. 4% ，以 9 年期的差别最小，为 2. 7% ，这说明在我
国上市企业中存在出口学习效应，企业从出口中能够持续提升
自身生产率水平，并且出口学习效应与出口时间呈倒 U 形关
系，在初始学习效应呈上升状态，达到最大化后随时间递减。

表 4. 11　　　　　　　　　　检验出口学习效应

	1 年期	5 年期	9 年期
$Export$	0. 045 *** （0. 011）	0. 054 *** （0. 005）	0. 027 *** （0. 004）
$\ln y$	- 0. 120 *** （0. 005）	- 0. 134 *** （0. 002）	- 0. 084 *** （0. 002）
$\ln k$	- 0. 099 *** （0. 006）	- 0. 094 *** （0. 003）	- 0. 063 *** （0. 002）
$\ln p$	0. 026 （0. 021）	- 0. 004 （0. 006）	- 0. 083 ** （0. 039）
R^2	0. 05	0. 19	0. 27

　　注：*** 表示在 1% 的水平下通过检验，** 表示在 5% 的水平下通过检验；
表中括号内数据是标准差。

　　本节进一步检验了出口额和出口密度对出口企业生产率的
影响。将模型 4. 1 中的解释变量 $Export$ 分别替换为滞后一期的

出口额（*Volume*）和出口密度（*Intensity*），其他解释变量替换为相应的滞后一期的企业特征值，来检验出口对我国上市企业生产率的影响。

表 4.12 列出了检验结果。第 1 列是出口额对企业生产率的影响，ln*Volume* 系数显著且为负值，说明出口额越高的企业生产率越低，出口额每增加 1% 会使企业生产率下降 0.049%。第 2 列是出口密度对生产率的影响，ln*Intensity* 的估计系数显著为负值，说明出口密度越高的企业生产率越低，出口密度每提高 1% 会使企业生产率下降 0.062%。第 1 列和第 2 列的结果都说明出口对生产率存在负效应，上市企业的生产率不仅没从出口扩大中得到提高，反而降低了，产生"出口学习悖论"。第 3、第 4、第 5 列进一步检验了出口密度对生产率的影响，将出口密度划分为三个范围：$0 < Intensity \leq 0.2$、$0.2 < Intensity \leq 0.7$、$Intensity > 0.7$，代表出口密度的低、中、高三个等级。低出口密度的系数显著为负值，说明存在"出口学习悖论"，中出口密度的系数显著为正值，说明存在"出口学习效应"，高出口密度的系数同样为正值但是不显著。对出口密度的回归显示，出口学习悖论可能仅适用于那些初涉国外市场，出口份额较小的企业，因为此时企业一方面需要克服出口成本，另一方面不能从出口额扩大中获得规模效应，所以出口学习效应不能显现出来，而当出口份额扩大到一定程度时，企业对国外市场有了一定了解，出口学习效应就能显现出来，出口就能起到提高企业生产率的作用①。

---

① 用其他两种生产率的回归结果均支持此处结论。

表 4.12 出口密度与生产率

	(1)	(2)	(3)	(4)	(5)
ln$Volume$	-0.049^{***} (0.005)				
ln$Intensity$		-0.062^{***} (0.005)			
$0 < Intensity \leqslant 0.2$			-0.048^{***} (0.007)		
$0.2 < Intensity \leqslant 0.7$				0.066^{*} (0.037)	
$Intensity > 0.7$					0.003 (0.268)
L. ln$y$	0.472^{***} (0.091)	0.426^{***} (0.090)	0.558^{***} (0.118)	1.242^{***} (0.245)	-1.459 (0.904))
L. lny^2	-0.0008 (0.002)	-0.0008 (0.002)	-0.005 (0.003)	-0.024^{***} (0.007)	0.060^{**} (0.028)
L. ln$p$	0.023 (0.011)	0.023 (0.017)	0.018 (0.016)	0.812^{***} (0.196)	-4.691^{***} (1.224)
State owned	-0.101^{***} (0.035)	-0.098^{***} (0.035)	0.0006 (0.050)	-0.066 (0.060)	-0.166 (0.234)
private	-0.075^{*} (0.038)	-0.076^{**} (0.038)	-0.004 (0.053)	-0.019 (0.072)	-0.646^{***} (0.246)
产业 时间 地区	控制 控制 控制	控制 控制 控制	控制 控制 控制	控制 控制 控制	控制 控制 控制
R^2	0.64	0.64	0.67	0.65	0.82

注：＊表示在10%的水平下通过检验，＊＊表示在5%的水平下通过检验，
＊＊＊表示在1%的水平下通过检验。

总结本节及上节的检验，我国上市企业的生产率悖论是由
出口选择悖论引起的，即出口企业在出口前的生产率就低于非

出口企业。出口企业能从出口中获得出口学习效应，从而提高自身生产率水平。对我国上市企业的检验不支持自我选择效应，而支持出口学习效应，这一结论与 Blalock（2004）对印度尼西亚、Van Biesebroeck（2003）对六个撒哈拉沙漠以南国家的研究结果相一致，对发展中国家关于异质性企业的检验之所以不像对发达国家的检验那样支持出口选择效应，而是支持出口学习效应，是因为发达国家与其贸易伙伴国的企业的生产效率基本相当，而发展中国家的企业相对于国际市场尚期待有更多收获（Blalock，2004）。

第七节　进入、退出与企业生产率

通过以上分析，上市企业中出口企业的生产率在出口前比非出口企业低，但在出口后获得较快增长。本节将进一步检验在进入和退出出口市场的过渡期内企业生产率的变化状况。借鉴 Blalock et al.（2004）的思路，将企业按出口行为划分为五种状态：一直不出口者（Non-exporters）、一直出口者（Exporters）、进入者（Entrants）、退出者（Quitters）和转换者（Switchers），考察这五种状态与企业生产率的关系。Non-exporters 是指在观测期内从未出口的企业，Exporters 是指在观测期内一直出口的企业，Entrants 是指初始未出口，但在观测期内开始出口，并且出口行为持续至观测期末的企业，Quitters 是指初始参与出口，但在观测期内停止出口并一直持续到观测期末的企业，Switchers 是指在观测期内，在出口与非出口之间转换超过一次的企业。采用以下模型（记为模型 4.5）：

$$\Delta \ln TFP_{ijt} = \alpha + \beta State_{ijt} + \lambda_1 \ln y_{ij0} + \lambda_2 \ln y_{ij0}^2 + \lambda_3 \ln profit_{ij0} +$$
$$\gamma Control_{ij0} + \varepsilon_{ijt}$$

其中，$State_{ijt}$ 是表示企业出口状态的虚拟变量，以 Non-exporters 作为参照组。估计系数 β 显示了一直出口者、进入者、退出者、转换者相对于一直不出口者的生产率增长状况。

表 4.13 报告了基于不同生产率的回归结果。基于四种生产率的回归结果显示，一直出口者和进入者的生产率有较快增长，而退出者和转换者的生产率增长不显著。在以 L-P 方法测算的生产率为基准时，一直出口者和进入者的生产率相比非出口者都有较快增长（1.9% 和 1.4%）。尽管个别回归系数不显著，其他三种生产率的回归系数较为相近。

表 4.13　　　　　　　　　　　出口状态与企业生产率

	L-P-TFP	GMM-TFP	ATFP	p
Exporters	0.019 *** (0.007)	0.002 ** (0.001)	0.002 (0.002)	0.001 (0.001)
Entrants	0.014 ** (0.007)	0.002 *** (0.001)	0.001 (0.001)	0.002 ** (0.001)
Quitters	0.015 (0.014)	0.001 (0.001)	− 0.002 (0.005)	− 0.003 (0.002)
Switchers	0.003 (0.010)	0.001 (0.001)	− 0.003 (0.003)	0.0005 (0.001)
R^2	0.22	0.27	0.30	0.23

注：（1）p 表示劳动生产率；（2）** 表示在5%的水平下通过检验，*** 表示在1%的水平下通过检验；（3）表中括号内数据是标准差。

第八节　本章结论

本章基于 2000—2013 年我国制造业上市企业数据，从动态视角研究了中国企业出口生产率悖论问题，得到以下主要结论。

1. 在我国上市企业中，出口企业的生产率显著比非出口企业低，存在出口生产率悖论。在不同检验方法和不同生产率衡量标准之下，出口企业生产率与非出口企业的差别幅度虽然不一致，但方向性一致。

2. 出口生产率悖论与我国对外开放度存在一定关联，对外开放度越高越会加剧出口生产率悖论。出口对生产率的影响是一个逐渐变化的过程，呈现出动态性，在入世的随后几年波动比较大，在2007—2009年全球性金融危机期间，出口对企业生产率的"负"作用有所增强，在2009年后，这种"负"作用趋于平稳。

3. 出口生产率悖论在具有出口比较优势的产业上出现的概率比较大。"悖论"在不同产业间的动态转换与我国出口比较优势的变动趋势相一致，2001—2007年，主要是资源类和低技术类的产业出现"悖论"，2009—2012年主要是中、高技术型产业出现"悖论"。

4. 我国上市企业的出口生产率悖论来源于出口选择悖论，即出口企业的生产率低于内销企业是因为出口企业在出口前就拥有较低的生产率。生产率对我国上市企业能否成为出口商的选择效应显示出"逆选择"，即低生产率的企业成功成为出口商。

5. 在我国上市企业中存在显著出口学习效应，企业从出口中能够持续提升自身生产率水平，并且出口学习效应与出口时间呈U形关系，在初始学习效应呈上升状态，达到最大化后递减。当出口份额扩大到一定程度，企业对国外市场有了一定了解，出口学习效应就能显现出来，出口就能起到提高企业生产率的作用。

6. 进入出口市场对企业生产率有显著影响，进入者的生产率有较快增长。退出国际市场对企业生产率的影响不显著。

本章的结论显示，我国上市企业要成为出口商并不需要在出口前就具备较高的生产率，它们可能具备其他一些使其能够成功进入国际市场的条件，比如相对较低的产品价格、政府的政策支持等。比较优势理论认为，国际贸易起因于两国之间的相对价格差异，只要存在价格差，国际贸易就会发生，一部分企业就会成为出口商，生产率固然是造成价格差异的重要因素，但是其他因素也会形成两国之间的价格差，比如要素禀赋差异。H—O 理论认为，当两国之间的要素比例不同时，即便生产技术相同，相对价格差异仍然存在，国际贸易仍然发生。也就是，从宏观看，国与国之间的要素禀赋差异也是促使企业成为出口商的原因，出口商拥有的是凭借本国比较优势形成的低价格优势，而非凭借高生产率形成的低价格优势，在这种情况下，便有可能出现出口商的生产率低于非出口商的情况，形成出口生产率悖论。

第五章　比较优势与出口企业
生产率悖论

　　比较优势理论与异质性企业贸易理论在国际贸易理论体系中都占据重要位置，前者被视为全部国际贸易理论的基础，而后者是国际贸易理论研究重心由宏观转向微观的标志。中国自改革开放以来的对外贸易发展基本遵循比较优势路径，从宏观上看，我国出口充分发挥了劳动力要素丰裕这一优势（张小蒂等，2001；刘重力等，2003；魏浩等，2005；张鸿，2006；傅朝阳等，2006；孔庆峰等，2008），并且取得了巨大成功，中国一跃成为贸易大国，出口成为拉动中国经济增长的"三驾马车"之一（林毅夫等，2003；滕建州，2006；范柏乃等，2005；郭利红等，2004；赖明勇等，2002）。所以从宏观角度来看，无论是贸易的起因还是贸易的结果，中国对外贸易的发展都符合比较优势理论的预期。但从微观角度看，中国对外贸易的微观收益却不如宏观收益那样显著，其中最引人注意的是中国出口企业表现出的"生产率悖论"现象。微观企业行为是宏观经济表现的基础，中国微观层面上的"出口生产率悖论"支撑了宏观层面上比较优势路径的成功。通过上文对中国制造业上市企业的实证研究得出，我国出口企业在出口前的生产率水平就低于非出口企业，比较优势部门是出口的主要部门，既然比较优势战略在宏观上是成功的，这种成功作用在微观层面，必定对微观企业的出口决策及生产率产生影响。

本书认为国家间要素禀赋差异和部门间要素密集度差异使得比较优势部门和比较劣势部门面临不同的出口竞争优势和出口机会，生产率在比较优势部门中的出口决定作用弱于比较劣势部门，从而比较优势部门比比较劣势部门更容易出现出口生产率悖论。Bernard et al.（2007）分析了在一般均衡框架中国家、产业和企业的相互作用如何影响贸易自由化对资源的再分配，为从一般均衡角度研究异质性企业贸易问题提供了一个范例，该模型引入了两个产业和两种要素，恰好适合本章理论分析的需求。本章在 Bernard et al.（2007）模型基础上从理论层面分析了比较优势部门容易出现出口生产率悖论的原因①。

第一节　比较优势、贸易自由化与异质性企业

贸易自由化会对经济产生怎样的影响？关注比较优势的新古典贸易理论强调跨国跨产业的资源再分配以及相对要素收入的变化，但没有考虑关于企业行为动态的作用。异质性企业贸易理论着重于产业内高生产率企业的相对增长，但只考虑单一要素和单一部门而忽略比较优势。Bernard et al.（2007）系统

---

① Lu（2010）的做法与 Bernard et al.（2007）相似，将基于要素比例基础上的比较优势纳入 Melitz（2003），分析了要素密集度与出口企业行为的关系。本书与 Lu（2010）的区别在于强调生产率在不同部门中的决定性作用。

分析了在贸易自由化下，国家、产业和企业特征的相互作用如何影响三者在一般均衡下的决策，从而为在比较优势框架内分析异质性企业问题提供了一个范式，本节主要归纳了这一模型的主要结论。当企业拥有异质的生产率、国家间的相对要素丰裕度不同、产业间的要素密集度也不相同时，降低贸易成本将会引起资源在本产业、本国以及跨产业、跨国的重新分配。这种重新分配使所有部门都发生了实质的就业转换，且在比较优势产业引起的创造性破坏效应相对于比较劣势产业更大，还会放大事前的比较优势，创造更多的贸易利得。由国家间贸易自由化带来的总生产率的提高会抑制稀缺要素实际工资的下降，甚至会使该要素的实际工资上升。

一 比较优势、生产率与出口

考虑两个国家、两种要素、两个部门，国家之间要素禀赋不同，部门之间要素密集度不同，并且存在贸易成本和异质性企业。开放后，每个部门都会提高稳态零利润生产率临界值和平均产业生产率。当贸易是有成本的时候，只有一部分企业出口可以获利。因此贸易对出口企业和非出口企业利润的作用是有区别的。从封闭状态开放到有成本贸易的状态，生产率更高的出口企业的事后利润上升了。这既会使进入每个产业的期望值提高，因为获得一个足以出口的高生产率的事前概率为正，也会使更多企业进入产业，这就意味着产业内的竞争会更加激烈，而只能供应国内市场的低生产率企业的事后利润会减少。因此，一些低生产率的国内企业不能获得足够的收益来弥补固定生产成本，而只能退出产业。零利润生产率临界值和平均产业生产率都得到提高。

开放到有成本的贸易后，一国的比较优势部门零利润生产率临界值和平均产业生产率提高更多。在一国的比较优势产业中，出口市场获得的利润也比国内市场获得的利润要高。因此，随着贸易的开放，在比较优势产业生产率更高的出口企业的事后利润提高幅度更大，并且进入产业期望值在比较优势产业提高得更多。这将会有更多的进入者，导致在比较优势产业的零利润生产率临界值和平均产业生产率提高幅度也更大。最后，因为在比较优势产业对于企业出口比国内销售更有吸引力，比较优势产业的出口生产率临界值会更接近零利润生产率临界值。

从劳动力市场的一般均衡也可以看出：在比较优势产业中，有更多的低生产率企业退出而平均生产率有更大幅度的上涨。开放到有成本的贸易会导致出口企业对劳动力的需求上升。劳动力需求的增长促使要素价格上涨，减少非出口商的事后利润，并且会提高零利润生产率临界值。这样，低于该临界值的企业只能退出产业。比较优势产业相对于比较劣势产业对劳动力需求的增长更多，使得丰裕要素的价格上涨。丰裕要素的相对价格上升，会让在比较优势产业中密集使用丰裕要素的、却只供应国内市场的企业的事后利润有更大幅度的下降。结果是：比较优势产业零利润生产率临界值和平均产业生产率都提高得更多。这不会发生在自由贸易的情形之下，因为所有生产率的企业都可以通过由出口市场增加的需求来提高利润。

二 企业规模与企业数量

在比较优势和比较劣势产业中，开放到有成本的贸易都会增加企业均衡产出；在其他因素相同的情况下，在比较优势产业中产出的增加幅度更大。如 Melitz（2003）中的单个部门模型所示，开放到有成本的贸易会对均衡企业产出有两种影响效应。因为开放到有成本的贸易有更多企业进入产业，这会增加国内产品市场的竞争，而使供应国内市场的企业均衡产量下降。同时，对于拥有足够高的生产率而可以出口的企业，潜在的贸易会使其对出口市场的产出增加。Bernard et al.（2007）与 Melitz（2003）的研究结果不同的是：不同产业间的要素密集度差异和国家间的要素禀赋差异，使得贸易开放的影响效应在拥有不同比较优势的产业和国家之间也有差异。

平均企业产出的变化，取决于供应国内市场的较低产出和供应出口市场的较高产出的期望值。这是因为开放到有成本的贸易会提高零利润生产率临界值，并会降低获得足够高以进行生产的生产率的概率。在均衡中，进入产业的期望值必须等于不变的进入沉没成本；因此，基于生产的平均利润必须上升，而平均利润的上升则意味着平均企业产出的增加：因为在比较优势产业中零利润生产率临界值有更大幅度的上涨，在该产业中企业的平均产出也增长得更多。这也与同质企业模型不同——在同质企业模型中，在有成本的贸易下，企业的平均产出仅由生产率参数、固定生产成本、固定出口成本和替代弹性所决定。

在均衡中，国内生产者的数量等于产业总收益除以平均企业收益，平均企业收益取决于平均产品价格和平均产出，而产业总收益取决于要素价格和劳动力在两个部分的分配。其他要素保持不变时，相比于同质企业模型，在 Bernard et al.（2007）模型中：随着开放到有成本的贸易，平均生产率以及平均企业产出的上升会减少均衡的国内生产企业数量。

三　福利与收入分配

开放到有成本的贸易通过引起产业层面的内生李嘉图生产率差异，增大了国家间的比较优势事前差异，也会放大基于H—O模型的比较优势。尽管国家间的参数相同，但随着开放到有成本的贸易，比较优势产业中高生产率企业有更集中的选择，这会导致产业层面的内生李嘉图技术差异，而这些差异在产业间是非中性的。开放到有成本的贸易会使——相对于比较劣势产业而言——比较优势产业的平均生产率上升，因此增大了基于 H—O 理论的比较优势。一国比较优势产业的平均生产率上涨，会放大两国相对的生产机会成本的差异，因而提供了新的贸易利得来源。

开放到有成本的贸易会对技术劳动力和非技术劳动力有四种效应。

（1）丰裕要素的相对名义收益上升，而稀缺要素的相对名义收益下降；

（2）两个产业的平均生产率上升会降低产品的平均价格，并且降低消费者价格指数；

（3）平均企业规模的增大会减少均衡下国内生产的产品数量，因此提高消费者价格指数；

（4）进口国外产品的机会降低消费者价格指数。

开放到有成本的贸易导致对一个相对优势产品的相对需求上升。随着比较优势产品的生产扩张，因为比较优势产业会密集使用一国的丰裕要素，因此对丰裕要素的相对需求上升。类似于 Stolper-Samuelson 定理，这会使丰裕要素的相对收益上升。

因为本模型中内生存在的平均产业生产率差异会影响跨产业要素分配的比例，因此，相对要素收益变化的大小和引起的对收入分配的影响都与同质企业模型的比较优势产业中的情形不同。

除了与 Stolper-Samuelson 定理相关的要素收益的变化，开放到有成本的贸易还对福利和收入分配有其他三种效应。第一种效应没有出现在 H—O 模型和 H—K 模型，它是由贸易开放引起的平均产业生产率上升而造成的。两个部门的平均生产率都上升，减少产品的平均价格进而就会降低每种产品的价格指数。

另两种福利效应则通过消费者可获得的产品数量来表示。如在 H—K 模型中，贸易开放使国内消费者可获得外国产品，但出口市场存在选择效应，因此只有一部分外国产品出口到本国。这将增加产品种类，降低消费者价格指数并且使实际收入增加。然而在 Bernard et al.（2007）的框架下，还有另一种效应，即：更高的平均企业生产率会提高平均企业规模、减少国内生产的产品种类。而对于消费者可获得的（本国的和外国的）总产品数量的净效应则是不明确的。如果通过产品效应和生产率效应获得的净福利收益相比名义要素收益的变化更大，那么贸易开放就有可能导致稀缺要素的实际收益增大。这与 H—O 模型关于稀缺要素的实际收益必定下降的结论明显不同。当两国有较相似的要素禀赋，由贸易开放引起的名义要素收益变化就相对较小，这就增加了稀缺要素实际收益上升的可能性。更宽泛而言，Bernard et al.（2007）模型中即使稀缺要素的实际收益下降，那也一定会比在 H—O 模型中下降得少。

四　就业创造与就业削减

开放到有成本的贸易会导致在比较优势产业有净的就业创造，而在比较劣势产业有净的就业削减。Bernard et al. (2007) 考虑了比较优势的异质企业模型和标准的 H—O 模型一样，有相同的净就业创造和净就业削减的一般模式。开放到有成本的贸易会导致在比较优势产业有净的就业创造，而在比较劣势产业有净的就业削减。由于平均产业生产率的内生变化会影响跨产业要素的再分配程度，因此不同产业的净就业创造和削减的大小程度就会不同。

开放到有成本的贸易，两种产业都会发生总就业创造和总就业削减，因此总的就业变动会大于净的就业变动，两种产业都产生额外的就业再分配。在 Bernard et al. (2007) 模型中，总的就业创造和削减与净的就业创造和削减之间有一个重要区别，这是在 H—O 模型中所没有的。在两个产业中，高生产率的企业存在总的就业创造，因为这些企业生产扩展以供应出口市场；而仅能维持生存下来的企业存在总的就业削减，因为这些企业仅能生产供应本国市场。因此，即使在同一个部门，虽然都存在贸易成本下降现象，但有些企业能获益，而另一些企业却受损。

五　稳态企业的创造性破坏

开放到有成本的贸易导致比较优势产业内的企业有更大的稳态的创造性破坏效应。在 Bernard et al. (2007) 模型中，有成本的贸易均衡中存在稳态的创造性破坏，这种效应在拥有比较优势的不同国家和产业之间是有差异的。对于每个时期，有一定数量的现存企业退出产业，同时有一定数量的新进入者，其中有一部分获得足够高的生产率进行生产，有一部分只能退出。在稳态均衡中，成功进入者的数量等于退出企业的数量，以致在产业内的企业数量保持不变。稳态的创造性破坏率——即稳态的企业退出概率，等于退出的企业流量除以新进入和现存的企业流量。

零利润生产率临界值越高，企业获得的生产率低于临界值的概率就越高，且稳态的企业退出概率也就越高。这是因为：贸易开放导致了比较优势产业的零利润生产率临界值的提高，所以在该产业稳态的创造性破坏率就上升得更多。

六　出口变化

平均产业生产率内生的增长和进入出口市场的选择效应，使得异质企业模型与包括了固定和可变贸易成本的 H—K 同质企业模型之间的贸易量存在差异。在 Bernard et al.（2007）框架中，只有一部分产品可以出口；而在同质模型中，如果发生贸易，则所有产品都可以出口。因为消费者偏好多种类产品，相比于同质企业模型，异质企业模型中贸易会减少。对于异质企业，开放到有成本的贸易会提高平均企业生产率，并降低平均产品价格。由于国内产品的种类不变，因此平均价格降低会使贸易量增加。然而，平均企业生产率的提高还会导致平均企业产出的增加，这反而会减少一国生产的产品种类从而减少贸易量。在 Bernard et al.（2007）模型中，只有生产率最高的企业有出口能力。因此，出口产品的平均生产率高于在本国市场销售产品生产率。这种选择效应会使出口产品的平均 *FOB* 价格低于在本国销售的产品平均价格，从而增加贸易量。两个模

型的有成本贸易均衡中的总收益、价格指数和要素收益也
不同。

第二节 比较优势、异质性企业与
出口生产率悖论

一 基本假设

假设世界上有两个国家、两个产业部门、两种要素，每个
产业由连续的企业构成，每个企业生产一种差异化产品。企业
在生产率方面是异质性的，并且企业的生产率始终保持不变。
两个产业部门拥有不同的要素密集度。两国的需求偏好及生产
技术相同，但相对要素禀赋不同。市场是垄断竞争的。要素在
本国的不同产业间可以自由流动，但在国际间不能流动。两种
要素为技术（S）和劳动（L），用 H 表示本国，用 F 表示外
国，并且假设本国是技术丰富的国家，外国是技术稀缺的国
家。两个产业部门用 1 和 2 表示，假设产业 1 是技术密集型
的，产业 2 是劳动密集型的。

（1）消费

代表性消费者的偏好取决于对两个部门（i）所生产的产
品的消费，其中每个部门由异质性企业生产 ω 种产品。假设决
定对两个部门产品消费比例的上层效用函数是柯布—道格拉斯
形式，决定对不同种类产品消费的下层效用函数是 CES 形式，
于是效用函数形式为：

$$U = C_1^{\alpha 1} C_2^{\alpha 2}, \alpha 1 + \alpha 2 = 1, \alpha 1 = \alpha \tag{1}$$

C_i 是由对不同差异化产品的消费量 $q_i(\omega)$ 定义的消费指
数，P_i 是由差异化产品的价格 $p_i(\omega)$ 定义的价格指数。

$$C_i = \left[\int_{\omega \in \Omega i} q_i(\omega)^\rho d\omega \right]^{\frac{1}{\rho}} , \ P_i = \left[\int_{\omega \in \Omega i} p_i(\omega)^{1-\sigma} d\omega \right]^{\frac{1}{1-\sigma}} \quad (2)$$

其中，$\sigma = 1/(1 - \rho) > 1$ 是差异化产品之间的常数替代弹性，为简化分析，假设两个产业内的差异化产品之间的常数替代弹性是相同的。

（2）生产

生产包括固定成本和可变成本，两种成本都使用两种要素，且要素密集度不变。所有企业的固定成本相同，但可变成本随企业生产率 φ 变化，假设成本函数是柯布—道格拉斯形式：

$$\Gamma_i = \left[f_i + \frac{q_i}{\varphi} \right] (w_S)^{\beta_i} (w_L)^{1-\beta_i}, 1 > \beta_1 > \beta_2 > 0 \quad (3)$$

其中，w_S 是技术劳动力的报酬，w_L 是非技术劳动力的报酬。将技术劳动力的工资设定为标准单位，因此有 $w_S = 1$。

二 自由贸易

（一）自由贸易条件下的均衡

假设两国之间的贸易是无成本的，消费者的偏好是多样性的，自由贸易意味着所有企业都将成为出口商。在国内市场（d）和国外市场（x），企业面对相同的需求弹性，均衡时两国的价格相同，定价规律等于在边际成本上的一个固定加成：

$$p_i(\varphi) = p_{id}(\varphi) = p_{ix}(\varphi) = \frac{(w_S)^{\beta_i} (w_L)^{1-\beta_i}}{\rho \varphi} \quad (4)$$

均衡时，企业从国内市场获得的收益 $r_{id}(\varphi)$ 与其生产率成比例：

$$r_{id}(\varphi) = \alpha_i R \left[\frac{\rho P_i \varphi}{(w_s)^{\beta_i}(w_L)^{1-\beta_i}} \right]^{\sigma-1} \tag{5}$$

对于给定的企业生产率 φ，国内收益随着对该产业支出份额 α_i、国内总支出 R、产业价格指数 P_i 以及 ρ 的增加而增加，随自身生产成本和价格的增加而下降。

均衡定价规律意味着，处于相同市场和相同产业内的两个生产率不同的企业，其相对收益仅仅取决于它们的生产率水平：

$$r_{id}(\varphi'') = (\varphi''/\varphi')^{\sigma-1} r_{id}(\varphi') \tag{6}$$

在出口市场上，企业的收益决定与国内市场相似，因为在国内市场和国外市场制定相同的价格，企业在国内和国外两个市场的相对收益将取决于两国的相对规模 $\frac{R^E}{R^H}$ 和相对价格指数 $\frac{P_i^F}{P_i^H}$，商品价格均等化使得两国的价格指数相同，即 $P_i^F = P_i^H$，因此相对收益仅依赖于两国的相对规模。

国内收益与出口收益的和就是企业获得的总收益：

$$r_i(\varphi) = r_{id}(\varphi) + r_{ix}(\varphi) = \left(1 + \frac{R^F}{R^H}\right) r_{id}(\varphi) \tag{7}$$

均衡时企业获得的利润为：

$$\pi_i(\varphi) = \frac{r_i(\varphi)}{\sigma} - f_i(w_S^H)^{\beta_i}(w_L^H)^{1-\beta_i} \tag{8}$$

企业要想进入某个产业，必须支付固定进入成本，固定成本同样使用两种要素，并且与生产阶段的要素密集度相同，产业进入沉没成本表示为：

$$f_{ei}(w_S^H)^{\beta_i}(w_L^H)^{1-\beta_i}, f_{ei} > 0 \tag{9}$$

企业付出进入产业的沉没成本后，从分布 $g(\varphi)$ 中获得生

产率 φ，假设在不同产业间和国家间 $g(\varphi)$ 是相同的。企业在每个时期都面临着由不可抗力引起的退出概率 δ。获得生产率 φ 的企业要想继续在产业内生产，则必须满足利润至少为零，即收益与固定生产成本相等，在每个产业内都有一个零利润生产率临界值 φ_i^*：

$$r_i(\varphi_i^*) = \sigma f_i (w_S)^{\beta_i} (w_L)^{1-\beta_i} \tag{10}$$

那些获得的生产率不低于 φ_i^* 的企业将留在产业内生产，那些获得的生产率低于 φ_i^* 的企业将立即退出。在后一种情况下厂商价值为零，在前一种情况下，厂商价值为由 δ 贴现的未来利润流：

$$
\begin{aligned}
v_i(\varphi) &= \max\left\{0, \sum_{t=0}^{\infty} (1-\delta)^t \pi_i(\varphi)\right\} \\
&= \max\left\{0, \frac{\pi_i(\varphi)}{\delta}\right\}
\end{aligned}
\tag{11}
$$

生产率的事后分布 $\mu_i(\varphi)$ 以成功进入为条件，并且被零利润生产率临界值 φ_i^* 截断：

$$
\mu_i(\varphi) = \begin{cases} \dfrac{g(\varphi)}{1 - G(\varphi_i^*)} & if \varphi \geq \varphi_i^* \\ 0 & otherwise \end{cases}
\tag{12}
$$

其中，$G(\varphi)$ 是 $g(\varphi)$ 的累积分布函数，$1 - G(\varphi_i^*)$ 是企业成功进入一个产业的事前概率。

对于潜在进入者来说，竞争边缘是无限的，两个产业内各种产品的产出在均衡时大于零，那么进入的预期价值 V_i 等于进入的沉没成本。V_i 是成功进入的事前概率与直到退出的预期利润的乘积，那么自由进入条件表示如下：

$$V_i = \frac{[1 - G(\varphi_i^*)]\,\overline{\pi_i}}{\delta} = f_{ei}(w_S)^{\beta_i}(w_L)^{1-\beta_i} \tag{13}$$

其中，$\overline{\pi_i}$ 是成功进入企业的平均利润。在每个市场上，收益和利润在均衡时都是生产率的不变弹性函数，因此平均收益等于拥有加权平均生产率水平的那个企业的收益，平均利润等于拥有加权平均生产率水平的那个企业的利润，即有 $\overline{r_i} = r_i(\tilde{\varphi}_i)$，$\overline{\pi_i} = \pi_i(\tilde{\varphi}_i)$。加权平均生产率水平由事后生产率分布和零利润生产率临界值决定：

$$\tilde{\varphi}_i(\varphi^*) = \left[\frac{1}{1 - G(\varphi^*)}\int_{\varphi^*}^{\infty}\varphi^{\sigma-1}g(\varphi)\,d\varphi\right]^{\frac{1}{\sigma-1}} \tag{14}$$

可以把自由进入条件写为一个更简便的形式。由均衡定价条件知，收益在拥有加权平均生产率的企业和拥有零利润生产率的企业之间是成比例的，即：

$$r_i(\tilde{\varphi}_i) = (\tilde{\varphi}_i/\varphi_i^*)^{\sigma-1}r_i(\varphi_i^*) \tag{15}$$

又 $r_i(\varphi_i^*) = \sigma f_i(w_S)^{\beta_i}(w_L)^{1-\beta_i}$，再加上对加权平均生产率的定义，可以用零利润生产率临界值和模型参数把自由进入条件改写为：

$$V_i = \frac{f_i}{\delta}\int_{\varphi_i^*}^{\infty}\left[\left(\frac{\varphi}{\varphi_i^*}\right)^{\sigma-1} - 1\right]g(\varphi)\,d\varphi = f_{ei} \tag{16}$$

改写后的自由进入条件显示，零利润生产率临界值随企业退出概率 δ 的增加而下降，随固定生产成本增加而增加。当 δ 增大时降低了进入者的数量，增加了事后概率，因此使较低生产率的企业得以生存。当固定生产成本增加时，企业为了赚取足够收益来补偿固定生产成本，必须要获得一个更高的生产率水平。

在达到稳态均衡时，在每个时期有不变数量的企业进入，

记为 M_{ei}，同时在产业内有不变数量的企业在从事生产，记为 M_i，那么在均衡时，成功进入的企业数量必然等于退出的企业数量，于是有：

$$[1 - G(\varphi_i^*)]M_{ei} = \delta M_i \tag{17}$$

因为是自由贸易，所有企业都出口，并且企业在国内市场和国外市场的定价相同，因此产业价格指数在国家间是相同的，$P_i^F = P_i^H$。企业均衡定价条件显示产品定价与生产率呈反方向变动，价格指数是由拥有不同生产率的企业制定的价格的加权平均，鉴于此，可以把价格指数写为在国内生产的企业数量乘以拥有加权平均生产率企业的定价，再加上在国外生产的企业数量乘以拥有加权平均生产率企业的定价，如下：

$$P_i = P_i^F = P_i^H = [M_i^H p_i^H (\tilde{\varphi}_i^H)^{1-\sigma} + M_i^F p_i^F (\tilde{\varphi}_i^F)^{1-\sigma}]^{\frac{1}{1-\sigma}} \tag{18}$$

如果在两个国家生产的企业数量越大，并且拥有加权平均生产率的企业的定价越低，那么产业价格指数的值就会越低。

均衡时，世界范围内实现产品市场出清，一种产品在世界总产出中的份额等于在世界总支出中的份额，即：

$$\frac{R_1^H + R_1^F}{R^H + R^F} = \alpha_1 = \alpha \tag{19}$$

（二）自由贸易均衡的性质

在自由贸易下，所有企业都成为出口商，对每个企业来说，尽管生产率水平不同，但开放的影响是对称的，都面临出口市场需求的增加和来自国内市场需求的减少。因为国家之间按照比较优势进行专业化分工，在本国每个产业内从事生产的企业数量 M_i 都将发生变化，这进一步改变了在每个生产率水平上从事生产的企业数量 $\mu_i(\varphi_i) M_i$，$\mu_i(\varphi_i)$ 为事后生产率分布。因为开放对所有企业的影响是对称的，所以从封闭到开

放，零利润生产率临界值和平均产业生产率水平都没有发生
变化。

三　有成本的贸易

（一）有成本贸易条件下的均衡

完全无成本的贸易是不存在的，很多实证研究都认为进入
国外市场需要支付一定成本（Roberts and Tybout，1997；Bernard and Jensen，2004）。这些成本包括固定贸易成本和可变贸
易成本，固定贸易成本指获取国外市场信息、制定市场开拓的
战略和建立销售渠道等，假设固定贸易成本要同时耗费两种要
素，并且两种要素的密集度与生产阶段相同。可变贸易成本指
运输成本和贸易壁垒，假设可变贸易成本是冰山形式的运输成
本，表示为 $\tau_i > 1$，意味着要出口 1 单位产品到国外必须要装
运 τ_i 单位才可以。出口成本存在意味着在均衡时某些企业可能
不选择出口。

在均衡时，利润最大化的定价规律仍然是边际成本上的固
定加成，由于存在可变贸易成本，出口价格是国内价格的固定
倍数，表示为：

$$p_{ix}^{H}(\varphi) = \tau_i p_{id}^{H}(\varphi) = \frac{\tau_i (w_S^H)^{\beta_i} (w_L^H)^{1-\beta_i}}{\rho \varphi} \tag{20}$$

根据定价规律，在国外市场的均衡收益与国内市场成比
例。由于国内外市场的定价不同，出口市场的相对收益受可变
贸易成本影响。另外，由于企业在国内外市场的定价不同以及
出口商和非出口商的同时存在，两国的产业价格指数是不相等
的，此时出口市场的相对收益也受到相对价格指数的影响。
因此：

$$r_{ix}^H(\varphi) = \tau_i^{1-\sigma} \left(\frac{P_i^F}{P_i^H}\right)^{\sigma-1} \left(\frac{R^F}{R^H}\right) r_{id}^H(\varphi) \qquad (21)$$

因此，企业国内收益和国外收益的差异随着国家和产业的变化而变化。本国企业的总收益为：

$$r_i^H(\varphi) = \begin{cases} r_{id}^H(\varphi), \text{如果只供应国内市场} \\ r_{id}^H(\varphi)\left[1 + \tau_i^{1-\sigma}\left(\frac{P_i^F}{P_i^H}\right)^{\sigma-1}\left(\frac{R^F}{R^H}\right)\right] \text{如果既供应国内} \\ \qquad\qquad\qquad\qquad\qquad\qquad\qquad\qquad\quad \text{市场也出口} \end{cases}$$
$$(22)$$

消费者的偏好是多样性的，生产存在固定生产成本，因此企业会首先在国内销售，然后再考虑是否出口，由此，企业的利润包括从国内市场销售获得的利润 $\pi_{id}^H(\varphi)$ 和从国外市场销售获得的利润 $\pi_{ix}^H(\varphi)$。将生产的整个固定成本分摊给国内市场利润，将出口固定成本分摊给出口利润，则：

$$\pi_{id}^H(\varphi) = \frac{r_{id}^H(\varphi)}{\sigma} - f_i(w_S^H)^{\beta_i}(w_L^H)^{1-\beta_i}$$

$$\pi_{ix}^H(\varphi) = \frac{r_{ix}^H(\varphi)}{\sigma} - f_{ix}(w_S^H)^{\beta_i}(w_L^H)^{1-\beta_i} \qquad (23)$$

如果 $\pi_{ix}^H(\varphi) > 0$ 意味着这个企业既供应国内市场，也从事出口，那么企业总利润就是：

$$\pi_i^H(\varphi) = \pi_{id}^H(\varphi) + \max\{0, \pi_{ix}^H(\varphi)\} \qquad (24)$$

在支付了沉没成本进入产业之后，从分布 $g(\varphi)$ 中企业获得生产率 φ。此时，在有成本贸易下，存在两个生产率临界值，一个是零利润生产率临界值 φ_i^{*H}，获得生产率低于 φ_i^{*H} 的企业将退出该产业，高于此生产率的企业将会在国内市场销售；另一个是出口生产率临界值 φ_{ix}^{*H}，生产率高于 φ_{ix}^{*H} 的企业既在国内市场销售，也在国外市场销售。

$$r_{id}^H(\varphi_i^*) = \sigma f_i (w_S^H)^{\beta_i} (w_L^H)^{1-\beta_i}$$

$$r_{ix}^H(\varphi_{ix}^*) = \sigma f_{ix} (w_S^H)^{\beta_i} (w_L^H)^{1-\beta_i} \qquad (25)$$

合并这两个方程,就能得到一个表示零利润生产率水平的企业和处于出口生产率临界值水平的企业之间收益关系的方程。另外,结合在相同市场、相同产业内的两个生产率不同的企业,其收益仅取决于其生产率之比:$r_i(\varphi'')/r_i(\varphi') = (\varphi''/\varphi')^{\sigma-1}$,以及出口市场与国内市场收益的关系(方程21),即可得到两个生产率临界值 φ_i^* 和 φ_{ix}^* 之间的关系:

$$\varphi_{ix}^{*H} = \Lambda_i^H \varphi_i^{*H},\ 其中,\ \Lambda_i^H = \tau_i \left(\frac{P_i^H}{P_i^F}\right)^{\sigma-1} \left(\frac{R^H}{R^F}\frac{f_{ix}}{f_i}\right)^{\frac{1}{\sigma-1}} \qquad (26)$$

当出口固定成本 f_{ix} 相对于生产固定成本 f_i 比较大时、国外价格指数 P_i^F 相对于国内价格指数 P_i^H 比较低时、国外市场 R^F 相对于国内市场 R^H 比较小时,出口生产率临界值要高于零利润生产率临界值,也就是只有一小部分企业会出口。因为在这些情况下,为了弥补出口固定成本,只有拥有高生产率,企业才能从市场规模相对比较小、竞争程度比较高的国外市场获得高收益。另外,可变贸易成本 τ_i 越高,出口生产率临界值就会越高,因为 τ_i 增加会使国外市场的价格提高、收益降低。

当 $\Lambda_i > 1$ 时,意味着存在出口的自我选择效应,只有效率最高的企业才能出口。在每个时期,有 M_{ei}^H 数量的企业进入产业内,一部分企业 $G(\varphi_i^{*H})$ 因为获得了非常低的生产率,收益无法弥补生产的固定成本而立即退出;一部分企业 $[G(\varphi_{ix}^{*H}) - G(\varphi_i^{*H})]$ 获得了中间生产率水平,它们的收益能够弥补固定生产成本,但是不能够弥补出口固定成本,因此只在国内市场销售;还有一部分企业 $G(\varphi_{ix}^{*H})$ 获得的生产率水平最高,它们既在国内市场销售，也在国外市场销售。

$1 - G(\varphi_i^*)$ 是企业成功进入产业 i 的事前概率，那么企业成功进入出口市场的事前概率表示为：

$$\chi_i^H = \frac{1 - G(\varphi_{ix}^{*H})}{1 - G(\varphi_i^{*H})} \qquad (27)$$

仍然假设在均衡时两个产业的产出都为正，进入的期望值 V_i 等于进入的沉没成本。此时进入的期望值包括两部分：

$$V_i = \frac{[1 - G(\varphi_i^*)]}{\delta} (\bar{\pi}_{id}^H + \chi_i^H \bar{\pi}_{ix}^H) = f_{ei}(w_S)^{\beta_i}(w_L)^{1-\beta_i} \qquad (28)$$

拥有加权平均生产率的企业获得的利润就是每个市场上的平均利润，$\bar{\pi}_{id}^H = \pi_{id}^H(\tilde{\varphi}_i^H)$、$\bar{\pi}_{ix}^H = \pi_{ix}^H(\tilde{\varphi}_{ix}^H)$。因为较低生产率的企业不出口，因此出口市场比国内市场上的加权平均生产率水平要高。像在自由贸易条件下那样，可以用两个生产率临界值和模型参数把自由进入条件改写为：

$$V_i^H = \frac{f_i}{\delta} \int_{\varphi_i^{*H}}^{\infty} \left[\left(\frac{\varphi}{\varphi_i^{*H}} \right)^{\sigma-1} - 1 \right] g(\varphi) d\varphi +$$

$$\frac{f_{ix}}{\delta} \int_{\varphi_{ix}^{*H}}^{\infty} \left[\left(\frac{\varphi}{\varphi_{ix}^{*H}} \right)^{\sigma-1} - 1 \right] g(\varphi) d\varphi = f_{ei} \qquad (29)$$

在稳态均衡时，成功进入产业的企业数量等于退出产业的企业数量。根据均衡定价定律，产业价格指数可以写为如下形式：

$$P_i^H = \left[M_i^H p_{id}^H (\tilde{\varphi}_i^H)^{1-\sigma} + \chi_i^F M_i^F \tau_i p_{id}^F (\tilde{\varphi}_{ix}^F)^{1-\sigma} \right]^{\frac{1}{1-\sigma}} \qquad (30)$$

此时，产业价格指数随国家变化，因为国家之间在国内和国外企业数量、国内价格和出口价格、出口企业比例等方面都存在差异。

在均衡时，国内和国外对国内某一产业的支出总和等于国内这一产业的总产值 R_i^H：

$$R_i^H = \alpha_i R^H M_i^H \left[\frac{p_{id}^H(\tilde{\varphi}_i^H)}{P_i^H} \right]^{1-\sigma} + \alpha_i R^F \chi_i^H M_i^H \left[\frac{\tau_i p_{id}^H(\tilde{\varphi}_{ix}^H)}{P_i^F} \right]^{1-\sigma} \quad (31)$$

式（31）的右边第一项表示对本国产品的国内支出，第二项表示国外对本国产品的支出，这两项的主要区别是在国内生产的产品中只有一部分出口到国外市场，国内生产商在国外市场的定价高于国内市场，出口市场的加权平均生产率水平高于国内市场。

（二）有成本贸易均衡的性质

由于贸易是有成本的，不是所有企业都能从出口中有利可图，贸易对出口商和非出口商的影响产生差别。从封闭到开放到有成本的贸易，拥有更高效率的出口企业利润增加，这增加了进入每个产业的预期价值，这又进一步使进入企业增加，从而增加了产业内竞争的程度，降低了仅在国内销售的那些低生产率企业的事后利润，因为不能获得足够高的收益以弥补固定生产成本，有些企业选择退出生产，结果零利润生产率临界值和产业平均生产率都提高了。

贸易对比较优势产业和比较劣势产业的影响也是有差别的。在比较优势产业内，出口利润与国内利润的差别比比较劣势产业更大，拥有高生产率企业的事后利润增加更多，从而更多企业进入比较优势产业，结果是比较优势产业的零利润生产率临界值和产业平均生产率相比比较劣势企业有了更大提高。

在有成本的贸易下，贸易对出口企业和非出口企业、比较优势产业和比较劣势产业的影响是不对称的，这使得两个产业的出口生产率临界值存在差异。假设所有企业的固定成本都相同,所以两个产业内企业的零利润生产率临界值相同,即 $\varphi_1^* = \varphi_2^* = \varphi^*$。因为产业 1 是本国优势产业,所以有 $P_1^H < P_1^F$;而产业 2 是本国劣势产业,因此有 $P_2^H > P_2^F$。另外,τ_i 及 f_{ix} 对所有企业都相同,所以有:

$$\frac{\Lambda_1^H}{\Lambda_2^H} = \left(\frac{P_1^H/P_1^F}{P_2^H/P_2^F}\right)^{\sigma-1} < 1 \text{,因此有:} \varphi_{1x}^{*H} < \varphi_{2x}^{*H} \quad (32)$$

即:在均衡时,比较优势产业的出口生产率临界值低于比较劣势产业的出口生产率临界值。

假设在均衡时,两个产业内各有 M 家企业进行生产,即 $M_1 = M_2 = M$,因为 $\varphi_{1x}^{*H} < \varphi_{2x}^{*H}$,$G(\varphi)$ 是递增的,且 $\varphi_1^* = \varphi_2^* = \varphi^*$,以 χ_1^H、χ_2^H 分别表示两个产业的企业成功进入国际市场的概率,则有:

$$\chi_1^H M = \frac{1 - G(\varphi_{1x}^{*H})}{1 - G(\varphi^{*H})} M > \frac{1 - G(\varphi_{2x}^{*H})}{1 - G(\varphi^{*H})} M = \chi_2^H M \quad (33)$$

即:均衡时比较优势产业内出口企业的数量大于比较劣势产业内出口企业的数量。

四 出口生产率悖论

当出口企业的生产率低于内销企业时,就意味着出现了出口"生产率悖论",本节要证明的是在有成本的贸易下,比较优势产业比比较劣势产业更容易出现悖论。

(一)"二元选择优势"与出口生产率悖论

命题 1:比较优势部门凭借其"低边际生产成本—高生产率二元选择优势"出现出口生产率悖论的概率比较大,比较劣势部门出现出口生产率悖论的概率比较小。

根据比较优势理论,国际贸易的根源在于国与国之间的相对价格差异①。设想两个企业 h 和 f 分别位于本国 H 和外国 F 的产业 1 内部，并且生产的产品是无差别的。产业 1 是本国的比较优势产业，是外国的比较劣势产业。企业 h 要想成功成为出口商，则必须制定比企业 f 更低的价格，即满足 $p_h(\varphi_h) < p_f(\varphi_f)$。企业 h 在定价时还要考虑到可变贸易成本，所以企业 h 和 f 的均衡定价策略分别为：

$$p_h(\varphi_h) = \frac{\tau_i \, (w_S^H)^{\beta_i} \, (w_L^H)^{1-\beta_i}}{\rho \varphi_h}$$

$$p_f(\varphi_f) = \frac{(w_S^F)^{\beta_i} \, (w_L^F)^{1-\beta_i}}{\rho \varphi_f} \qquad (34)$$

根据均衡定价规律，企业 h 要想成功成为出口商，它有两种选择：拥有较低的生产边际成本或者拥有较高的生产率。这两种选择对于位居比较优势产业内的 h 来说都是可以实现的。

首先，企业 h 可以凭借低成本进入国外市场。比较优势部门是密集使用本国丰富要素的部门，本国丰富要素的相对价格较低，从而使企业 h 的生产的边际成本 MC 较低，即有：

$$MC_h < MC_f$$

为简化分析，假设两个企业拥有相同的生产率，即 $\varphi_h = \varphi_f = \varphi$，当企业 h 的边际成本足够低，足以抵消可变贸易成本 τ 的影响时，便可能有：$\tau_i \, (w_S^H)^{\beta_i} \, (w_L^H)^{1-\beta_i} < (w_S^F)^{\beta_i} \, (w_L^F)^{1-\beta_i}$，从而 $p_h(\varphi) < p_f(\varphi)$，于是企业 h 凭借低生产成本形成的低价格成功进入国外市场。

其次，企业 h 可以凭借高生产率进入国外市场。同样为了

---

① 比较优势理论对市场条件的假设前提是市场是完全竞争的，而 Bernard et al.（2007）假设市场是完全竞争的，为简化分析，本书此处主要考虑价格差异引起的国际贸易，因此市场是完全竞争的。

简化分析，假设两个企业生产的边际成本相同，即：$(w_S^H)^{\beta_i}$ $(w_L^H)^{1-\beta_i} = (w_S^F)^{\beta_i}(w_L^F)^{1-\beta_i}$，此时如果企业 h 在进入产业后获得了一个相当高的生产率水平 φ_h，使得 $\varphi_h > \varphi_f$，如果 φ_h 足够高，能够克服可变贸易成本的影响，使 $\dfrac{\tau_i}{\varphi_h} < \dfrac{1}{\varphi_f}$，那么就有 $p_h(\varphi_h) < p_f(\varphi_f)$，从而企业 h 凭借高生产率成功进入国外市场。

以上分析说明，居于比较优势部门的企业既可以像异质性企业贸易理论所论证的那样凭借较高的生产率形成的低价格克服出口成本从而成功成为出口商，也可以凭借低生产的边际成本形成的低价格优势克服出口成本成功成为出口商，本文将比较优势部门内的企业具有的这种特质称为"低边际生产成本—高生产率二元选择优势"，也就是这些企业只满足低成本或者高生产率其中之一就可以成功出口。

在本国比较优势产业内，将异质性企业贸易理论下的出口生产率临界值记为 φ_{ix}^*，φ_{ix}^* 就是将本节所讨论的凭借高生产率成为出口商的生产率临界值，将本节所讨论的凭借低成本优势成为出口商的生产率临界值记为 φ_{cx}^*，那么有 $\varphi_{ix}^* > \varphi_{cx}^*$。图 5.1 显示了几种生产率临界值的关系。$\varphi_{cx}^*$ 处于 φ_{ix}^* 与 φ_i^* 之间，但是由于企业凭低成本进入国外市场时，生产率不再是决定企业是否出口的因素，所以无从确定 φ_{cx}^* 的具体位置。

当 φ_{cx}^* 无限靠近 φ_i^*，并且以低边际生产成本优势进入国外市场的企业在总出口企业中占主导地位时，比较优势部门内便可能出现出口中的"自我选择悖论"，即出口企业的平均生产率水平比内销企业低。

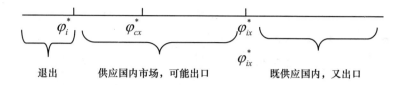

图 5.1 几种生产率临界值的关系

资料来源：作者绘制。

而处于比较劣势部门中的企业不具备"低边际生产成本—高生产率二元选择优势"这种特质，这可以从对外国企业 f 的讨论中得到证实。已知企业 f 位于 F 国的比较劣势产业中，假如它想在 H 国销售，则它的产品价格要与企业 h 在国内市场的价格进行比较，此时两个企业的定价策略就是：

$$p_h(\varphi_h) = \frac{(w_S^H)^{\beta_i} (w_L^H)^{1-\beta_i}}{\rho\varphi_h}$$

$$p_f(\varphi_f) = \frac{\tau_i (w_S^F)^{\beta_i} (w_L^F)^{1-\beta_i}}{\rho\varphi_f} \qquad (35)$$

只有实现 $p_f(\varphi_f) < p_h(\varphi_h)$，企业 f 才能在 H 国销售产品。由于企业 f 位于本国的比较劣势部门内，密集使用本国价格相对较高的稀缺要素，边际生产成本高于企业 h，又加上可变贸易成本的影响，进一步增加了将产品销售到 H 国的边际成本。在这种情况下，企业 f 只有凭借更高的生产率才能抵消高边际成本和可变贸易成本的影响，实现 $p_f(\varphi_f) < p_h(\varphi_h)$。因此，位于比较劣势部门内的企业只能依靠高生产率形成的单一优势进入国外市场，所以在比较劣势部门出现"生产率悖论"的概率大大降低。

在一国总出口中是否出现生产率悖论取决于比较优势产业的"悖论"和比较劣势产业的"非悖论"的比较，当在比较优势产业中形成的"悖论"占据主导地位时，在总出口中就形成了"生产率悖论"。

（二）出口固定成本与出口生产率悖论

命题2：比较优势产业内的企业出口倾向越高，则越有可能出现出口生产率悖论。

很多实证研究都显示出口存在固定成本，异质性企业贸易理论假设出口固定成本是外生的，并且所有企业在出口时都面临相同的出口固定成本，而实际上出口固定成本不是一成不变的，并且在产业间和企业间可能差异很大。当出口固定成本比较低时，企业不需要从出口市场获得特别高的收益就能弥补出口固定成本，获得正利润，这样就降低了对出口企业高生产率的要求，可能出现出口"生产率悖论"。

出口固定成本包括搜寻出口市场信息、制定开拓市场战略和建立销售渠道等成本，它受以下几种因素的影响：第一，企业进入国外市场的时间。在企业进入国外市场的初始期，面临高额的固定贸易成本，随着出口时间延长，对国外市场逐渐熟悉，各种分销渠道逐步建立，出口固定成本随之逐渐下降。第二，要素价格。假设出口固定成本需要投入与生产过程相同的要素，并且要素密集度与生产阶段相同，那么要素价格也成为影响出口固定成本的重要因素，要素价格越高则出口固定成本越高。第三，同行业内出口企业的数量。同行业内出口企业的数量越多，反馈到国内的相关国外信息越多，出口固定成本越低。因此，可以把出口固定成本 f_{ix} 表示为出口时间、要素价格和行业内出口企业数量的函数：

$$f_{ix} = f(\underset{-}{t}, \underset{+}{w_S}, \underset{+}{w_L}, \underset{-}{M_{ix}}) \tag{36}$$

下标"–"表示 f_{ix} 随出口时间和行业内出口企业数量递减，下标"+"表示 f_{ix} 随技术劳动工资和非技术劳动工资递增。这些影响出口固定成本的因素在比较优势部门和比较劣势部门有不同表现。

首先，一国的比较优势产业往往是率先走出国门、进入国外市场的行业，与比较劣势产业相比，从事出口的时间更长。其次，比较优势产业是密集使用本国丰富要素的产业，边际出口固定成本更低。再次，比较优势产业是本国出口的主要力量，由于出口规模相对较大，在国内可能由政府或行业协会提供专门的国外需求信息平台，减少了出口商搜寻客户信息的成本。最后，比较优势产业内的出口企业众多，在国外众多来自本国的出口商可能形成一定规模的"本国出口商网络"以交流在国外销售的信息，这会有效降低国外部分的出口固定成本。因此，比较优势产业的出口固定成本低于比较劣势产业。

另外，有些特殊企业的出口固定成本可能非常低，比如天生外向型企业①。天生外向型企业是指那些从成立开始起其生产就面向国外市场需求的企业，这些企业的出口倾向都比较高，这些企业之所以能够"天生"供应国外市场是因为其创建者在国外市场早已建立成熟的销售网络，所以这些企业的出口固定成本接近于零。假设这类企业的出口固定成本为零，所以企业生产只需要弥补其固定生产成本即可，所以其零利润生产率临界值就是出口生产率临界值，即 $\varphi_x^* = \varphi^*$，成功进入

---

① 也有文献将这类企业称为"纯出口企业"，如戴觅和余淼杰（2011）、高宇（2014）等，他们的研究表明出口生产率悖论主要是由于纯出口企业导致的。

出口市场的概率 $\frac{1 - G(\varphi_{ix}^{*H})}{1 - G(\varphi_i^{*H})} = 1$，即所有的企业无论生产率水平 φ 取何值都可以成为出口企业。而内向型企业其生产主要供应国内需求，要在国外销售需要花费较多的进入成本。因此，天生外向型企业的出口固定成本低于内向型企业的出口固定成本。

考虑在本国的比较优势产业内聚集了大量的天生外向型企业，一方面比较优势产业本身有较低的固定出口成本，这使得内向型企业的出口生产率临界值下降；另一方面天生外向型企业其生产率水平 φ 无论取何值都成为出口企业。如果天生外向型企业的生产率水平较低，则降低了总体出口生产率水平，在比较优势部门便出现了出口生产率悖论。

而在本国的比较劣势部门即便聚集了较多的天生外向型企业，因为产业本身没有提供减少固定出口成本的机会，所以出现生产率悖论的可能性大大降低。

第三节　比较优势、异质性企业与出口生产率悖论：多部门模型

Bernard et al.（2007）的模型是两部门模型，Kamata（2010a）将 Bernard et al.（2007）的模型扩展至多部门，研究了一国的比较优势如何影响出口企业的比例，Kamata（2010b）运用 Kamata（2010a）的模型研究了要素比例如何决定出口产品种类。本节将在这些模型基础上，研究在多个部门条件下比较优势对异质性企业出口的影响。

一 比较优势与部门出口商的比例

在一国内部，出口商在厂商中所占的比例因产业不同而呈现显著差异。在美国，电气设备行业中49%的企业出口，而石材、黏土及玻璃制品业中仅有13%的企业出口，而这两个行业中企业的总数是基本相当的。出口商比例的差异在不同国家的相同产业部门同样存在，例如，印度的服装行业中54%的企业是出口企业，而美国的服装行业中仅有12%的企业出口。显然，不同部门出口商的比例可能因国家不同而不同，要分析这一问题，国家特征和行业特征必须同时考虑在内。

假设世界上有两个国家（本国以 H 表示，外国以 F 表示）、两种要素（熟练劳动 S 和非熟练劳动 U）和 N（$N > 2$）个产业部门，在每个产业内有连续的异质性企业。假设本国是熟练劳动丰富的国家，外国是非熟练劳动丰富的国家，即存在：$\dfrac{\bar{S}^H}{\bar{U}^H} > \dfrac{\bar{S}^F}{\bar{U}^F}$，$\bar{S}^H(\bar{U}^H)$、$\bar{S}^F(\bar{U}^F)$ 分别表示本国和外国所拥有的熟练劳动（非熟练劳动）总量，并且假设要素禀赋总量保持恒定不变。

1. 消费

代表性消费者对 N 个部门拥有 Cobb-Douglas 偏好，服从上层效应函数：$U = C_1^{\alpha_1} C_2^{\alpha_2} \cdots C_N^{\alpha_N}$，$\displaystyle\sum_{i=1}^{N} \alpha_i = 1$ （1）

其中，C_i 表示产业 i 的消费指数。代表性消费者消费每个产业中可得到的所有种类的产品。产业消费指数 C_i 采取 CES 形式：

$$C_i = \left[\int_{\omega \in \Omega_i} q_\omega^\rho d\omega \right]^{\frac{1}{\rho}} \tag{2}$$

其中，ω 代表产业内的产品种类，Ω_i 代表产业 i 的产品集合，q_ω 代表每种产品的消费数量。产业 i 的商品价格指数 P_i 表示为：

$$P_i = \left[\int_{\omega \in \Omega_i} p_{i,\omega}^{1-\sigma} d\omega \right]^{\frac{1}{1-\sigma}} \tag{3}$$

其中，$\sigma = \dfrac{1}{1-\rho} > 1$ 表示产品间的不变替代弹性。

2. 生产

假设每个企业生产一种产品，企业生产成本包括固定成本和可变成本，每个国家每个产业内的所有企业的固定成本都相等，可变成本因企业的生产率 $\varphi \in (0, \infty)$，那么位于产业 i 内的企业 ω 的成本函数为：

$$\Gamma_{i,\omega}^H = \left[f_i + \frac{q_{i,\omega}}{\varphi_{i,\omega}} \right] (s^H)^{\beta_i} (w^H)^{1-\beta_i}$$

$$\Gamma_{i,\omega}^F = \left[f_i + \frac{q_{i,\omega}}{\varphi_{i,\omega}} \right] (s^F)^{\beta_i} (w^F)^{1-\beta_i} \tag{4}$$

其中，s 为对熟练劳动支付的工资，w 为对于非熟练劳动支付的工资。根据熟练劳动投入比例 β_i 对 N 个产业进行排序，因此产业 i 的 i 越大表示该产业投入的熟练劳动比例越大。假设要素投入比例不因国家和企业而改变。

在 Dixit-Stiglitz 偏好假设下，企业的最优定价为在边际成本上的一个固定加成，即：

$$p_{i,\omega}^H(\varphi_{i,\omega}) = \frac{(s^H)^{\beta_i} (w^H)^{1-\beta_i}}{\rho \varphi_{i,\omega}} \tag{5}$$

企业从国内销售中获得的收益为：

$$r_{i,\omega}^{H}(\varphi_{i,\omega}) = \alpha_i Y^{H} \left[\frac{(s^{H})^{\beta_i} (w^{H})^{1-\beta_i}}{\rho \varphi_{i,\omega} P_i^{H}} \right]^{1-\sigma} \tag{6}$$

其中，Y^{H} 为国民总收入。企业利润等于收益减去生产成本：

$$\pi_{i,\omega}^{H}(\varphi_{i,\omega}) = \frac{r_{i,\omega}^{H}(\varphi_{i,\omega})}{\sigma} - f_i (s^{H})^{\beta_i} (w^{H})^{1-\beta_i} \tag{7}$$

3. 封闭条件下的均衡

要进入国内市场，企业需要首先支付一个沉没进入成本，进入之后从分布 $G(\varphi)$ 中随机获得自己的生产率水平 φ。进入沉没成本取决于两种要素的价格，采取以下形式：

$$f_{ei} (s^{H})^{\beta_i} (w^{H})^{1-\beta_i}, f_{ei} > 0 \tag{8}$$

企业进入产业并且获得生产率后，如果察觉到生产率水平过低，只能获得负利润，那么企业将会退出这一产业。在国内进行生产的最低生产率水平表示为零利润条件：

$$r_i^{H}(\varphi_i^{*H}) = \sigma f_i (s^{H})^{\beta_i} (w^{H})^{1-\beta_i} \tag{9}$$

在产业 i 内，生产率大于等于 φ_i^{*H} 的企业将继续生产，而生产率低于 φ_i^{*H} 的企业将退出产业。

企业价值由未来利润流的贴现值决定，表示为：

$$v_{i,\omega}^{H}(\varphi_{i,\omega}) = \max\left\{0, \sum_{t=0}^{\infty} (1-\delta)^t \pi_{i,\omega}^{H}(\varphi_{i,\omega})\right\} =$$
$$\max\left\{0, \frac{\pi_{i,\omega}^{H}(\varphi_{i,\omega})}{\delta}\right\} \tag{10}$$

δ 表示企业在每个时期消亡的外生概率，$\delta < 1$。长期均衡时，企业进入的期望价值与进入沉没成本相等。自由进入条件为：

$$V_{i,\omega}^{H} = [1 - G(\varphi_i^{*H})] \frac{\bar{\pi}_i^{H}}{\delta} = f_{ei} (s^{H})^{\beta_i} (w^{H})^{1-\beta_i} \tag{11}$$

其中，$\bar{\pi}_i^H$ 表示成功进入产业 i 的企业在每个时期的期望未来利润。也就是 $\bar{\pi}_i^H = \bar{\pi}_i^H(\bar{\varphi}_i^\Lambda)$，$\bar{\varphi}_i^\Lambda$ 是产业 i 内成功进入企业的平均生产率。

结合式（9）的零利润条件和（11）式自由进入条件，决定零利润生产率临界值 φ_i^{*H} 的等式为：

$$\frac{f_i}{\delta} \int_{\varphi_i^{*H}}^{\infty} \left[\left(\frac{\varphi}{\varphi_i^{*H}} \right)^{\sigma-1} - 1 \right] g(\varphi) d\varphi = f_{ei} \qquad (12)$$

$g(\cdot) = G'(\cdot)$ 是 φ 的公共密度函数（the common density function）。等式左边随 φ_i^{*H} 的增加单调递减，因为等式右边是常数，所以 φ_i^{*H} 具有唯一解。

4. 出口

企业要想出口必须每年都付出出口沉没成本，出口沉没成本由要素价格决定，其形式与进入产业的固定沉没成本类似，$f_{xi}(s^H)^{\beta_i}(w^H)^{1-\beta_i}, f_{xi} > 0$。国际贸易中存在冰山运输成本，所运输货物中只有 $1/\tau_i(\tau_i > 1)$ 到达进口国。

企业 ω 的最优出口价格是在边际生产成本和冰山运输成本上的固定加成（$1/\rho$），表示为：

$$p_{xi,\omega}^H(\varphi) \equiv \tau_i \cdot p_{i,\omega}^H(\varphi) = \frac{\tau_i(s^H)^{\beta_i}(w^H)^{1-\beta_i}}{\rho \varphi_{i,\omega}} \qquad (13)$$

相应地，企业从国外市场获得的出口收益为：

$$r_{xi,\omega}^H(\varphi_{i,\omega}) = \alpha_i Y^H \left[\frac{\tau_i(s^H)^{\beta_i}(w^H)^{1-\beta_i}}{\rho \varphi_{i,\omega} P_i^F} \right]^{1-\sigma} \qquad (14)$$

企业依据其生产率选择要么只在国内市场销售，要么既在国内市场也出口，企业的全部收益为：

$$r_{i,\omega,total}^H(\varphi) = r_{i,\omega}^H(\varphi)，企业仅在国内市场销售$$

$r_{i,\omega,total}^{H}(\varphi) = r_{i,\omega}^{H}(\varphi) + r_{xi,\omega}^{H}(\varphi)$ ，企业不仅供应国内市场，而且出口

企业利润现在也由两部分构成：

$$\pi_{i,\omega,total}^{H}(\varphi) = \pi_{i,\omega}^{H}(\varphi) + \max\{0, \pi_{xi,\omega}^{H}(\varphi)\} \tag{15}$$

其中，$\pi_{i,\omega}^{H}(\varphi) = \dfrac{r_{i,\omega}^{H}(\varphi)}{\sigma} - f_i(s^H)^{\beta^i}(w^H)^{1-\beta_i}$

$$\pi_{xi,\omega}^{H}(\varphi) = \dfrac{r_{xi,\omega}^{H}(\varphi)}{\sigma} - f_{xi}(s^H)^{\beta^i}(w^H)^{1-\beta_i}$$

零利润条件也包括了两重含义，国内生产的零利润条件 φ_i^{*H} 和出口零利润条件 φ_{xi}^{*H}，这两个零利润条件表示如下：

$$r_i^H(\varphi_i^{*H}) = \sigma f_i(s^H)^{\beta_i}(w^H)^{1-\beta_i} \tag{16}$$

$$r_{xi}^H(\varphi_{xi}^{*H}) = \sigma f_{xi}(s^H)^{\beta_i}(w^H)^{1-\beta_i} \tag{17}$$

等式（16）和等式（17）联合起来，得到两个零利润生产率临界值 φ_i^{*H} 和 φ_{xi}^{*H} 的关系：

$$\varphi_{xi}^{*H} = \Lambda_i^H \cdot \varphi_i^{*H} \tag{18}$$

$$\varphi_{xi}^{*F} = \Lambda_i^F \cdot \varphi_i^{*F} \tag{19}$$

其中，$\Lambda_i^H = \tau_i\left(\dfrac{P_i^H}{P_i^F}\right)\left(\dfrac{Y^H}{Y^F}\cdot\dfrac{f_{xi}}{f_i}\right)^{\frac{1}{\sigma-1}} > 1$ ，$\Lambda_i^F = \tau_i\left(\dfrac{P_i^F}{P_i^H}\right)\left(\dfrac{Y^F}{Y^H}\cdot\dfrac{f_{xi}}{f_i}\right)^{\frac{1}{\sigma-1}}$

> 1 。P_i^H 和 P_i^F 分别是本国和外国产业 i 的价格指数。

企业价值为：

$$v_{i,\omega}^H(\varphi_{i,\omega}) = \max\left\{0, \dfrac{\pi_{i,\omega}^H(\varphi_{i,\omega})}{\delta}\right\} + \chi_i^H\cdot\max\left\{0, \dfrac{\pi_{xi,\omega}^H(\varphi_{i,\omega})}{\delta}\right\} \tag{20}$$

其中，$\chi_i^H \equiv \dfrac{1-G(\varphi_{xi}^{*H})}{1-G(\varphi_i^{*H})}$ 是企业成功出口概率。有成本贸易下的自由进入条件为初始进入的事前期望值等于进入沉没

成本。

$$V_i^H = [1 - G(\varphi_i^{*H})] \frac{(\bar{\pi}_i^H + \chi_i^H \bar{\pi}_{xi}^H)}{\delta} = f_{ei} (s^H)^{\beta_i} (w^H)^{1-\beta_i}$$

$$(21)$$

其中，$\bar{\pi}_i^H \equiv \pi_i^H(\bar{\varphi}_i^H)$ 是国内市场销售获得的平均利润，$\bar{\pi}_{ix}^H \equiv \pi_{xi}^H(\bar{\varphi}_{xi}^H)$ 是从国外市场销售获得的平均利润。

将式（21）、式（16）和式（17）合并，得到以下等式：

$$\frac{f_i}{\delta} \int_{\varphi_i^{*H}}^{\infty} \left[\left(\frac{\varphi}{\varphi_i^{*H}} \right)^{\sigma-1} - 1 \right] g(\varphi) d\varphi + \frac{f_{xi}}{\delta} \int_{\varphi_{xi}^{*H}}^{\infty} \left[\left(\frac{\varphi}{\varphi_{xi}^{*H}} \right)^{\sigma-1} - 1 \right] \cdot$$

$$g(\varphi) d\varphi = f_{ei} \qquad (22)$$

等式左边第一项随 φ_i^{*H} 单调递减，第二项随 φ_{xi}^{*H} 单调递减，因为当 φ_i^{*H} 提高时 φ_{xi}^{*H} 也随之提高，那么等式整个左边都随 φ_i^{*H} 单调递减，等式右边是常数，因此，等式（22）对 φ_i^{*H} 和 φ_{xi}^{*H} 都有唯一解。

5. 要素价格

因为存在固定的和可变的贸易成本，要素价格均等化理论不再成立。然而，在有成本贸易达到均衡时，要素价格也会在一定程度上收敛，均衡相对要素价格居于封闭条件下和自由贸易下的要素相对价格之间。在封闭条件下，本国熟练劳动的相对工资水平较低，开放到有成本的贸易会使本国丰裕要素的相对报酬提高，从而两国相对要素价格差距缩小。

自由贸易和有成本贸易对要素价格的影响差异说明，在有贸易成本存在的条件下，贸易自由化对国家和产业的影响将随以比较优势为基础的要素投入比例而变动。从出口中获得的收益也会因国家、产业和异质性企业的不同而不同。

6. 比较优势与成功出口概率

一个国内销售企业成为出口企业的概率取决于两个生产率临界值：零利润生产率临界值 φ_i^{*H} 和出口生产率临界值 φ_{xi}^{*H}，成功出口的概率表示为：

$$\chi_i^H \equiv \frac{1 - G(\varphi_{xi}^{*H})}{1 - G(\varphi_i^{*H})} < 1$$

在均衡时，成功出口的概率与出口企业占总企业的比例是相等的，记所有企业的数量为 M_i，出口企业数量为 M_{xi}，那么有：

$$M_{xi}^H / M_i^H = \chi_i^H$$

假设 $G(\varphi)$ 服从帕累托分布，即：

$$G(\varphi_i) = 1 - \left(\frac{\underline{\varphi_i}}{\varphi_i}\right)^k, i = 1, 2, \cdots, N; k > 2\sigma \qquad (23)$$

其中，$\underline{\varphi_i}$ 是产业 i 中生产率的最小值，k 是形状参数，假设所有产业的 k 都相同，$k > 2\sigma$ 限定了生产率和企业规模是有界限的。

$$那么，\chi_i^H = \frac{1 - G(\varphi_{ix}^{*H})}{1 - G(\varphi_i^{*H})} = \frac{\left(\frac{\underline{\varphi_i}}{\varphi_i^{*H}}\right)^k}{\left(\frac{\underline{\varphi_i}}{\varphi_i^{*H}}\right)^k} = \left(\frac{\varphi_{ix}^{*H}}{\varphi_i^{*H}}\right)^k = \left(\frac{\varphi_{ix}^{*H}}{\varphi_i^{*H}}\right)^{-k}$$

$$(24)$$

N 个产业根据其柯布—道格拉斯成本函数中劳动的份额 β_i 进行排序，i 越大表示该产业的劳动密集度越高，有：$0 < \beta_1 < \beta_2 < \cdots < \beta_{N-1} < \beta_N < 1$，对于同一产业，$\beta_i$ 不随国家和企业而变动。

因为假设两国相同产业的技术水平相同，所以有 $\varphi_i^{*H} = \varphi_i^{*F}$。由于本国技术相对丰裕，所以技术劳动力的价格相对较低，非技术劳动力的价格相对较高，因此本国的比较优势在于技术密集型产品上，越密集使用技术的产品，本国的比较优势越显著。外国的情况恰好相反，在外国越密集使用劳动要素的产品比较优势越显著。因此，本国越密集使用技术的产品其价格优势越显著，于是：

$$\frac{P_N^H}{P_N^F} > \frac{P_{N-1}^H}{P_{N-1}^F} > \cdots > \frac{P_2^H}{P_2^F} > \frac{P_1^H}{P_1^F} \tag{25}$$

已知产业 i 的零利润生产率临界值 φ_i^* 和出口生产率临界值 φ_{ix}^* 之间存在如下关系：

$$\varphi_{ix}^{*H} = \Lambda_i^H \varphi_i^{*H}，其中，\Lambda_i^H = \tau_i \left(\frac{P_i^H}{P_i^F}\right)^{\sigma-1} \left(\frac{R^H f_{ix}}{R^F f_i}\right)^{\frac{1}{\sigma-1}} \tag{26}$$

假设产业间的 τ_i 及 $\frac{f_{ix}}{f_i}$ 都相同，结合式（25）及式（26）可以得出：

$$\Lambda_N^H > \Lambda_{N-1}^H > \cdots > \Lambda_2^H > \Lambda_1^H \tag{27}$$

式（27）说明一国比较优势越显著的产业部门，Λ_i 越小。结合式（25）和式（27），可以得到：

$$\frac{\varphi_{Nx}^{*H}}{\varphi_N^{*H}} > \frac{\varphi_{(N-1)x}^{*H}}{\varphi_{(N-1)}^{*H}} > \cdots > \frac{\varphi_{2x}^{*H}}{\varphi_2^{*H}} > \frac{\varphi_{1x}^{*H}}{\varphi_1^{*H}} \tag{28}$$

为了简化分析，进一步假设本国 N 个产业的零利润生产率临界值相等，即：$\varphi_1^{*H} = \varphi_2^{*H} = \cdots = \varphi_N^{*H}$，得到：

$$\varphi_{Nx}^{*H} > \varphi_{(N-1)x}^{*H} > \cdots > \varphi_{2x}^{*H} > \varphi_{1x}^{*H} \tag{29}$$

式（29）显示，当本国是技术丰富的国家且其他条件相同时，N 个要素密集度不同的部门其出口生产率临界值的大小按照技术—劳动两种要素密集程度的相同方向排序，即越密集使用本国丰富要素的产业，其出口生产率临界值越小。也就是说，本国比较优势越显著的产业其出口生产率临界值越低，本国比较劣势越显著的企业，其出口生产率临界值越高。

结合式（28）和式（24）得：

$$\chi_N^H < \chi_{N-1}^H < \cdots < \chi_2^H < \chi_1^H \tag{30}$$

式（30）说明，在本国，越密集使用技术要素的产业，产业内的企业成功成为出口商的概率越大。也就是，在一国比较优势越显著的产业内，出口商所占的比例越大。

7. 比较优势与出口学习效应

在有成本的贸易下，企业的自由进入条件可以写为两个生产率临界值 φ_i^* 和 φ_{ix}^* 的函数：

$$V_i^H = \frac{f_i}{\delta} \int_{\varphi_i^{*H}}^{\infty} \left[\left(\frac{\varphi}{\varphi_i^{*H}} \right)^{\sigma-1} - 1 \right] g(\varphi) d\varphi +$$

$$\frac{f_{ix}}{\delta} \int_{\varphi_{ix}^{*H}}^{\infty} \left[\left(\frac{\varphi}{\varphi_{ix}^{*H}} \right)^{\sigma-1} - 1 \right] g(\varphi) d\varphi = f_{ei} \tag{31}$$

其中，f_{ei} 表示进入产业的沉没成本，δ 表示由不可抗力引起的退出概率。

令 $V_{id}^H = \frac{f_i}{\delta} \int_{\varphi_i^{*H}}^{\infty} \left[\left(\frac{\varphi}{\varphi_i^{*H}} \right)^{\sigma-1} - 1 \right] g(\varphi) d\varphi$，$V_{ix}^H = \frac{f_{ix}}{\delta}$ $\int_{\varphi_{ix}^{*H}}^{\infty} \left[\left(\frac{\varphi}{\varphi_{ix}^{*H}} \right)^{\sigma-1} - 1 \right] g(\varphi) d\varphi$ 那么：$V_i^H = V_{id}^H + V_{ix}^H$。$V_{id}^H$ 随 φ_i^{*H} 单调递减，V_{ix}^H 随 φ_{ix}^{*H} 单调递减。

根据式（29），开放到有成本的贸易，本国比较优势越显著的部门其出口生产率临界值越低，于是在开放之后有：

$$V_{Nx}^H < V_{(N-1)x}^H < \cdots < V_{2x}^H < V_{1x}^H \tag{32}$$

假设 f_{ei} 是不变的，为了与不变的 f_{ei} 保持相等，那么必须有：

$$\Delta V_{Nd}^{H} > \Delta V_{(N-1)d}^{H} > \cdots > \Delta V_{2d}^{H} > \Delta V_{1d}^{H} \qquad (33)$$

又 V_{id}^{H} 随 φ_i^{*H} 单调递减，所以：

$$\Delta \varphi_N^{*H} < \Delta \varphi_{N-1}^{*H} < \cdots < \Delta \varphi_2^{*H} < \Delta \varphi_1^{*H} \qquad (34)$$

式（34）意味着，一国开放后，如果一个部门的比较优势越显著，那么它的零利润生产率临界值提高越多，一个部门的比较劣势越显著，它的零利润生产率临界值提高越少。

零利润生产率临界值的变化决定产业的加权平均生产率水平 $\tilde{\varphi}_i$，并且 $\tilde{\varphi}_i$ 是 φ_i^{*H} 的单调递增函数：

$$\tilde{\varphi}_i(\varphi_i^{*}) = \left[\frac{1}{1 - G(\varphi_i^{*})} \int_{\varphi_i^{*}}^{\infty} \varphi^{\sigma-1} g(\varphi) d\varphi \right]^{\frac{1}{\sigma-1}} \qquad (35)$$

因此，出口使各个产业的平均生产率都得到提高，但是本国比较优势越显著的部门加权平均生产率水平提高更多。

二 出口生产率悖论

在多部门模型中，如果一个部门的比较优势越显著，那么该部门出现出口生产率悖论的可能性越大。

首先，本国的比较优势部门具有"低边际生产成本—高生产率二元选择优势"，位于比较优势越显著的部门的企业越倾向凭借低成本进入国外市场。因为低成本优势是依靠本国廉价而丰富的丰裕要素得来的竞争优势，企业获得这种优势不仅不需要支付额外的成本，反而可以带来边际成本下降，获得更多利润，因此在两种要素可以相互替代时，企业会尽可能密集使用本国的丰裕要素。而企业要获得高生产率优势要引进新技术或进行技术创新、更新生产设备、增加人力资本投资，这些都要支付高额的费用，如果因为要进入国外市场而支付这些费用，那相当于增加了出口的固定成本，因此对于比较优势部门内的企业，尤其是小企业倾向于以低成本优势而不是高生产率优势进入国外市场。

其次，本国比较优势越显著的部门出口固定成本越低。比较优势显著的部门在本国出口中处于重要位置，位于其中的企业大量成为出口商，潜在的出口商通过政府有关部门提供的信息、网络贸易平台以及已出口同行的"外溢"效应就可以获得有关国外市场的信息。另外，作为本国的优势产业，来自本国的商品可能在国外市场已经具有较高的知名度，潜在出口商的营销费用大大减少。

最后，在本国市场上，比较优势显著的部门内聚集了大量企业，企业之间进行着激烈的竞争，只有高生产率的企业才能生存。而在国外市场上，本国同类产品面临的竞争程度较低，低生产率的企业凭借低价格获得生存。国内外市场竞争程度的差异导致低生产率的企业退出国内市场，转向国外市场。

第六章 比较优势与中国出口增长

第一节 比较优势、比较优势陷阱 与动态比较优势

一 比较优势与中国出口增长

两百多年来，比较优势理论始终都是国际贸易理论的基石和核心，同样也是指导一国对外贸易实践的基本原则。中国实行改革开放以后，国民经济从资本密集型的、以重工业为导向的发展战略转向劳动密集型的出口导向战略。针对中国的比较优势问题的研究中，以林毅夫等人所倡导的比较优势战略为代表（林毅夫等，1999；林毅夫，2002、2003；林毅夫、李永军，2003；林毅夫、任若恩，2007；林毅夫、张鹏飞，2005；徐朝阳、林毅夫，2010），其核心思想是后发国应发展自身具有比较优势的产业，并强调积极的政府在引导经济、克服经济持续发展障碍中发挥的作用。国内学者曾就比较优势问题进行过两次争论：一次是有关比较优势理论是否具有一般性的争论，杨小凯和张永生（2001，2002）评述了否定贸易理论四大命题的理论研究和经验证据，并认为以 H—O 理论为代表的现代比较优势理论不具有一般性。而梁琦和张二震（2002）、鞠

建东等（2004）则对此提出了不同看法；另一次是对后发优势的争论，Sachs、胡永泰和杨小凯（2003）认为，后发国家应更重视对先进国家制度而非技术的模仿，否则最终会因面临制度的天花板而进入死胡同，即后发劣势；林毅夫等则认为，后发国家可以通过模仿先进国家的技术实现经济发展甚至赶超，即后发优势，而制度可以在经济改革中得到改良（林毅夫，2003；林毅夫、张鹏飞，2005）。①

实证研究方面，Lall（2002）对1985年和1998年中国不同技术含量制成品出口的情况进行了分析，认为1985年中国主要出口低技术制造业和基于资源的制造业产品，高技术制造业产品只占中国出口的5%，与泰国、印度尼西亚、印度、阿根廷、巴西和非洲（包括南非）的水平相当，到1998年，中国的中高技术产品出口份额提高了40%，基于资源的制造业产品出口份额急速下降，低技术制造业产品出口份额上升。YUE和HUA（2002）计算了1980—2000年中国按SITC分类的各类商品的显性比较优势指数（RCA），发现中国的比较优势在20世纪80年代以资源密集型产品和劳动密集型产品为主，而到了90年代只有劳动密集型产品是中国的比较优势产品。他们同时计算了1990—1998年各省份的RCA指数，发现排名靠前的十个省份在劳动密集型产品方面具有很强的比较优势，排名靠后的十个省份在资本密集型产品方面有比较优势，这说明前者已经按照比较优势原则进行生产优化，而后者却在大量出口密集使用其稀缺资源的产品。傅朝阳和陈煜（2006）把出口产

---

① 杨高举、黄先海：《中国会陷入比较优势陷阱吗?》，《管理世界》2014年第5期。

品分成资源密集型、资本密集型和劳动密集型产品，并计算了这三大类产品在 1980—2000 年显性比较优势指数和净出口比率指数，发现在 1980—2000 年劳动密集型产品保持着很高的比较优势，资本密集型产品处于比较劣势地位，资本密集型产品的比较优势指数保持着强劲的上升趋势，该类产品即将从比较劣势产品转变成比较优势产品。魏浩等（2011）在 144 种制成品按技术含量分类的基础上，对 1999—2009 年我国制成品的出口比较优势及其稳定性、出口贸易结构及其变动程度进行了研究。研究结果表明：我国出口产品在美国市场上的整体比较优势小于在世界市场上的比较优势。无论是在世界市场还是在美国市场上，我国出口中具有比较优势的产品种类越来越多，出口比较优势变得更加稳定成熟，但是这些产品主要是低技术含量制成品。原本在我国制成品出口中占绝对优势地位的低科技含量制成品逐渐被高科技含量制成品所取代，目前高技术含量制成品已经成为我国第一大类出口产品。

进一步深入行业和地区内部，可以看到，行业和地区的经济稳定、健康增长也必须遵循比较优势原则。国家计委投资研究所和中国人民大学区域研究所课题组（2001）根据比较利益理论，采取"区位商"方法，以现有统计提供的增加数据为基础，加工生成各区域产业的"相对份额"指标，据以反映各地区产业的市场竞争力，达到识别地区比较优势的目的。他们的研究表明，随着改革开放以后各地经济发展的程度有所不同，再加上各地先天资源禀赋的差异，东部、中部和西部地区形成了各自独特的比较优势：在农业领域，从优势到劣势的区位排序为西部、中部、东部，它们的贸易比率（即外销—内部需求比率）依次为 34%、27%、－21%（负值意味着靠进口满足内部需求的比率）；在工业领域，从优势到劣势的区位排序为东部、中部、西部，它们的贸易比率依次为 4%、－2%、－15%；在服务业，从优势到劣势的区位排序为东部、西部、中部，它们的贸易比率依次为 6%、－4%、－11%。各地按照比较优势发展经济，自然形成了东部工业、服务业发达，西部农业化程度较高的竞争局面。①

二　比较优势陷阱

在传统比较优势理论框架下，后发国的比较优势只能集中在初级产品、至多是劳动力密集型的加工制造业，在国际分工与贸易中处于从属地位，而且由于要素禀赋和技术水平都是外生给定的，后发国家如果过度依赖资源禀赋或要素成本方面的优势，不能随着经济发展而实现比较优势的动态调整与升级，往往容易陷入发展困境，经济增长与既有比较优势之间形成恶性循环，从而落入比较优势陷阱。

在 20 世纪 50 年代，一些研究者注意到，发展中国家的初级产品和发达国家的制成品之间的非对称贸易，由于两类产品的价格需求弹性不同，会导致长期发展中国家贸易条件恶化（Singer，1949；Prebisch，1950）。Bhagwati（1958）进一步指出，一些发展中国家由于某种原因（一般总是单一要素供给的极大增长）使传统商品出口规模极大增长，其结果不仅使得该国贸易条件严重恶化，还会导致该国国民福利水平绝对下降，称之为"贫困化增长"（Immiserizing Growth），Pugel 和 Lindert

---

① 刘佳、陈飞翔：《关于中国实现比较优势动态转换的路径选择——一个文献综述》，《财贸研究》2006 年第 1 期。

（2000）将"贫困化增长"明确界定为：扩大一国贸易意愿的增长可以导致该国贸易条件如此严重的恶化，以致使该国的境况变得更差，并指出了其存在的三个前提条件。可见，在非对称的贸易模式下，发展中国家依赖初级要素参与国际分工与贸易，未必能带来在全球产业链和价值链地位的提升，甚至还可能导致贸易条件恶化和福利水平下降，并形成路径依赖和恶性循环。

针对比较优势的局限性，一些学者提出了赶超理论，即后发国家通过模仿先进国家的技术实现快速增长，并在长期中实现与发达国家的趋同（Abramovitz，1986；Grossman and Help-man，1990）。但这种赶超可能因为后发国家人力资本积累不足和跨国直接投资而难以实现，导致后发国家陷入赫克歇尔—俄林陷阱（Heckscher-Ohlin Trap）（Lohrmann，2000）。在这一框架中，后发国家的学习和模仿必然以不损害发达国家的利益为限度，后发国家只能永远处于从属地位。由于对一种比较优势的过度依赖导致进一步发展受阻的案例曾多次发生过，如第二次世界大战后一些资源丰富国家或地区因为对资源优势的过度依赖，最终陷入增长困境，亦即荷兰病（dutch disease）或者资源诅咒（resource curse）（Auty and Gelb，2000；Auty，2002），而一些资源相对短缺但劳动力丰富的国家，通过发展出口型的制造业，利用市场机制优化资源配置，取得了经济的快速增长（Lal，1993；Sachs and Warner，1997；Auty，2007）。然而当这些经济体凭借低成本劳动力优势跨越贫困陷阱（Poverty Trap），逐步融入全球经济体之中、达到中等收入国家水平之后，想要更进一步时却发现困难重重——不能摆脱对低成本劳动力等要素的依赖，建立以技术创新、物质资本和人力资本积累为基础的新比较优势。实际中的数据表明，到1960 年被列为中等收入水平的 101 个经济体中，截至 2008 年仅有 13 个经济体进入高收入国家行列（World Bank，2008）。国内学者将这种后发困境问题用"比较优势陷阱"来概括（王佃凯，2002；李辉文，2004；陈昊，2010；刘涛雄、周碧华，2012），从所分析的问题来讲，实际上和赫克歇尔—俄林陷阱是一致的。

针对发展中国家是否落入"比较优势陷阱"进行实证检验的文献主要有两类。一是强调比较优势是否存在固化性的文献，例如，Proudman 和 Redding（2000）首次使用马尔科夫链（Markov Chain）模型分析了 G5 国家（法国、德国、日本、英国和美国）22 个制造业的显示性比较优势（Revealed Comparative Advantage，RCA）指数在截面分布的动态变化，以此考察比较优势是否具有固化性。Proudman 和 Redding（2000）的方法备受经济学界推崇，随后的同类研究大多都沿用该方法（Zaghini，2005；Alvarez & Fuentes，2012），上述研究一致认为发展中国家的比较优势具有较强的流动性，否定了"比较优势陷阱"的存在；但针对中国的研究结果却不同，例如 Hinloopen 和 Van Marrewwijk（2004）、耿伟（2006）、Kowalski 和 Bottini（2011）等也沿用该方法进行分析，都一致发现中国的比较优势具有固化性的特征。另一类文献则强调比较优势是否转向了技术含量更高的产品，如魏浩等（2011）按照 Lall（2000）的技术分类方法，将贸易产品划分为初级产品、资源性产品、低技术制成品、中等技术制成品和高技术制成品等五种类别，采用 RCA 指数指标分析了 1999—2009 年中国比较优势的变化，认为中国的比较优势产品主要是低技术制成品，但中等技术制成品的比较优势日益凸显。类似的研究还有杨汝岱和朱诗娥（2008）、郑展鹏（2010）等。①

陆文聪和许为（2015）在理论上提出"比较优势陷阱"三个关键特征的基础上，基于 1987—2012 年 SITC－4 位数贸易数据，采用 Lafay 指数、PRODY 指数和引入条件密度核估计的分布动态法，分析了中国出口产品比较优势及技术复杂度的变化趋势。结果显示，中国已跨越"比较优势陷阱"，其原因是：中国的比较优势呈现很强的流动性，且明显高于其他国家；具有中等程度比较优势的产品比重明显增加，贸易结构呈现多样化趋势；比较优势已实现从低技术复杂度产品向中等技术复杂度产品的转换。杨高举和黄先海（2014）在改进 Levchenko 和 Zhang（2011）方法的基础上，运用基于 RHO 理论的综合体现一国技术水平、要素禀赋、投入成本的生产率指标，进行跨国跨期的比较分析，结果表明，中国与新兴工业化经济体的经历相似，比较优势正从低等技术产业转向高等技术产业，如果这一进程能够持续，则中国能够避免落入比较优势陷阱，而持续的技术创新可能是避免陷阱的重要推动力，并以不同基准国和改进的显示性比较优势指数的分析进一步验证了研究结果的可靠性。

三　动态比较优势

1. 内生比较优势

传统比较优势理论强调比较优势的外生性和静态化，从

---

①　陆文聪、许为：《中国落入"比较优势陷阱"了吗？》，《数量经济技术经济研究》2015 年第 5 期。

"里昂惕夫反论"开始，大量实证检验证实了静态比较优势理论的局限性。内生比较优势理论从规模经济、专业化、技术差异、制度等不同角度对传统比较优势理论进行了动态拓展。

Dixit & Stiglitz（1977）首先引入规模经济来分析比较优势，他们在研究中发现，即使两国的初始条件完全相同，没有李嘉图所说的外生比较优势，但如果存在规模经济，则两国可以选择不同的专业，从而产生内生的（后天的）绝对优势。Helpman & Krugman（1985）建立了一个基于规模经济的垄断竞争模型，该模型基于自由进入和平均成本定价，将产品多样性的数目视为由规模报酬和市场规模之间的相互作用内生决定。在自给自足情况下，一个国家的产品多样性数目很小，而贸易丰富了消费者的选择。同时，如果贸易增加了消费者的需求弹性，那么单个厂商的规模效率也能改进。这样单个厂商通过规模经济作用确立了在国际市场中的优势。杨小凯（Yang，1991）等从专业化和分工的角度拓展了对内生比较优势的分析，他们关于内生比较优势的分析被置于一个将交易成本和分工演进相互作用的理论框架之中。按照这一框架，经济增长并不单是一个资源配置问题，而是经济组织演进的问题，市场发育、技术进步只是组织演进的后果。

Dollar & Wolff（1993）等针对规模经济理论的局限，认为技术差异是对发达国家专业化程度日益深化的合理解释。日本、德国和美国的许多出口品之所以被看作是高技术产品，是因为在这些产品的生产中研发所占的比例很高，以及员工中科学家和工程师占很大比例。但是多勒尔也认为，尽管技术差异能很好地解释比较优势，但这种解释只是针对短期有效，对长期比较优势的解释并不能令人满意。Makusen（1991）假设两国的资源配置比例和需求偏好都是相同的，产品生产须用两种以上的要素投入，但不具有规模经济，如果两国在生产技术上有某种细微的差别，劳动生产率就会略有不同，因而在两国的贸易中，各国都会出口其要素生产率相对高的产品。Davis（1996）也表明了即使在规模报酬不变和完全竞争的市场上，技术上的差异亦可引起同行业产品之间（intra-industry）的贸易。Findlay（1983）从人力资本配置的角度分析了国际间的比较优势。他发展了一个具有相似要素禀赋的国家间贸易竞争模型，分析了人力资本的分配对比较优势和贸易的影响。发现具有相对同质人力资本的国家，出口产品所使用的生产技术以人力资本之间的互补性为特征。在这种情况下，当所有的任务被相当好地完成时，要比一部分任务被极好地完成而另一部分任务完成得很差时的有效产出更大。高效率的生产组织要求具有相似才能的人力资本匹配，这在有同质人力资本的国家更容易实现。另外，对于具有异质人力资本的国家，其出口产品所使用的生产技术以人力资本之间的替代性为特征。在这种情况下，具有相对杰出人物的公司完成一些任务，而另一些任务由才能相对较低的人组成的公司来完成。那么，对于具有异质人力资本特征的国家，如果杰出人物有更大的比例，将会在对杰出人物敏感的产业中占有比较优势。

2. 动态比较优势的演进路径

日本学者赤松要的雁行理论以及小岛清的边际产业转移理论都体现了比较优势动态转化的思想。日本经济学家筱原三代平把生产要素的变动、政府政策、对外开放等因素综合到贸易理论中去，试图把比较优势理论动态化。Balassa（1965，1986）的比较优势阶段论认为经济的迅速发展会导致一国要素禀赋的变化，进而使出口商品构成的比较优势发生变化。Oniki 和 Uzawa（1965）认为人口增长和内生的资本积累会导致各国比较优势以及贸易模式发生动态变化。Findlay（1970）则引入非贸易的资本品来考察各国比较优势的动态变化。而 Vernon（1966）的产品生命周期理论指出，一种产品的生命周期决定着国际贸易的走向，该理论实质上是从产品要素密集度改变的角度来探讨比较优势的动态演化。

随后的新古典贸易理论不断批判早期传统的古典贸易理论中关于技术是一个外生的不变量的假设。Krugman（1980，1987）将技术视为一种内生变量，认为技术进步是获得产品垄断差异和规模经济的一个重要因素，并通过引入干中学（learning by doing）效应来考察了比较优势的动态演变。Lucas（1988）认为干中学效应的存在会强化各国在不同产品上的比较优势，最终会导致各国完全的专业化。Young（1991）考察了干中学对国际贸易的动态影响之后认为在某一产业中存在的干中学效应能够溢出到其他的产业，即使干中学效应是有界的，存在外部性的干中学也会使得新产品的引入成为可能。

基于边干边学效应的动态比较优势理论的缺陷在于没有考虑技术的内生变化，鉴于此，格罗斯曼和赫尔普曼（Grossman and Helpman，1989、1990）从研究与开发（R&D）的角度推进了比较优势理论的动态分析。他们发展了一个产品创新与国际贸易的多国动态一般均衡模型来研究，通过 R&D 产生的比较优势和世界贸易的跨期演进。在他们的模型中，公司引进新产品会发生资源成本。前瞻性的生产者引导 R&D 进入具有获利机会的市场。新产品不完全代替老产品，并且当更多的商品可买到时，价格、利率和贸易模式会跨期演进。贸易有产业内的和产业之间的，前者受制于 R&D 支出，后者受制于资源禀赋。国际资本流动用来为 R&D 融资，在一些情况下跨国公司会出现。格罗斯曼和赫尔普曼的框架很明确地处理了对私人投资 R&D 的激励和 R&D 活动的资源要求。资源通过分配到 R&D 部门，会导致差异化产品和同质产品的生产，然后就会形成沿着贸易均衡动态路径的赫克歇尔—俄林贸易模式，这种贸易模式会导致比较优势的发展。

林毅夫（2002）通过对发展中国家经济赶超战略的反思，从比较优势战略可以提升要素禀赋结构的角度解释了比较优势的动态变化，描述了区域经济发展的轨迹。林毅夫认为，实行比较优势发展战略是提升要素禀赋结构的最佳途径。如果一个经济的产业和技术结构能充分利用其资源禀赋的比较优势，那么这个经济的生产成本就会低，竞争能力就会强，创造的社会剩余也就会多，积累的量也就会大。这样随着要素禀赋结构的提升，在区域经济发展的不同阶段上，由于不同的比较优势，产品的生产就会相应地变化。也就是说，区域产业结构内生于区域要素禀赋结构，随着资源禀赋结构提升所引起的资本密集型产品产出的增加，区域产业结构将最终实现由低级到高级的演进。一般地，由于区域要素禀赋结构变化的一般趋势是，最初资本通常是最为稀缺的要素，土地和劳动相对丰裕，随着经济增长和资本积累的提高，劳动变得相对稀缺，资本成为相对丰裕的要素，与资源禀赋结构的变化相对应，基于比较优势的产业结构演进一般也要经历由劳动密集型产业向资本密集型产业，乃至技术密集型产业转变的过程，同时工业结构的演进也将呈现出重工业化和高加工度化等特征。①

3. 我国比较优势升级的路径选择

动态比较优势理论提出（杨小凯，2001、2003；林毅夫、李永军，2003；陈智远，2002；孙晓刚，2001），在比较优势动态化的过程中，核心的因素是资本积累。一般认为，推动经济增长和发展的动力主要有两个方面：第一，生产要素（主要是资本）的积累；第二，技术进步。技术进步可能是一种相对简单的引进，也可能是一种需要大量资金的自主研究和开发活动，两者都需要资本的投入。因此，技术进步往往也要受到资本积累限度的局限。所以，国家资本积累的能力成为经济增长和发展过程的关键动力。给定劳动力资源的增长途径，资本积累的动态过程也就是要素禀赋结构和比较优势的动态变化的过程。因此，国家经济发展的过程同时也就是其经济的比较优势发展的动态过程。只有遵循自己的比较优势来发展经济，企业和产业才能最大限度地创造经济剩余，国家才能最大限度地积累资本，进而不断实现技术进步，最终获得最高层次的竞争优势，实现国家的竞争战略（林毅夫、李永军，2003；洪银兴，1997；左大培，2000；廖国民、王永钦，2003）。

自20世纪90年代，中国逐步实现按比较优势安排产业结构，资本积累十分迅速，2004年年末，外汇储备达到6099亿美元，居民储蓄突破12万亿元人民币。面对资本的初步积累，如何实现技术进步就成为我国比较优势能否成功升级的关键所在。传统的古典贸易理论假设技术是一个外生的不变量，技术

---

① 胡健、董春诗：《比较优势理论研究的最新进展——一个文献述评》，《西安财经学院学报》2006年第5期。

对产品生产和比较优势不发生影响。新古典贸易理论将技术视为一种内生变量，认为技术进步是获得产品垄断差异和规模经济的一个重要因素（Krugman，1980、1981、1983）。克鲁格曼等人认为，企业获得先进技术主要通过两种渠道：一是技术创新（innovation），二是干中学（learning by doing）。技术创新是通过 R&D 活动来获得的（Grossman and Helpmen，1989、1990；Lucas，1988、1993）。一方面，R&D 所产生的技术创新改变了企业的生产函数，降低了边际生产成本。在生产过程中，同样的要素投入能带来更多更好的产出，其表现为要素生产率的提高、产品质量的提高和新产品的开发。这样，企业的边际生产成本就不断下降，企业能够在市场上获得垄断优势。另一方面，技术进步能够从学习曲线（learning curve）的角度阐述动态的规模经济。假定边际成本是累积产量的减函数，累积产量越多，生产经验、销售经验和管理经验越丰富，边际成本就越下降，这就是"干中学"（Alwyn Young，1991）。一般而言，作为先进技术的拥有者并非有意转让或传播其技术，而是在贸易、投资或其他经济行为中自然输出了技术，即所谓的"技术外溢"。广大落后的发展中国家技术水平的提高多是通过第二种途径获得。大量的实证研究（Laursen，1999；林毅夫，1999；廖国民、王永钦，2003）表明，技术进步在生产过程中的作用直接表现在它等同于生产要素的扩张，它与生产要素之间存在一个替代的关系。技术进步会导致产品要素密集度的动态变化，从而可以实现比较优势的转化。动态比较优势理论强调国内技术创新的差别是作为国际贸易流量的基础。对于广大发展中国家而言，技术进步是实现比较优势升级、转换的重要途径。①

第二节　物质资本、人力资本与中国 出口比较优势变动

　　一个劳动力丰富的大国如何进行比较优势升级？根据
H—O理论，如果一个国家的相对要素禀赋数量大于另外一个
国家，那么它就在密集使用该种要素的产品生产上有比较优
势，所以一国要将比较优势从劳动密集型产品升级为资本密集
型产品，需要积累大量资本要素。罗伯津斯基定理（Rybczyns-
ki Theorem）认为，在商品相对价格不变的条件下，资本要素
增加，会使一国生产发生偏向资本密集型产品部门的增长，而
劳动密集型部门的产出相应下降。但是同时又有大量研究发
现，资本—劳动比的增加只能解释过去一个世纪以来人均收入
增长的一小部分（Grossman & Helpman，1990）。根据内生经
济增长理论，技术进步是保障经济增长的决定因素，而技术进
步和一国的人力资本水平密切相关，因此一国要获得动态比较
优势，必须重视人力资本的作用。

　　我国自改革开放以来利用劳动力这一要素禀赋，在劳动密
集型产业中获得充分比较优势（张小蒂等，2001b；魏浩等，
2005；傅朝阳等，2006），此后随着我国资本要素积累增加，
资本密集型产品的比较优势也在增强。但是随着"出口生产率
悖论"问题的出现，人力资本积累也成为我国比较优势升级中

　　① 刘佳、陈飞翔：《关于中国实现比较优势动态转换的路径选择——一个文
献综述》，《财贸研究》2006 年第 1 期。

颇受关注的问题。本节首先从理论上论述了一个劳动力丰富的大国，在实现比较优势动态转化的过程中人力资本和物质资本的作用，然后以我国制造业细分行业的相关数据检验了理论预期。

一　物质资本、人力资本与动态比较优势

李嘉图模型和 H—O 模型奠定了以比较优势为核心的国际贸易理论的基础，但在其分析中对比较优势的界定仅限于静态层面，因而其后动态比较优势理论成为国际贸易理论发展的一个重要分支。早期的动态贸易模型主要考察物质资本积累对各国比较优势的影响（Oniki & Uzawa，1965；Findlay，1970）。Baldwin（1992）认为贸易诱发的物质资本积累如果没有外部性的话不会产生福利效应，原因是当积累资本的边际成本不变时，均衡的资本报酬恰好等于资本积累的边际成本，投资者没有从投资中获得净收益。里昂惕夫反论提出以后，Kenen（1968）将人力资本因素纳入国际贸易理论分析中，其后 Findlay & Kierz Kowski（1983）构建了一个包含人力资本积累的一般均衡模型，Borsook（1987）检验了在异质能力和教育资本条件下贸易自由化对一国内部收入分配的影响。Charos & Simos（1988）在一个多投入、多产出函数中将人力资本和研发同时作为生产要素，利用超越对数利润函数估算了价格弹性。Neal（1995）、Parent（2000）、Kletzer（2001）等实证分析了特定部门中的人力资本积累问题。Guren et al.（2015）建立了一个包括特定部门人力资本的动态 H—O—S 模型，研究了劳动力市场对贸易的渐进调整的动态性和福利效应。Banerjee（2014）运用 1950—2010 年的数据，解释了人力资本、技术进步和贸

易在印度长期增长中的重要性。

内生经济增长理论出现后，人力资本成为其模型中的一个关键投入要素。人力资本的积累或者通过自发投资以获取技能，或者通过干中学（Lucas，1988）。许多实证分析发现人力资本是决定增长率和生产力的重要因素（Ang et al.，2011；Barro，1991、2013；Goldin，2001；Madsen，2010）。Galor & Weil（2000）认为人力资本的报酬在工业化初始阶段是递增的，因此父母们对后代的受教育程度尤为关注。Auer（2015）检验了人力资本积累引致的贸易对国家间收入和福利的效应。物质资本和人力资本的相互关系以及他们在经济增长和国际贸易中的作用也被放入同一模型比较。Lucas（1990）认为物质资本之所以不流向贫穷国家是因为人力资本禀赋太薄弱。Goldin & Katz（2001）、Abramovitz & David（2000）认为美国在1890—1999年人力资本积累对经济增长的贡献翻倍，而物质资本的贡献显著下降。Galor & Moav（2004）创建了一个增长模型论述了随着收入持续增长，人力资本积累替代物质资本积累成为增长的引擎。Costinot（2009）构建了国家间存在内生生产率差异的贸易模型，认为在较为复杂的工业部门里，较好的研究机构和较高的工人受教育程度互为补充，是比较优势的来源。Grossman（2002）发现当劳动合同不完全时，人才分布差异成为比较优势的一个独立来源。Bond（2003）建立了一个同时包括物质资本积累和人力资本积累的两国三部门内生增长模型，从静态和动态两个方面检验了要素禀赋对贸易模式的影响。

中国的经济增长和对外贸易在改革开放后保持高速增长，很多文献都在探究这一增速背后的驱动力。Chow（1993）认为资本形成在中国经济增长中起了主要作用。Borensztein & Ostry（1996）、Hu & Khan（1997）认为1978年后，生产率增长是经济增长的主要引擎，资本积累处于次要地位。然而，Krugman（1994）认为中国也像东亚经济一样，增长主要靠投入的大量增加，而生产率提高较少。Wang & Yao（2002）检验了1952—1999年中国经济增长的来源，发现中国人力资本快速积累，并且对增长和福利贡献显著，认为中国要获得可持续增长必须优先积累人力资本和提高生产率。杨小凯（2001）、林毅夫和李永军（2003）、陈智远（2002）、孙晓刚（2001）认为在我国比较优势增进的过程中资本积累起关键作用。张小蒂和赵榄（2009）强调了企业家人力资本在我国动态比较优势增进中的作用。代谦和别朝霞（2006）认为动态比较优势的核心是人力资本积累，发展中国家只有不断积累人力资本，才能长期不断向高级产业升级。

　　本节在 Galor & Moav（2004）、Bond（2003）等模型基础上，从理论上分析了物质资本和人力资本对一国比较优势转换的影响，认为在经济发展的初始阶段，物质资本是比较优势动态转化的驱动力，但当经济发展到一定阶段后，人力资本替代物质资本成为比较优势变动的驱动力。然后本文运用中国1992—2014年制造业细分行业的有关数据实证检验了理论部分的预期。

二　理论模型

　　假设一个际代交叠模型，模型中的国家在各个时期生产完全同质的一种产品，并且这种产品是本国的出口品。这种产品的生产要投入物质资本和人力资本两种要素，人均产出随这两种要素的积累而增加。每个时期的物质资本取决于上一时期的产出扣除消费和人力资本投资后的剩余，每个时期的人力资本取决于上一时期个体对于教育的决策。

假设生产规模报酬不变，以 K_t 和 H_t 分别表示 t 期的物质资本量和人力资本量，则 t 期的产出 Y_t 表示为：

$$Y_t = F(K_t, H_t) \equiv H_t f(k_t); \qquad k_t \equiv K_t / H_t$$

其中，$f(k_t)$ 是严格单调递增函数。

每一时期包括一个连续的个体统，这些个体的偏好及基本能力相同，但在家庭财富和对人力资本的投资上存在差异。每个个体的生命分为两个时期，第一个时期为人力资本获取期，第二个时期为提供有效劳动并获得报酬的时期，个体将获得的报酬分为两部分：消费和传给下一代，传给下一代的财富要么以人力资本投资的形式支付，要么以储蓄形式支付。

一个在 t 期出生的个体 i，他在 $t+1$ 期能够提供的有效劳动量 $NPV_{FDI} = \sum \dfrac{R_t - C_t^* - F^l}{(1+r)^t}$ 是他 t 期在教育上的支出 e_t^i 的增函数，即：

$$h_{t+1}^i = h(e_i^t)$$

在 $f(k_t)$ 上存在一个点 $\tilde{k}$，当物质资本与人力资本之比小于 $\tilde{k}$ 时，个体不会在人力资本上投资。因此，当个体预期下期的资本劳动比小于 $\tilde{k}$ 时，$e_i^t = 0$。

个体在 t 期的最优化选择决定了 $t+1$ 期的物质资本 K_{t+1} 与人力资本水平 H_{t+1}。假设个体 i 在 t 期的最优遗传数量记为 b_t^i，储蓄记为 s_t^i，则：

$$K_{t+1} = S_t = B_t - E_t = K(b_t, k_{t+1}^e)$$

$$H_{t+1} = h(e_t^i) = H(b_t, k_{t+1}^e)$$

K_{t+1} 与 k_{t+1} 反方向变动，当预期 k_{t+1} 变大时，个体在人力资本上的投资会增加，那么留给下期的储蓄就会减少。而 H_{t+1} 与 k_{t+1} 同方向变动，预期下期 k_{t+1} 越大，则下期人力资本积累越多。

因此有：

$$k_{t+1} = \frac{K_{t+1}}{H_{t+1}} = \frac{K(b_t, k_{t+1}^e)}{H(b_t, k_{t+1}^e)} = k(b_t, k_{t+1}^e)$$

可见，$t+1$ 期的资本劳动比仅取决于个体在 t 期的遗传量和对 $t+1$ 资本劳动比的预期。当预期 $k_{t+1} < \tilde{k}$ 时，$e_i^t = 0$，那么：

$$K_{t+1} = S_t = B_t$$

$$H_{t+1} = h(0) = 1$$

之所以假设 $h(0) = 1$，是因为即便不进行教育投资，人也会天生掌握一定的技能。

当预期 $k_{t+1} \geqslant \tilde{k}$ 时，个体开始对人力资本投资，假设 $\theta = \frac{e_t}{s_t} > 1$，且 θ 保持不变。那么在 k^* 时存在：

$$K_{t+1} = H_{t+1} = k^* = 1$$

当 $k > k^*$，意味着人力资本以更快的速度积累。随着人力资本积累，要素市场价格也发生变化，人力资本价格降低，企业会调整原来的物质资本和人力资本比，加大在生产中的人力资本投入。最后，产品的要素密集度也将发生转变，由物质资本密集型转向人力资本密集型。

三　实证检验

（一）数据及来源

本部分以中国制造业细分行业为对象实证检验物质资本和人力资本对比较优势的影响。根据国民经济行业分类，制造业共分为 31 个行业，剔除了废弃资源综合利用业、金属制品、机械和设备修理业、印刷和记录媒介复制业、其他制造业 4 个行业①，将剩余 27 个行业作为分析对象。本部分数据来自于《中国工业经济统计年鉴》、《中国科技统计年鉴》、联合国全球贸易统计数据库（United Nations Commodity Trade Statistics Database），鉴于数据可得性，选取 1992—2014 年总共 23 年的相关数据。

本部分分析主要涉及 3 个变量：比较优势（RCA）、物质资本（Capital）、人力资本（Human），为了增加估计结果的稳健性，增加了销售收入（Revenue）、利润（Profit）、外商资本（FDI）作为控制变量。比较优势变量（RCA）采用 Balassa（1965）提出的 RCA 指数表示，其计算公式为：

$$\text{RCA}_{ij} = \frac{X_{ij}/X_{it}}{X_{wj}/X_{wt}}$$

其中，RCA_{ij} 表示 i 国第 j 种产品的显性比较优势指数，X_{it} 代表 i 国在 t 时期的总出口，X_{ij} 代表 i 国第 j 种产品的出口，X_{wt} 代表 t 时期世界所有产品的出口总值，X_{wj} 代表世界第 j 种产品

---

① 剔除这三个行业的原因是，第一，这三个行业的出口份额很小；第二，相应的 HS 编码无法对应，不能确定其具体出口数额。

的出口总值①。

根据 RCA 指数的计算结果，发现有 6 个行业的数值变化不显著，分别是农副食品加工业、饮料制造业、烟草制品业、木材加工及木、竹、藤、棕、草制品业、造纸及纸制品业、医药制造业，考虑到本文要检验物质资本和人力资本对比较优势变动的影响，如果比较优势本身变动不大，会影响检验结果的显著性，因此本文又剔除了这 6 个行业，最后进行实证检验的有21 个行业。

物质资本变量（Capital）用行业固定资产表示，人力资本变量（Human）以行业内规模以上工业企业所拥有的研发人员占行业全年平均就业人数的比例表示，销售收入（Revenue）、利润（Profit）、外商资本（FDI）分别以行业主营业务收入、利润总额、外商资本表示。所有数据以 1992 年为基期进行处理，以剔除价格因素影响，对所有数据取对数处理，以避免可能存在的异方差。

（二）实证方法

面板数据虽然降低了数据的非平稳性，但各变量可能仍然存在趋势、截距问题，可能还是非平稳数据，这样回归就会产生虚假回归问题。为了确保估计结果的有效性，面板数据在回归前需要进行平稳性检验，而检验数据平稳性最常用的方法就是单位根检验。本书首先采用了面板单位根检验中常用的 LLC（Levin，Lin & Chu，2002）检验、IPS（Im，Pesaran and Shinz，

---

① 在计算每一产业 RCA 的值时，行业出口数据来自《中国工业经济统计年鉴》，其他数据来自联合国全球贸易统计数据库，由于对货物的分类标准不同，本书首先将国民经济行业分类与 HS 编码进行了匹配，具体对照结果由于篇幅原因不在此列出。

2003）检验、Hadri（Hadri，2000）检验三种方法检验了面板数据的平稳性。在此基础上，进一步进行协整分析，以确定各变量之间是否存在长期均衡关系。Westerlund（2007，2008）提出基于误差修正模型进行面板协整检验，其基本思想是通过推断条件面板误差修正模型中的误差修正项是否为零来检验无协整关系的原假设，本文采用这一方法检验各变量之间的协整关系。

　　面板数据分析常用固定效应和随机效应模型，这两类模型都假设不同个体的解释变量的系数是相同的，但在很多情况下并非如此。就本文的分析来说，各个产业在固定资产、人力资本等方面存在显著差异，这些差异既影响模型的截距，又影响解释变量的斜率，单一方程估计可能误差较大，因此本文建立多方程系统，运用似不相关回归（Seemingly Unrelated Regression，SUR）估计方法，这一估计的特点是个方程的变量之间没有内在联系，但各方程的扰动项之间存在相关性。SUR 模型的设定如下，假设共有 n 个方程（n 个被解释变量），每个方程共有 T 个观测值，在第 i 个方程中，共有 K_i 个解释变量，第 i 个方程可以写为：

$$y_i = X_i \beta_i + \varepsilon_i \quad (i = 1, 2, \cdots, n) \qquad (1)$$

　　其中，$y_i = (y_{1i}, y_{2i}, \cdots, y_{Ti})'$ 为 $T \times 1$ 的向量，X_i 为 $T \times K_i$ 阶矩阵，$\beta_i = (\beta_{1i}, \beta_{2i}, \cdots, \beta_{Ti})'$ 为 $K_i \times 1$ 未知参数向量，$\varepsilon_i = (\varepsilon_{1i}, \varepsilon_{2i}, \cdots, \varepsilon_{Ti})$ 为 $T \times 1$ 的随机误差向量。并且假设同一方程不同期的扰动项不存在自相关，且方差也相同，但不同方程的扰动项之间存在同期相关，即：

$$E(\varepsilon_{it} \varepsilon_{js}) = \begin{cases} \sigma_{ij}, t = s \\ 0, t \neq s \end{cases} \qquad (2)$$

只有在存在同期相关的情况下，SUR 估计才比 OLS 估计更有效，为此，可以检验原假设"H0：各方程的扰动项无同期相关"，Breusch and Pagan（1980）建议使用以下 *LM* 统计量：

$$\lambda_{LM} = T \sum_{i=2}^{n} \sum_{j=1}^{i-1} r_{ij}^2 \xrightarrow{d} \chi^2[n(n-1)/2] \tag{3}$$

其中，$r_{ij} = \dfrac{\hat{\sigma}_{ij}}{\sqrt{\hat{\sigma}_{ii}\hat{\sigma}_{jj}}}$ 为根据残差计算的扰动项 ε_i 与 ε_j 之间的同期相关系数，$\sum_{i=2}^{n} \sum_{j=1}^{i-1} r_{ij}^2$ 为同期相关系数矩阵主对角线以下各项之平方和。

SUR 模型有混合 SUR 模型和变系数 SUR 模型，对于本书来说，虽然不同个体拥有自己的斜率或截距，但不同个体的扰动项仍然可能相关，故使用变系数面板数据的 SUR 模型进行估计。

（三）实证结果与分析

1. 面板单位根检验

对本书的六个变量进行面板单位根检验的结果如表 6.1 所示。可以看出，六个变量都是非平稳的，经过一阶差分后，都至少在 5% 的显著性水平下拒绝了存在单位根的假设，这说明六个变量都是一阶单整序列，可以进一步进行协整检验。

表 6.1　　　　　　　　　面板单位根检验结果

变量	LLC 检验	IPS 检验	Hadri 检验	结论
ln*RCA*	−7.398, 0.078	−1.645, 0.232	33.874, 0.000	非平稳
*D*ln*RCA*	128.594, 0.000	−3.463, 0.000	−2.575, 0.995	平稳

变量	LLC 检验	IPS 检验	Hadri 检验	结论
ln*Capital*	− 12.436，0.435	− 2.472，0.243	48.300，0.000	非平稳
*D*ln*Capital*	− 24.081，0.000	− 4.406，0.000	1.467，0.071	平稳
ln*Human*	− 7.439，0.559	− 1.834，0.036	44.445，0.000	非平稳
*D*ln*Human*	− 30.798，0.000	− 5.327，0.000	− 3.387，0.996	平稳
ln*FDI*	− 4.304，0.778	− 1.069，0.994	65.039，0.000	非平稳
*D*ln*FDI*	− 17.574，0.000	− 3.236，0.000	0.229，0.409	平稳
ln*Revenue*	− 4.562，0.819	− 1.266，0.918	67.210，0.000	非平稳
*D*ln*Revenue*	− 21.109，0.000	− 3.974，0.000	0.316，0.376	平稳
ln*Profit*	0.543，1.000	− 0.162，1.000	59.170，0.000	非平稳
*D*ln*Profit*	− 18.378，0.000	− 3.429，0.000	1.602，0.054	平稳

注：*D* 表示一阶差分；表中的数字分别表示检验统计量的值和 *p* 值。

2. 面板协整分析

运用 Westerlund（2007，2008）方法，将 ln*RCA* 分别与其他变量两两结合，进行面板协整检验的结果如表6.2所示。可见，ln*RCA* 与 ln*Capital*、ln*Profit* 的四个统计量均在 1% 的显著性水平上强烈拒绝无协整关系的原假设。ln*RCA* 与 ln*Human*、ln*FDI*、ln*Revenue* 的四个统计量中均有不能拒绝原假设的统计量，Westerlund（2008）认为，如果两组统计量中有一个不能拒绝原假设也可以认为存在协整关系[1]。

---

① 李炳炎、王冲：《中国经济"双陷阱"问题及其作用机制》，《社会科学研究》2013 年第 2 期。

表6.2　　　　　　　　　　面板协整检验结果①

变量	统计量	变量	统计量
lnRCA 与 ln$Capital$	Gt（-2.409，0.000） Ga（-6.103，0.004） Pt（-9.090，0.000） Pa（-3.579，0.000）	lnRCA 与 ln$Human$	Gt（-1.291，0.058） Ga（-2.433，0.941） Pt（-4.909，0.027） Pa（-1.912，0.056）
lnRCA 与 lnFDI	Gt（-1.502，0.004） Ga（-4.548，0.197） Pt（-4.892，0.028） Pa（-2.139，0.023）	lnRCA 与 ln$Revenue$	Gt（-0.562，0.280） Ga（-1.386，0.202） Pt（-3.749，0.000） Pa（-1.192，0.098）
lnRCA 与 ln$Profit$	Gt（-1.829，0.000） Ga（-5.853，0.010） Pt（-5.957，0.002） Pa（-2.719，0.001）		

注：括号内的数值分别为相应统计量的值和 p 值；滞后阶数根据 AIC 准则确定；p 值经过 500 次自助抽样。

3. 变系数面板 SUR 估计

表6.3 和表6.4 列出了变系数面板 SUR 估计的结果。从表6.3 判断，SUR 系统中各个方程拟合良好，显著性检验通过。从表6.4 看，Breusch – Pagan LM 检验的 p 值为 0.000，故强烈拒绝各方程的扰动项相互独立的原假设，接受同期相关假设，使用 SUR 进行系统估计比单一方程 OLS 更有效率，应该使用 SUR 来估计此变系数面板数据。

从估计系数看，传统劳动密集型行业，如食品制造、纺织服装、家具制造等，物质资本和人力资本对出口比较优势的变

---

① Westerlund（2007）构造了四个统计量，Gt 和 Ga 为组统计量，检验在面板异质性的条件下是否存在协整关系，原假设为变量之间不存在协整关系；Pt 和 Pa 为面板统计量，检验在面板同质性条件下是否存在协整关系，原假设为变量之间不存在协整关系。

动都具有显著负效应，说明我国这些行业一直以来依靠廉价劳动力形成的低价格获得竞争优势，物质资本及人力资本投资对提高生产效率、提升产品质量的效应不显著，可能的原因是：其一，物质资本与劳动力之间存在替代效应，投入大量机器设备来替代劳动力增加了生产成本，在存在大量廉价、丰裕劳动力的前提下，这并不是一个理性选择；其二，在这些行业中，对人力资本的投资较少，人力资本对提高生产效率、改善产品质量等方面的作用并没有显现出来。在一些资本技术密集型行业，如黑色金属冶炼及压延加工、通用设备制造、专用设备制造、交通运输设备制造、电气机械及器材制造、通信设备及计算机制造等行业，物质资本投入对比较优势变动的正向效应显著，虽然在这些行业中研发人员占总从业人员的比重显著高于传统的劳动密集型行业①，但人力资本对出口比较优势升级的正向效应仍然没有发挥出来，在大部分的资本技术密集型行业中，人力资本的估计系数要么显著为负值，要么不显著。在所有 21 个行业中，只有橡胶制品业和交通运输设备制造业的人力资本的估计系数显著为正值，这两个行业中研发人员占总就业人员的平均比重分别为 2.2% 和 2.9%，这说明人力资本只有积累到一定程度才能对出口比较优势发挥积极作用。

---

① 从本书数据计算的结果看，资本密集型行业的人力资本投资远大于劳动密集型行业。食品制造业、纺织、服装、家具制造等传统劳动密集型行业中，研发人员占全部从业人员的比重所有年度平均分别为 0.9%、0.6%、0.2%、0.3%，而这一比重在资本密集型行业中，通用设备制造业是 2.5%，专用设备制造业是 3.3%，交通运输设备制造业是 2.9%，电气机械及器材制造业是 2.7%，通信设备、计算机及其他电子设备制造业是 3.8%。

表6.3 变系数面板 SUR 模型估计结果

equation	obs	RMSE	R^2	p
Lnrca1	23	0.082	0.915	0.000
Lnrca2	23	0.067	0.917	0.000
Lnrca3	23	0.186	0.951	0.000
Lnrca4	23	0.076	0.896	0.000
Lnrca5	23	0.170	0.917	0.000
Lnrca6	23	0.199	0.875	0.000
Lnrca7	23	0.425	0.910	0.000
Lnrca8	23	0.172	0.691	0.000
Lnrca9	23	0.409	0.653	0.000
Lnrca10	23	0.094	0.931	0.000
Lnrca11	23	0.149	0.721	0.000
Lnrca12	23	0.059	0.809	0.000
Lnrca13	23	0.331	0.456	0.000
Lnrca14	23	0.266	0.801	0.000
Lnrca15	23	0.085	0.956	0.000
Lnrca16	23	0.098	0.898	0.000
Lnrca17	23	0.130	0.982	0.000
Lnrca18	23	0.167	0.835	0.000
Lnrca19	23	0.137	0.823	0.000
Lnrca20	23	0.113	0.962	0.000
Lnrca21	23	0.249	0.685	0.000

表6.4 变系数 SUR 模型估计结果①

行业	ln*Human*	ln*Capital*	行业	ln*Human*	ln*Capital*
食品制造业	-0.041*** (0.007)	-0.024*** (0.006)	非金属矿物制品业	-0.083*** (0.006)	0.011 (0.007)

① 此处仅列出了每个行业 ln*Human*、ln*Capital* 两个变量的估计系数，其他变量的估计系数大部分通过了显著性检验，鉴于篇幅原因没有列出。

续表

行业	lnHuman	lnCapital	行业	lnHuman	lnCapital
纺织业	− 0. 099 *** （0. 021）	− 0. 069 *** （0. 007）	黑色金属 冶炼压延加工	− 0. 650 *** （0. 056）	0. 155 *** （0. 039）
纺织服装、 鞋帽制造业	− 0. 290 *** （0. 024）	− 0. 089 *** （0. 016）	有色金属冶炼 压延加工	− 0. 132 *** （0. 020）	− 0. 066 ** （0. 028）
皮革、毛皮 及其制品业	− 0. 038 *** （0. 015）	− 0. 047 *** （0. 007）	金属制品业	− 0. 053 *** （0. 012）	0. 001 （0. 008）
家具制造业	− 0. 125 *** （0. 016）	− 0. 081 *** （0. 017）	通用设备 制造业	− 0. 019 （0. 021）	0. 033 *** （0. 012）
文教体育 用品制造业	− 0. 297 *** （0. 019）	− 0. 063 *** （0. 017）	专用设备 制造业	0. 030 （0. 036）	0. 018 * （0. 009）
石油加工、 炼焦及核燃料	− 0. 320 * （0. 193）	− 0. 029 （0. 075）	交通运输 设备制造业	0. 036 * （0. 022）	0. 100 *** （0. 021）
化学原料及 化学制品	− 0. 447 *** （0. 034）	0. 001 （0. 020）	电器机械及 器材制造业	− 0. 298 *** （0. 014）	0. 096 *** （0. 014）
化学纤维 制造业	− 0. 869 *** （0. 088）	− 0. 045 （0. 046）	通信设备、 计算机	− 0. 052 （0. 034）	0. 139 *** （0. 017）
橡胶制品业	0. 041 * （0. 024）	0. 079 *** （0. 011）	仪器仪表、 文化办公机械	− 0. 263 *** （0. 030）	0. 030 * （0. 017）
塑料制品业	− 0. 233 *** （0. 016）	0. 002 （0. 012）			

Breusch-Pagan test of independence：chi2（210）= 700. 568，Pr = 0. 000

注：＊表示在 10% 的水平下通过检验，＊＊ 表示在 5% 的水平下通过检验，＊＊＊ 表示在 1% 的水平下通过检验；表中括号内数据是标准差。

四　结论及政策启示

本节首先在 Galor & Moav（2004）、Bond（2003）等模型基础上，从理论上分析了物质资本和人力资本对一国比较优势转换的影响，然后运用 1992—2014 年制造业 21 个细分行业数据采用变系数面板 SUR 模型检验了物质资本和人力资本在我国出口比较优势变动中的作用，发现在传统劳动密集型行业中，物质资本和人力资本对 RCA 指数的变动都存在显著负效应，在资本技术密集型行业中，物质资本投入对比较优势变动的正向效应显著，虽然在这些行业中研发人员占总从业人员的比重显著高于传统的劳动密集型行业，但人力资本对出口比较优势升级的正向效应仍然没有发挥出来。

物质资本和人力资本对出口比较优势升级都发挥一定作用，但在我国仍然具备丰富劳动力的前提下，不同类型行业的升级路径存在一定差异。劳动密集型行业比较优势的升级不能盲目依靠增加大量物质资本投入，这样一方面会造成失业人员增加，另一方面会造成出口成本增加，反而导致比较优势丧失。因此，传统劳动密集型行业仍然要依靠劳动力优势，同时以增加各类培训机会的方式增加人力资本投入，提高原有劳动力的素质和生产效率，提高产品质量，获得新的竞争优势。而资本技术密集型行业比较优势的升级除了依靠增加物质资本投入外，还要持续增加人力资本投资，增加科研人员比重，提高人力资本在比较优势升级中的边际效应。

第三节　比较优势、FDI 与我国出口商品结构变化

在经济全球化背景下，一国的出口商品结构反映了该国的产业结构和在国际上的竞争力，也反映了该国参与国际分工的贸易利得。出口商品结构高级化的一般顺序是出口产品从以劳动密集型产品为主到以资本密集型产品为主，再到以技术和知识密集型产品为主。出口商品结构越高级说明出口国国内产业

结构越高级，出口国在国际上的竞争力越强，并且能从贸易中获取较多利益。因此，对于一个开放的国家来说，出口商品结构比出口规模具有更丰富的经济内涵。

中国自改革开放以来出口商品结构发生了巨大变化，从最初的以初级产品为主转变为以工业制成品为主，从以资源密集型产品和劳动密集型产品为主转变为以资本密集型产品为主，高附加值的机电产品和高新技术产品出口所占份额逐年上升。促使我国出口商品结构转变的因素包括多个方面，如相对要素禀赋的变化、外商直接投资、国外需求、汇率因素等。国际贸易的经典理论 H—O 理论指出，一国应该出口那些密集使用该国丰富要素生产的产品，进口那些密集使用该国稀缺要素生产的产品，按照这种原则进行国际分工和贸易，每个国家都能从中获得利益。罗伯津斯基定理（Rybczynski Theorem）进一步指出，随着一国某种要素的不断积累，密集使用该要素的部门产出会扩大，甚至改变该国的比较优势，从原来的比较劣势产业成长为比较优势产业，成为出口商品。按照这些理论的论述，可以认为决定一国出口商品结构的根本因素是该国的相对要素禀赋状况。

改革开放初期，我国经济发展面临资本紧缺的制约，国内资本形成的生产力比较落后，外商直接投资的引进缓解了资本稀缺和质量落后的状况，改变了我国的相对要素禀赋，并且我国引进的外资有以出口导向为主的特征，跨国企业更加熟悉和接近世界市场，因此仅从要素数量角度来说，外资在促进我国产业结构转变和出口商品结构高级化过程中发挥了重要作用。外商直接投资通过对国内劳动力的培训、技术外溢等途径带动国内资本的升级，同时国内资本的自主创新能力也在不断增强。这样在内资和外资的共同作用下，我国产业结构和出口商品结构不断升级优化。关于外资对我国出口商品结构的优化作用很多文献都进行了理论和实证分析，但是本书认为只有将内资和外资进行比较分析，才能更加清晰认识外资在我国出口商品结构优化中的作用，对下一步制定引资策略提供参考。本节运用熵值赋权法构建了出口商品结构变动综合指数，运用1983—2011年的时间序列数据对外资、内资和出口商品结构变动之间进行协整、脉冲响应函数和方差分解分析。

一 比较优势、FDI与出口商品结构

传统国际贸易理论在论述一国的出口商品结构时大都是运用静态分析方法，通常假设一国的要素禀赋总量不变，并且要素不能在国家之间流动，这样就忽略了出口商品结构的优化问题。从动态角度涉及出口商品结构问题的理论主要有罗伯津斯基定理（Rybczynski Theorem）、产品生命周期理论、边际产业扩张理论、雁阵模型（FGM）和全球供应链经济理论。罗伯津斯基定理指出在商品相对价格不变时，某一要素供给的增加会导致密集使用该要素的部门产出扩大，而另一部门的产出下降。因此对于资本存量相对增加的国家，其资本密集型产业会获得扩张，而劳动密集型生产部门的规模会趋于萎缩。可以进一步应用罗伯津斯基定理说明要素积累对一国比较优势的影响，如果时间足够长的话，要素积累可能会改变一国的比较优势形态，以前具有比较优势的产品，现在由于经济增长可能会变为比较劣势产品，反之，以前处于比较劣势的产品，现在可能变为具有比较优势的产品，从而成为该国的出口产品。由维农（Raymond Vernon）提出的产品生命周期理论认为在产品的

生命周期中，其市场需求、资本技术密集度、关键生产要素与生产区位都处于一个动态的演进过程中，生产的区位由创新国到其他发达国家，最后转移到发展中国家，实现生产区位空间转移的手段就是通过对外直接投资，这种转移的结果就是改变了这些国家的出口商品结构。雁阵模型（FGM）理论认为跨国企业为了降低生产成本保持其竞争力，会把生产地点从高成本的母国转移到低成本的东道国，通过利用东道国丰富的要素资源，跨国企业提高了东道国的出口供应能力。小岛清提出的边际产业扩张理论认为对外直接投资应该从本国处于比较劣势的产业开始依次进行，这些产业在投资国虽然是劣势产业，但是在受资国可能正处于优势地位或具有潜在的优势地位，这样投资国的依边际产业顺序对东道国的投资行为会对东道国的出口商品结构产生动态调整的效果。Baldwin（2011、2012）提出了全球供应链经济的概念，将其称之为全球化的第二次无界化（globalization's 2nd unbundling），将全球化的核心从部门转向生产阶段，跨国企业在东道国的投资主要是为获取技能熟练的劳动力，为跨国企业的垂直分工服务，对东道国的贸易结构影响不大。

　　国外对于 FDI 对东道国出口商品结构影响的实证研究有很多，得出的结论也不尽相同。Soliman M.（2003）、Pacheco-Lopez（2005）、Metwally（2004）、A. M. Njong（2008）、Won et al.（2008）等运用不同国家的数据都发现了外商直接投资与东道国出口之间存在因果关系。而 Khan and Leng（1997）利用我国台湾地区和韩国的数据、A. M. M. Abdel Rahman（2007）利用沙特阿拉伯的数据、Alici and Ucal（2003）利用土耳其的数据并没有发现 FDI 与东道国出口之间的因果关系。Jože Damijan

等（2013）运用 1995—2007 年中欧和东欧产业层面的数据检验了 FDI 对东道国出口结构的影响，结果显示 FDI 对出口结构重组有显著积极影响，但在国家之间是异质的，FDI 的技术密集度越高东道国从中获取的收益越大。

中国作为世界上主要的接受 FDI 的东道国和出口贸易大国，FDI 对中国出口结构的影响也引起了国内外很多学者的关注。Liu 等（2002）运用 1981—1997 年的季度数据检验了中国的 FDI、贸易与经济增长之间的关系，发现出口与 FDI 之间存在双向因果关系。K. H. Zhang（2005）研究了 186 个行业的截面数据，认为 FDI 与中国的出口增长正相关，这一效应在劳动密集型部门比在资本密集型部门更显著。Xu 和 Lu（2009）检验了来自 OECD 国家的 FDI 对中国出口行业技术复杂度提升的影响，发现外商独资企业份额的上升和外商投资企业从事加工贸易比例的上升有助于提升出口产品技术复杂度，而内资企业加工贸易比例与出口产品技术复杂度负相关。江小涓（2002、2004）、冼国明（2003）的计量分析都表明 FDI 对中国出口增长和出口结构升级有显著影响。赵冲等（2010）的研究表明外商直接投资虽然在表面上改善了中国出口商品结构，但其实质优化作用有限。李坤望、王有鑫（2013）利用 1999—2007 年产品层面的贸易数据检验了 FDI 对中国出口产品质量升级的影响，发现 FDI 稳健地提高了我国出口产品质量，而且外商投资对产品质量的提升作用要强于港澳台投资。

通过梳理研究 FDI 对中国出口结构影响的文献可以发现，这些文献在研究出口结构的变化时主要运用货物贸易项下的数据，没有将服务贸易作为贸易结构的一部分囊括其中，并且在分析时单独强调 FDI 的作用，没有与内资的作用进行比较，而只有进行比较才能更清楚地显示 FDI 的作用，本书将从这些方面出发，研究外商直接投资对中国出口结构的影响。

二　数据和变量

本部分选取了中国 1983—2011 年的年度数据，内资、外资及货物贸易出口额均来自《中国统计年鉴》各期，服务贸易出口额来自商务部发布的 2012 年度《中国服务贸易统计》。数据的整理和处理使用 Excel 2003 和 Stata 10.0 软件。

在已有文献中，外资规模通常选择三资企业工业总产值作为代理，但是本书分析的出口产品涉及农业、工业、服务业在内的各个产业部门，仅用三资企业工业总产值并不能有效衡量外资对出口结构的贡献，所以本书外资（FDI）变量以全社会固定资产投资资金来源项下的"利用外资"项作为代理，这一项目是各个行业固定资产投资中的外资总额，符合本书要分析的产品范围。内资（Home）变量以全社会固定资产投资资金来源项下的"国家预算资金"和"自筹和其他资金"两项之和作为代理，内资（Home）和外资（FDI）数额按当年平均汇率折算为美元，以与出口额相对应。由于固定资产投资只是全部资产所形成的生产能力的一个组成部分，所以相比本书分析得出的结论，外资和内资的实际作用要更大。

对出口商品结构变化的衡量方法主要有以下几种：第一，以按照 SITC 分类的初级产品和工业制成品出口额在出口总额中所占的比重来衡量；第二，按要素密集度将出口产品划分为资源密集型、劳动密集型和资本密集型，以三种类型的商品在出口总额中所占比重的变化来衡量；第三，将出口商品按技术含量进行分类，以技术含量不同的商品出口额在总出口中所占比重变化来描述出口商品结构的变化。这些方法都能从不同角度反映出口商品结构的变化，但是用单一指标往往不能反映出口商品结构的整体变化状况。本文认为，首先，服务贸易作为出口贸易的一个重要组成部分，应该成为衡量出口商品结构变化的一个依据；其次，应该构建一个囊括所有出口商品类别的出口结构指数，将代表出口结构变化的各项因子进行综合，以单一指数的形式简单、直观来描述一定时期内出口商品结构的变动状况。

基于此，本书构建了一个能综合反映中国出口商品结构变化的出口商品结构指数 ES，该指数一共包括六个指标，第一个指标是按照 SITC 分类的初级产品出口额，第二个指标是服务贸易出口额，因为初级产品和服务在出口总额中所占比例较小，所以分别以其总额作为影响因子，不再细分。工业制成品是我国出口的主体，按照 SITC 的分类，其项下包括化学品及有关产品、以材料分类的制成品、机械及运输设备、杂项制品、未分类的其他商品五类商品，由于从 1992 年起海关统计改用新商品目录，未分类的其他商品已包含在各大类中，所以这类商品所占份额极小，可以忽略，因此以工业制成品项下的另外四类商品作为衡量我国出口商品结构的另外四个指标。

本书利用熵值赋权法计算各个指标的权重，通过比较熵值确定各个指标的重要程度，如果某项指标的值之间的离散程度越大，其对综合评价的影响越大，信息熵就越大，赋予的权重也就越大。用熵值法确定出口商品结构指数的步骤如下：

第一步，收集原始数据。设有 m 个年份、n 项指标形成原始数矩阵 $X = \{x_{ij}\}_{m \times n}$，其中 x_{ij} 表示第 i 年第 j 项指标的值。

第二步，数据的标准化处理。按照公式 $x'_{ij} = \dfrac{x_{ij} - x_{\min}}{x_{\max} - x_{\min}}$ 对原始数据标准化，其中，x'_{ij} 为 x_{ij} 标准化后的取值，$x_{\max}$ 为第 j 项指标的最大值，$x_{\min}$ 为第 j 项指标的最小值。

第三步，计算第 j 项指标下第 i 个年份指标值 x'_{ij} 的比重 y_{ij}。按照公式 $y_{ij} = \dfrac{x'_{ij}}{\sum\limits_{i=1}^{m} x'_{ij}}$ 建立数据的比重矩阵 $Y = \{y_{ij}\}_{m \times n}$。

第四步，计算指标信息熵值 e 和信息效应值 d。计算第 j 项指标的信息熵值的公式为：$e_j = -K \sum\limits_{i=1}^{m} y_{ij} \ln y_{ij}$，其中 K 为常数，且 $K = \dfrac{1}{\ln m}$。第 j 项指标的信息效应值 $d_j = 1 - e_j$，d_j 越大对评价的重要性就越大，赋予的权重就越大。

第五步，计算第 j 项指标的权重 w_j。$w_j = \dfrac{d_j}{\sum\limits_{j=1}^{n} d_j}$，权重越大，对评价结果的贡献越大。

第六步，计算样本的综合评价值 ES_i。采用加权求和公式计算样本的评价值，$ES_i = \sum\limits_{j=1}^{n} w_j y_{ij}$。$ES_i$ 越大表示产业结构越高级化。

运用熵值赋权法计算的 1983—2011 年各类出口商品的权重和各年的出口商品结构指数 ES 如表 6.5 和表 6.6 所示，从表 6.5 看出机械及运输设备类商品在我国出口商品结构中所占权重最大，为 0.247，初级产品出口所占权重最小，为 0.072，其他几类商品所占权重相当，同时我们也发现服务贸易在中国出口中已经占据重要位置。从表 6.6 看出 1983—2011 年各年度的出口商品结构指数值呈逐步增长趋势，这证实改革开放以来我国出口商品结构不断升级。

表6.5　　　　　1983—2011 年各类出口商品的权重

指标	化学品及有关产品	以材料分类的制成品	机械及运输设备	杂项制品	初级产品	服务出口
权重	0.172	0.171	0.247	0.167	0.072	0.171

表6.6　　　　1983—2011 年中国出口商品结构指数

年份	ES	年份	ES	年份	ES
1983	0.0023	1993	0.0068	2003	0.0295
1984	0.0028	1994	0.0092	2004	0.0398
1985	0.0033	1995	0.0114	2005	0.0506
1986	0.0030	1996	0.0116	2006	0.0639
1987	0.0035	1997	0.0138	2007	0.0817
1988	0.0047	1998	0.0136	2008	0.0982
1989	0.0047	1999	0.0144	2009	0.0812
1990	0.0042	2000	0.0177	2010	0.1080
1991	0.0047	2001	0.0190	2011	0.1297
1992	0.0063	2002	0.0228		

为了消除时间序列可能存在的异方差问题，分别对内资（Home）变量、外资（FDI）变量和出口商品结构指数 ES 进行对数变换，对数变换不会改变时间序列的特征，变换后的序列分别记为 lnHome、lnFDI、lnES。

三　协整分析和脉冲响应函数

时间序列有平稳和非平稳之分，平稳时间序列的期望、方差、自协方差等数字特征不随时间推移而改变。在很多情况下时间序列都是非平稳的，如在确定性趋势、结构变动、随机趋势等条件下的时间序列就是非平稳过程（单位根过程），两个相互独立的单位根变量进行回归分析将导致无法控制纳伪错误，产生虚假回归现象。避免虚假回归有两种方法，一是先对变量作一阶差分，然后再回归；二是协整。一阶差分后变量的经济含义与原序列并不相同，如果多个单位根变量之间由于某种经济力量而存在长期均衡关系，则仍可以使用原序列进行回归，即如果多个单位根序列拥有共同的随机趋势，则可以对这些变量作线性组合而消去此随机趋势，在这种情况下两个序列就是"协整的"。本书采用协整方法分析 $\ln Home$、$\ln FDI$ 和 $\ln ES$ 之间的关系，协整的前提是各变量单整阶数相同，所以在进行协整分析前首先对这三个序列进行平稳性检验。

（一）平稳性检验

表6.7 是利用 ADF 方法（Augmented Dickey Fuller Test）进行平稳性检验的结果。可以看出，$\ln Home$、$\ln FDI$、$\ln ES$ 均没有通过平稳性检验，而对它们进行一阶差分之后都是平稳的，因此这三个变量都是一阶单整的，故应对其进行协整分析。

表6.7　　　　　　　　　　变量的平稳性检验

变量	检验类型（C, T, K）	ADF 检验值	结论
$\ln Home$	（C, T, 0）	-0.807	不平稳
$d\ln Home$	（C, T, 0）	-4.825 ***	平稳
$\ln FDI$	（C, T, 0）	-1.593	不平稳
$d\ln FDI$	（C, T, 1）	-3.681 **	平稳
$\ln ES$	（C, T, 0）	-2.045	不平稳

续表

变量	检验类型（C，T，K）	ADF 检验值	结论
$d\ln ES$	（C，T，0）	−5.206***	平稳

注：（1）d 表示变量的一阶差分；（2）检验类型（C，T，K）中的 C、T 分别表示检验中带有常数项和趋势项，K 表示滞后阶数；（3）** 表示通过 5% 的显著水平；*** 表示通过 1% 的显著水平。

（二）协整检验

首先作出 $\ln ES$、$\ln Home$、$\ln FDI$ 的时序图以大致考察三个变量之间是否存在协整关系（见图 6.1）。图 6.1（a）是 $\ln ES$ 和 $\ln Home$ 的时序图，图 6.1（b）是 $\ln ES$ 和 $\ln FDI$ 的时序图，从图中可以看出，$\ln ES$ 的升降性与 $\ln Home$、$\ln FDI$ 具有一定的联动性，这三个变量很可能存在长期均衡关系，即为协整系统。为此，首先要确定协整秩，即共有多少个线性无关的协整向量。利用 Johansen 迹检验（trace test）进行协整秩检验，结果如表 6.8 所示，Johansen 迹检验和最大特征值检验都表明只有一个线性无关的协整向量。

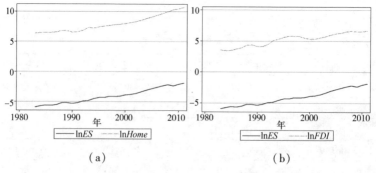

（a）　　　　　　　　　（b）

图 6.1　$\ln ES$、$\ln Home$、$\ln FDI$ 的时序图

表6.8　　　　　　　　　　Johansen 迹检验结果

原假设	迹统计量	5%临界值
$r = 0$	33.7441	29.68
$r = 1$	9.2643*	15.41
$r = 2$	0.3010	3.76

注：* 表示 Johansen 检验选择的 r 值。

然后进一步检验该系统所对应的 VAR 表示法的滞后阶数，结果如表6.9所示，大多数准则（AIC、HQIC）表明应该选择滞后三阶（打 * 者）。

表6.9　　　　　　　　　　选择滞后阶数

lag	LL	LR	df	P	FPE	AIC	HQIC	SBIC
0	-36.9086				0.004889	3.19269	3.23326	3.33896
1	59.4223	192.66	9	0.000	4.6e-06	-3.79378	-3.63151	-3.20872*
2	71.3952	23.946	9	0.004	3.7e-06	-4.03162	-3.74764	-3.00776
3	82.9265	23.063*	9	0.006	3.4e-06*	-4.23412*	-3.82844*	-2.77147
4	86.4938	7.1345	9	0.623	6.3e-06	-3.7995	-3.27212	-1.89805

本书使用 Johansen 的 MLE 方法估计该系统的向量误差修正模型（VECM），得到如下协整方程：

$$\ln ES = -10.97 + 0.7\ln Home + 0.15\ln FDI$$

标准差：　　　　0.03754　　　0.04272

P 值：　　　　0.000　　　0.000

模型 P 值为零，显示模型拟合很好。对模型进行残差自相关检验，结果显示不能拒绝"无自相关"的原假设，证明模型设定很好地提取了相关信息。

本书得出的协整方程表明在 1983—2011 年，内资、外资和出口结构变动之间存在长期均衡关系，内资和外资对我国出口商品结构改善都起到了积极作用，这与先前很多研究 FDI 与我国出口结构的文献的结论是一致的。但是本书得出的协整方程进一步显示内资和外资对我国出口商品结构改善所起的作用是不平衡的，内资每增加 1 个百分点会使出口商品结构指数改善 0.7 个百分点，而外商直接投资每增加 1 个百分点出口结构指数将改善 0.15 个百分点，这意味着国内资本在我国出口商品结构的优化中起着主导作用，而外商直接投资虽然在我国出口商品数量中占据重要位置，并且确实能够通过一定方式和途径促进我国出口商品结构的升级，但是其对出口结构的优化作用是很有限的，这可能与外商直接投资主要集中于劳动密集型的加工贸易出口部门有关，这一结论与 K. H. Zhang（2005）、赵冲等（2010）的研究结果是一致的。

对于本书建立的 VECM 系统稳定性的检验显示（见图 6.2），除了 VECM 模型本身所假设的单位根之外，伴随矩阵的所有特征值均落在单位圆之内，所以此模型是稳定的。

（三）脉冲响应函数

脉冲响应函数用来表示来自某个内生变量的随机误差项的一个标准差冲击对本身和模型中其他内生变量的当前值和未来值的影响。在上文建立的 VECM 模型基础上采用脉冲响应函数进一步分析来自内资（lnHome）、外资（lnFDI）的新息冲击对我国出口商品结构（lnES）的动态影响。分析结果如图 6.3 所示，横轴表示滞后期数（10 期），纵轴表示 lnES 对冲击的响

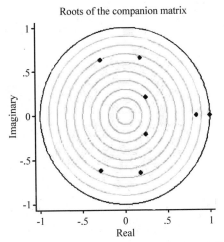

图6.2 VECM 系统的稳定性检验

应程度。图 6.3（a）表示出口商品结构对内资冲击的响应，图 6.3（b）表示出口商品结构对外资冲击的响应，图 6.3（a）显示出口商品结构在受到国内资本当期一个单位正向标准差冲击后迅速响应，在第 1 期达到峰值，然后快速下降，第 3 期下降为负响应，然后又开始逐渐上升，到第 5 期变为正响应，第 6 期之后逐渐收敛，这表明随着国内投资增加，在前期会显著改善出口商品结构，之后影响减弱。图 6.3（b）显示在出口商品结构受到外商直接投资当期一个单位正向标准差冲击后作出正响应，第 2 期达到峰值，之后开始下降，第 4 期之后逐渐达到新的均衡值，这表明外商投资对出口商品结构的影响前期比较显著，后期趋于平稳。

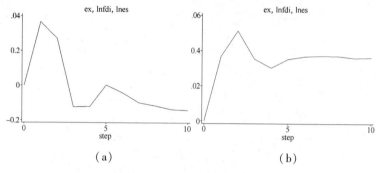

图 6.3　脉冲响应函数分析

（四）方差分解

为了进一步阐明国内资本和外商直接投资在中国出口商品结构变动中的相对地位，本书将变量 lnES 采用 Cholesky 分解方法进行方差分解。方差分解的目的是将预测方差分解为自身和相关影响因素的多个组成部分，从而可以了解各新息对模型内生变量的贡献度。表 6.10 给出了变量 lnES 的方差分析结果，可以看出出口商品结构对解释自身的预测方差起了重要作用，除了第 3 期和第 4 期之外，其余各期中自身扰动引起的贡献率均在 92% 左右。来自 lnFDI 的扰动对 lnES 的方差分解贡献率在前期比较大，以第 3 期最大，为 10.65%，随后不断下降，到第 13 期以后稳定在 2% 左右。来自 lnHome 的扰动对 lnES 的方差分解贡献率与 lnFDI 的趋势相反，呈先低后高走势，在第 2 期贡献率只有 0.23%，之后逐渐上升，到第 13 期以后稳定在 5% 左右。这说明出口商品结构变动率的大约 5% 得益于国内投资拉动，大约 3% 得益于外商投资，对比可知国内投资对出口商品结构的优化作用要大于外商投资。另外要注意的是，本书只涉及固定资产投资对出口结构的影响，内资和外资的实际影响要大于本文得出的数据。

表6. 10　　　　　　　　　　lnES 的方差分解表

Period	S. E.	lnES	lnFDI	lnHome
1	0. 128609	100. 0000	0. 000000	0. 000000
2	0. 186121	92. 21939	7. 545346	0. 235264
3	0. 222585	87. 77063	10. 65165	1. 577721
4	0. 266477	89. 48096	7. 579797	2. 939244
5	0. 303619	90. 74418	5. 900121	3. 355696
6	0. 333596	91. 21694	5. 264216	3. 518841
7	0. 366069	91. 68016	4. 605651	3. 714191
8	0. 397711	92. 01590	4. 014302	3. 969798
9	0. 426387	92. 22548	3. 568509	4. 206008
10	0. 454559	92. 44169	3. 183206	4. 375103
11	0. 481992	92. 62482	2. 868451	4. 506725
12	0. 508080	92. 74833	2. 617966	4. 633701
13	0. 533469	92. 84820	2. 398872	4. 752931
14	0. 558162	92. 93530	2. 207667	4. 857037
15	0. 581949	93. 00687	2. 045312	4. 947819
16	0. 605046	93. 06716	1. 904409	5. 028428
17	0. 627539	93. 11827	1. 780320	5. 101409
18	0. 649378	93. 16086	1. 671058	5. 168079

四　结论及政策启示

出口商品结构升级是我国对外贸易发展中的重要课题，内资和外资作为来源不同的两种资本在我国出口中都扮演重要角色。本书运用熵值赋权法构建了一个包括初级产品、工业制成品和服务产品出口在内的全面反映出口商品结构变化的综合指数，运用协整分析、脉冲响应函数和方差分解等计量方法对我国 1983—2011 年时间序列进行分析，以比较内资和外资对我国出口商品结构的不同影响，结果表明。

1. 内资、外资和我国出口商品结构之间存在长期均衡关系。内资和外资对我国出口商品结构升级都起到了积极作用，但这种作用是不平衡的，内资每增加 1% 会使出口商品结构指数改善 0.7%，外资每增加 1% 出口商品结构指数将改善 0.15%，这意味着在我国出口商品结构优化中形成了以内资为主、外资为辅的格局。

2. 脉冲响应函数分析显示出口商品结构对来自内资和外资的新息冲击前期响应比较大，后期趋于平稳，这显示内资和外资对出口商品结构的改善作用主要体现在前期，后期的影响越来越小。

3. 方差分解结果显示出口商品结构变动率的 5% 得益于国内投资的作用，2% 得益于外商投资的作用。

外资与内资在我国出口总额增长中各占据半壁江山，但在优化出口商品结构中外资发挥的作用远不及内资，为此在引进外资政策中要注重提高外资质量，一方面应该坚持引进外资的政策，但是要提高其进入门槛，坚持宁缺毋滥导向，引导外资投向有利于出口结构升级的资本技术密集型部门和服务业部门，以提高新进外资对出口结构的优化作用；另一方面应该对外资存量进行出口结构调整，敦促外资企业转换出口发展战略，加大对在华企业的资本、技术投入，提高出口产品的技术含量和附加价值，从而扩大外资存量对我国出口结构的优化作用。

内资是提升我国出口商品结构的中坚力量，因此应更注重提高国内资本的数量和质量，一方面要取消对外资的优惠措施，形成两类资本平等竞争的格局，在资本和技术密集型产业中要加强对国内投资的支持力度，以扩大内资的规模；另一方面要从多方面入手提高内资质量，要对内资企业实施有效的创新激励政策，支持内资企业开展研发活动，并鼓励高校等科研机构和金融机构与企业合作，为企业创新提供智力和财力支持，探索扩大外资技术溢出效应的新途径，以更有效利用外资提高内资的效率。

第七章　比较优势对我国出口企业生产率的影响

通过理论分析发现，比较优势部门内的企业由于具有低成本——高生产率二元选择优势和较低固定成本，生产率对出口的决定作用减弱，从而比比较劣势部门内的企业更容易出现出口生产率悖论。本章首先测算中国出口产品的比较优势，然后用中国制造业上市企业数据验证理论预期。

第一节　中国出口商品比较优势测算

按照要素禀赋理论，一国应该生产并出口密集使用本国丰裕要素的产品，进口密集使用本国稀缺要素的产品。一国的要素禀赋处于不断累积和变化中，在经济发展初期，劳动力和自然资源是本国的丰富要素，随着经济发展，资本不断增加，技术不断进步，出口商品结构和比较优势也会随之变化。中国改革开放30多年来，经济和对外贸易都经历了快速增长，在这一过程中，中国出口商品的比较优势发生了哪些变化？是否遵从要素禀赋理论？本节计算了中国出口商品在2000—2013年年间的显性比较优势指数（RCA）和净出口比率指数（NTR），试图回答这些问题。

一　比较优势测算方法

在已有文献中，本国的比较优势产品最常用的测算指标是显性比较优势指数（Revealed Comparative Advantage，RCA），它是美国经济学家 Balassa 在 1965 年提出，它摆脱了各种理论假设的制约，根据商品进出口的结果对其比较优势状况进行判断。后来一些学者对 RCA 指数进行了改进，Laursen（1998）构造了 Symmetrical RCA 指数，Proudman 和 Redding（2000）提出了 WRCA 指数，Hoen 和 Osterhaven（2006）提出了 Additive RCA 指数，Yu et al.（2009）提出了标准显性比较优势指数，后来的这些指数虽然对初始的 RCA 指数进行了各种改进，但都未能尽如人意，Balassa（1965）提出的 RCA 指数仍然是当前文献中使用最多的测度比较优势的指标。由于本章研究的主要目的并不在于构建新的测度比较优势的指数，所以在测度中国出口产品的比较优势时直接使用 Balassa（1965）这一最原始形式的 RCA 指数形式。

Balassa（1965）是通过计算一国某类出口商品在本国总出口中的比重与世界同类产品在世界总出口中的比重的比值来度量一国在这类产品上的比较优势，其计算公式为：

$$\text{RCA}_{ij} = \frac{X_{ij}/X_{it}}{X_{wj}/X_{wt}}$$

其中，RCA_{ij} 表示 i 国第 j 种产品的显性比较优势指数，X_{it} 代表 i 国在 t 时期的总出口，X_{ij} 代表 i 国第 j 种产品的出口，X_{wt} 代表 t 时期世界所有产品的出口总值，X_{wj} 代表世界第 j 种产品的出口总值。

RCA 的值显示了该国在该种产品上的比较优势状况，根据日本贸易振兴会（JETRO）制定的标准，RCA > 2.5 说明该产品具有极强比较优势，$1.25 \leqslant RCA < 2.5$ 说明该产品具有较强比较优势，$0.8 \leqslant RCA < 1.25$ 说明该产品不具有比较优势，RCA < 0.8 说明该产品国际竞争力较弱。

RCA 指数忽略了进口的作用，有可能产生估测偏差。为了与 RCA 指数的计算结果相比较，本章同时采用了另一种计算一国产品比较优势的常用方法：净出口比率指数（Net Trade Ratio, NTR），它考虑了进口和出口的相互关系，NTR 表示某种产品的净出口占进出口贸易的比例，它的计算公式为：

$$NTR_{ij} = \frac{X_{ij} - M_{ij}}{X_{ij} + M_{ij}}.$$

其中，X_{ij} 和 M_{ij} 分别表示 i 国第 j 种产品的出口值和进口值。NTR 的取值在 -1 和 1 之间，NTR 等于 -1 时意味着这类产品只有进口没有出口，取 1 时意味着此类产品只有出口没有进口。如果 NTR > 0，则表示该种产品具有比较优势，如果 NTR < 0，则表示该种产品具有比较劣势。

二　数据来源与产品分类

本章使用的数据来自联合国全球贸易统计数据库（United Nations Commodity Trade Statistics Database），该数据库提供了本章所需要的全部数据。

本章采用联合国标准国际贸易分类（Standard International Trade Classification, SITC）对出口产品进行分类，SITC 按 1 位数分类，出口产品共分为 10 类：SITC0（食品及活动物）、SITC1（饮料及烟类）、SITC2（非食用原料）、SITC3（矿物燃料、润滑油及有关原料）、SITC4（动植物油、脂及蜡）、SITC5（化学成品及有关产品）、SITC6（按原料分类的制成品）、SITC7（机械及运输设备）、SITC8（杂项制品）和 SITC9（未分类产品）。根据傅朝阳等（2006），将 SITC0—SITC4 类初级产品定义为资源密集型产品，SITC6 和 SITC8 制成品定义为劳动密集型产品，SITC5 和 SITC7 制成品产品定义为资本密集型产品，第 9 类为未分类的其他产品[①]。

三　RCA 指数测算结果

表 7.1 给出了中国 2000—2013 年 14 年间 1 位数 SITC 分类的显性比较优势指数。傅朝阳等（2006）计算了 1980—2000 年中国出口产品 1 位数 SITC 分类的 RCA 指数，他们使用的数据来自联合国国际贸易统计年鉴（UN's International Trade Statistics Yearbook）和中国海关统计年鉴。2000 年的 RCA 指数是本书与傅朝阳等（2006）都计算的年份，经过比对，本书计算的每类数据的 RCA 结果都与傅朝阳等（2006）高度一致，因此本书结合他们的研究成果，把 1980—2013 年间中国各类出口产品的比较优势变动状况反映在图 7.1 中。

从图 7.1 可见，中国改革开放以来各类产品的比较优势都发生了显著变化。首先，资源密集型产品在改革开放初期具有较强比较优势，SITC0、SITC2、SITC3 这三类产品的 RCA 指数在 1985 年前后达到 2 左右，之后这几类产品的比较优势迅速丧失，先后在 1990 年左右成为比较劣势产品，并且 RCA 值不

---

① 傅朝阳、陈煜：《中国出口商品比较优势：1980—2000》，《经济学》（季刊）2006 年第 2 期。

断下降，直至成为我国国际竞争力较弱的产品。SITC1 和 SITC4 这两类产品在整个时间段内都属于竞争力较弱的产品。其次，劳动密集型产品一直居于比较优势地位，SITC8 类产品的比较优势地位超过了 SITC6 类产品，是当前我国比较优势最强的一类产品，SITC8 的 RCA 指数从 1990 年开始一直到 2013 年都在 2 以上，在整个 20 世纪 90 年代都超过了 2.5，显示了这类产品在当时具有极强比较优势地位。SITC6 类产品的 RCA 指数比较平稳，基本处于 1—1.5，是我国具有比较优势的第二类产品。最后，资本密集型产品的竞争力在不断增强。SITC7 类产品的 RCA 指数一直处于上升趋势，在 2006 年达到 1.25，成为我国的比较优势产品，近几年其比较优势地位更逐渐超过了 SITC6 类产品，这显示了我国的比较优势由劳动密集型产品向资本密集型产品动态转换的趋势。SITC5 类产品的 RCA 指数基本小于 0.8，并且呈逐渐下降的趋势，显示其竞争力在进一步减弱，但 SITC5 类产品在我国出口中所占份额较小，不足以从总体上改变资本密集型产品的比较优势地位。

表 7.1　　2000—2013 年中国各类出口商品的 RCA 指数

年份	SITC0	SITC1	SITC2	SITC3	SITC4	SITC5	SITC6	SITC7	SITC8
2000	0.92	0.33	0.58	0.31	0.15	0.54	1.25	0.80	2.79
2001	0.83	0.34	0.52	0.33	0.13	0.52	1.21	0.88	2.59
2002	0.78	0.31	0.45	0.28	0.08	0.45	1.19	0.97	2.46
2003	0.70	0.25	0.38	0.26	0.06	0.42	1.16	1.09	2.32
2004	0.59	0.23	0.31	0.23	0.06	0.42	1.21	1.15	2.23
2005	0.57	0.19	0.30	0.18	0.09	0.44	1.22	1.21	2.21

续表

年份	SITC0	SITC1	SITC2	SITC3	SITC4	SITC5	SITC6	SITC7	SITC8
2006	0.54	0.16	0.24	0.13	0.10	0.44	1.29	1.25	2.22
2007	0.61	0.18	0.27	0.20	0.12	0.53	1.46	1.44	2.57
2008	0.46	0.15	0.25	0.18	0.13	0.55	1.44	1.42	2.36
2009	0.45	0.16	0.21	0.16	0.07	0.46	1.27	1.47	2.19
2010	0.46	0.16	0.18	0.14	0.05	0.51	1.25	1.46	2.18
2011	0.46	0.16	0.18	0.12	0.05	0.56	1.32	1.48	2.29
2012	0.43	0.16	0.17	0.10	0.05	0.51	1.31	1.42	2.33
2013	0.39	0.14	0.16	0.11	0.05	0.48	1.29	1.40	2.33

资料来源：作者根据联合国全球贸易统计数据库相关数据计算得到。

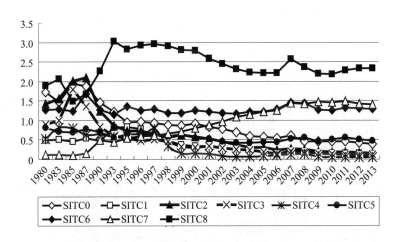

图 7.1　中国各类出口产品的 RCA 指数：1980—2013 年

资料来源：作者根据傅朝阳等（2006）和表 7.1 绘制。

本书进一步计算了 2000—2013 年各年度按 3 位数 SITC 分类的 250 多个小类产品的比较优势指数，发现各个大类拥有比较优势产品的数量是不均衡的。图 7.2 显示了 2000 年、2005

年、2009 年、2013 年四个年份我国具有比较优势的产品
（RCA＞1.25）在各个大类内部的分布状况。在这四个年份中
我国具有比较优势的出口产品种类数分别为 82 种、75 种、81
种和 87 种，这些具有比较优势的产品主要分布在 SITC6、
SITC7 和 SITC8 这三大类中，SITC7 类产品所占的比重越来越
大，相反 SITC0—SITC5 类产品所占的比重越来越小，这与上
文的结论一致，中国出口的比较优势主要在于劳动密集型产品
和资本密集型产品，资源密集型中的绝大部分产品已经丧失了
比较优势地位。

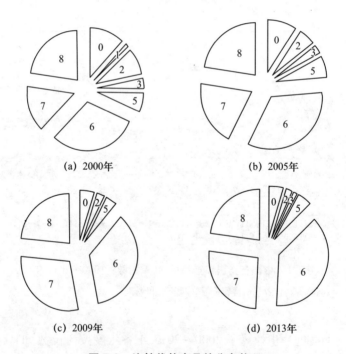

图 7.2　比较优势产品的分布状况

注：图中扇形内的数字表示 SITC 按 1 位数的相应分类代码。

四　NTR 指数测算结果

表 7.2 给出了中国 2000—2013 年 14 年 1 位数 SITC 分类的净出口比率指数值。傅朝阳等（2006）计算了 1980—2000 年中国出口产品 1 位数 SITC 分类的 NTR 指数，此处也结合他们的研究成果，把从 1980 年到 2013 年中国各类出口产品的 NTR 指数变动状况反映在图 7.3 中。

从图 7.3 看出，NTR 的结果和 RCA 的结果基本一致，反映了劳动密集型产品是中国主要的比较优势产品，资本密集型产品的比较优势逐步上升，资源密集型产品已经基本处于比较劣势。需要注意的是，两种方法对于 SITC0 类产品的估测存在一定差异，NTR 的结果显示 SITC0 类产品的值一直大于 0，即始终处于比较优势地位，RCA 的结果则显示在 20 世纪 90 年代中期 SITC0 类产品就已经不具有比较优势，傅朝阳等（2006）的估算中也出现了这一差别，本文的观点与他们的观点一致，即这一差别可能由中国政府对农产品的保护造成的，一些贸易保护措施使进口减少，扩大了 NTR 指数的值。

表 7.2　2000—2013 年中国各类出口商品的 NTR 指数

年份	SITC0	SITC1	SITC2	SITC3	SITC4	SITC5	SITC6	SITC7	SITC8
2000	0.44	0.34	-0.64	-0.44	-0.79	-0.42	0.01	-0.05	0.74
2001	0.44	0.36	-0.68	-0.35	-0.75	-0.41	0.02	-0.06	0.70
2002	0.47	0.43	-0.67	-0.39	-0.88	-0.43	0.04	-0.03	0.67
2003	0.49	0.35	-0.74	-0.44	-0.92	-0.42	0.04	-0.01	0.58
2004	0.34	0.37	-0.81	-0.53	-0.93	-0.42	0.15	0.03	0.51
2005	0.41	0.20	-0.81	-0.57	-0.85	-0.36	0.23	0.09	0.52

续表

年份	SITC0	SITC1	SITC2	SITC3	SITC4	SITC5	SITC6	SITC7	SITC8
2006	0.44	0.06	−0.82	−0.66	−0.83	−0.32	0.34	0.12	0.54
2007	0.45	0.00	−0.85	−0.66	−0.92	−0.28	0.36	0.16	0.55
2008	0.39	−0.11	−0.87	−0.68	−0.89	−0.19	0.42	0.21	0.55
2009	0.37	−0.08	−0.89	−0.71	−0.92	−0.28	0.26	0.18	0.55
2010	0.31	−0.11	−0.89	−0.75	−0.92	−0.26	0.31	0.17	0.53
2011	0.27	−0.23	−0.90	−0.79	−0.91	−0.22	0.36	0.18	0.56
2012	0.19	−0.25	−0.89	−0.81	−0.91	−0.22	0.39	0.19	0.59
2013	0.14	−0.26	−0.90	−0.81	−0.89	−0.22	0.42	0.19	0.62

资料来源：作者根据联合国全球贸易统计数据库相关数据计算得到。

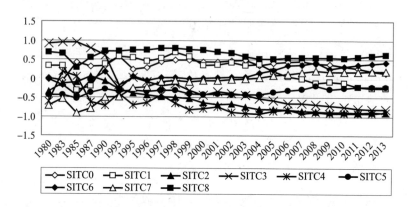

图 7.3 中国各类出口产品的净出口比率指数：1980—2013 年

资料来源：作者根据傅朝阳等（2006）和表 7.2 绘制。

本书也计算了 2000—2013 年按 3 位数 SITC 分类的 250 多个小类产品的 NTR 指数，发现比较优势产品在每个大类内部和大类之间的分布都是不平衡的。首先，几乎在每个大类内部都是比较优势产品和比较劣势产品共存，例如在 2013 年，在比较劣势较为显著的 SITC2 大类中共有 32 个小类的产品，其中 22 个小类的 NTR 指数为负值，10 个小类的 NTR 指数为正值，最大的达到 0.95。而在具有显著比较优势的 SITC8 类中共有 31 个小类产品，其中 26 个小类产品的 NTR 指数为正值，5 个小类的 NTR 指数为负值，最小值达到 - 0.91。其次，比较优势产品在大类之间的分布不平衡，比较优势产品 60% 左右来自 SITC6、SITC7、SITC8 三个大类，例如在 2013 年的 153 个产品类别中，有 103 类产品属于这三个大类。其中 SITC7 大类中的比较优势产品逐渐增加，从 2000 年的 18 种增长到 2013 年的 36 种。

五　小结

本节运用 Balassa 显性比较优势指数（RCA）和净出口比率指数（NTA）测算了 2000—2013 年中国出口产品的比较优势。这两种方法得到的结果基本一致：劳动密集型产品和资本密集型产品都是中国具有出口比较优势的产品，劳动密集型产品的比较优势地位比较稳定，资本密集型产品的比较优势地位呈稳定上升趋势。而资源密集型产品处于比较劣势地位。我国出口产品的比较优势格局与要素禀赋理论是符合的，我国属于自然资源贫乏、劳动力丰富的国家，因此在密集使用资源的产品上不具竞争力，在密集使用劳动的产品上国际竞争力比较强。我国虽然在改革开放初期资本相对稀缺，但是随着经济快速发展，国内资本迅速增加，国外资本大量流入，资本逐步积累，逐渐成为我国的相对丰富要素，资本密集型产品也随之转变为我国的比较优势产品。

第二节 比较优势与出口生产率悖论：实证分析

根据理论分析，比较优势部门内的企业在一国出口中拥有"低边际生产成本—高生产率二元选择优势"和较低的出口固定成本，因此比比较劣势部门内的企业出现出口生产率悖论的概率更大。本节将从短期和长期两个角度运用我国制造业上市企业数据检验这一理论预期。

一 比较优势企业和比较劣势企业的划分

进行实证检验之前需要把所有企业划分为两类：比较优势企业和比较劣势企业。把生产本国比较优势出口产品的企业称为比较优势企业，把生产本国比较劣势出口产品的企业称为比较劣势企业。比较优势部门由比较优势企业组成，比较劣势部门由比较劣势企业组成。两类企业的划分方法如下：首先根据上市企业年报中所述主营业务产品按照 3 位数 SITC 分类，然后对照上节计算的我国出口的 3 位数 SITC 各类产品的 RCA 指数①确定各上市企业主营产品的比较优势状况。在本书选取的 2000—2013 年的 534 家上市企业中②，所有企业分为三种情况：第一，企业的所有主营业务产品在所有年份均属于我国具有比较优势的产品，称为 A-type；第二，企业的所有主营业务

---

① 在确定产品比较优势上，RCA 指数比 NTR 指数应用更多。
② 本章中的 534 家上市企业与第 4 章相同，数据来源与处理数据的方法也与第 4 章相同。

产品在所有年份均属于我国具有比较劣势的产品，称为D-type；第三，企业的主营业务产品状态比较复杂，或者它的产品在有些年份具有比较优势，在另一些年份却是比较劣势产品，或者在同一年当中，它的有些产品具有比较优势，另一些产品却具有比较劣势，把这种类型称为M-type。在本文选取的534家企业中，属于A-type的有183家，属于D-type的有197家，属于M-type的有154家。

无疑，A-type应该划归为比较优势企业，D-type应该划归为比较劣势企业。M-type属于混合型的，本文采取如下原则对其分类：在某一年中，只要企业生产的产品之一具有比较优势，那么就将该企业在该年度划归为比较优势企业，否则将该企业在该年度划归为比较劣势企业。各类企业主要变量的描述性统计见表7.3，可见在两大类企业内部，出口企业都比非出口企业投入更多资产和劳动，拥有更大产出，但是获得的利润相当。将两大类企业进行比较，可见比较优势出口企业比比较劣势出口企业拥有更大产出和出口，但是利润略少于比较劣势出口企业，说明比较优势企业在出口中可能存在低价竞销，忽视生产效率的问题。

表7.3　2000—2013年各类型企业主要变量的描述性统计

变量	比较优势企业				比较劣势企业			
	出口企业		非出口企业		出口企业		非出口企业	
	均值	标准差	均值	标准差	均值	标准差	均值	标准差
营业收入	16.61	1.47	15.62	1.54	16.53	1.28	15.79	1.52
固定资产	15.56	1.45	14.98	1.61	15.56	1.22	14.97	1.41
劳动	8.15	1.14	7.33	1.31	7.91	1.03	7.42	1.32

续表

变量	比较优势企业				比较劣势企业			
	出口企业		非出口企业		出口企业		非出口企业	
	均值	标准差	均值	标准差	均值	标准差	均值	标准差
利润	18.24	0.40	18.24	0.03	18.25	0.09	18.25	0.04
出口额	14.63	2.02	—		13.92	1.87	—	
观测值	2137		1547		1866		1926	

注：所有变量值均为取对数后的值。

二 短期截面数据检验

本节从短期检验比较优势对出口生产率悖论的影响，运用的数据是 2008 年制造业所有上市企业数据。之所以选择 2008 年是因为在这一年全球金融危机爆发，外部需求减少，这一外部冲击导致国内资源在产业间和产业内的异质性企业之间的再分配，很多低效率的出口企业退出出口市场，甚至破产，退出生产。能在恶劣的国际环境下继续出口的企业势必是高生产率的企业，所以 2008 年是各个部门最不可能出现出口生产率悖论的一年，如果在这一年悖论仍然存在，那说明在其他年份会极有可能出现悖论。

1. 模型设计与数据来源

本节仍然采用 Bernard & Wagner（1997）使用的检验出口企业与非出口企业生产率差异的模型，如下（记为模型 7.1）：

$$\ln TFP_{ij} = \alpha + \beta Export_{ij} + \lambda_1 \ln y_{ij} + \lambda_2 \ln y_{ij}^2 + \lambda_3 \ln profit_{ij} + \gamma Control_{ij} + \varepsilon_{ij}$$

其中，i 代表企业，j 代表产业。TFP_i 为企业 i 的全要素生产率，运用近似全要素生产率方法估算[①]，s 设定为 1/3，$Export_i$ 是表示企业 i 当前出口状态的虚拟变量，y_i、y_i^2 分别表示企业产出及其平方项，$profit_i$ 表示企业利润，$Control$ 为控制变量，包括所有制虚拟变量、区域虚拟变量和产业虚拟变量。

计量方法主要是最小二乘法回归（OLS），截面数据容易出现异方差问题，从而导致最小二乘法的估计结果不再是最佳线性无偏估计，为此首先运用怀特检验确定是否存在异方差，对于存在异方差的回归方程采用"异方差稳健标准差"方法进行处理。考虑到出口与生产率之间的内生性问题，同时选择二阶段最小二乘法（2SLS）作为对照，选择 $Export$ 在 2007 年的值作为工具变量。

制造业上市企业数据来源于国泰安数据库（CSMAR）和各公司的 2008 年年度报告。去掉企业年度报告中所述职工类别不包括生产人员的企业，然后把所剩企业划分为比较优势和比较劣势两大类，再根据企业年度报告中的"主营业务分地区情况"分别统计这两大类中的出口企业和非出口企业。根据处理后的数据，观测到 2008 年沪市和深市总共 989 家制造业上市企业，具体分类见表 7.4。比较优势部门中的企业数量多于比较劣势部门中的企业数量，比较优势出口企业数量大于比较优势非出口企业数量，比较劣势出口企业数量小于比较劣势非

[①] 近似全要素生产率方法涉及的数据指标相对较少，计算简便，并且从本书第四部分的检验结果来看，不同方法计算的生产率仅影响估计系数的大小，基本不会影响估计系数的方向性，因此为了节约时间，此处仅估算了上市企业的近似全要素生产率。

出口企业数量①。与理论预期一致，在总出口企业数量中，属于比较优势类别的企业占 70%。

表 7.4　　　　　　2008 年制造业上市企业分类　　　（单位：家）

	比较优势部门	比较劣势部门
出口企业数量	410	169
非出口企业数量	216	194
总计	626	363

资料来源：作者自己整理。

2. 实证结果与分析

表 7.5 和表 7.6 报告了对计量模型 7.1 进行 OLS 回归的结果。从表 7.5 可以得出以下几点结论：（1）从总体来看，出口企业与非出口企业的生产率差异并不显著，说明从总体看不存在"出口生产率悖论"；（2）从按比较优势划分的企业类别来看，比较优势企业类别中，优势出口企业的生产率显著低于优势非出口企业，幅度约为 4.3%，而比较劣势企业类别中，*Export* 变量的符号虽然也为负，但是不显著，不能证明劣势出口企业的生产率低于劣势非出口企业。这说明出口生产率悖论出现在比较优势部门，比较劣势部门没有出现"悖论"；（3）就不同所有制的企业来看，民营企业中出口企业的生产率显著低于非出口企业，幅度约为 0.87%，国有企业和外资企业中 *Export* 的符号虽然也为负，但是并不显著，这说明出口生产率悖

---

① 为表述方便，下文以"比较优势企业"表示属于比较优势部门的企业，以"优势出口企业"表示属于比较优势部门的出口企业，以"优势非出口企业"表示属于优势部门的非出口企业，比较劣势部门的相应企业亦是如此表示。

论主要适用于我国的民营企业，原因可能是民营出口企业多数是一些劳动密集的加工贸易型企业，本身研发投入较少，导致生产率水平较低。

表 7.6 将不同所有制类型的企业各自划分了比较优势和比较劣势企业，然后根据模型 7.1 进行回归分析，可见 *Export* 变量只有在民营的比较优势企业类别中显著，民营比较优势企业中，出口企业的生产率比非出口企业低大约 4%，这说明比较优势部门中的出口生产率悖论主要存在于民营企业中的比较优势部门，国有企业和外资企业无论是比较优势部门还是比较劣势部门都没有表现出出口生产率悖论。根据理论预期，在比较优势产业内，企业的出口倾向越高越有可能出现出口生产率悖论，我们分别计算了国有比较优势企业、民营比较优势企业和外资比较优势企业的平均出口倾向，国有的为 16.7%，民营的为 23.9%，外资的为 27.2%，民营比较优势企业的出口倾向高于国有比较优势企业，并且出现出口生产率悖论，这证实了理论预期。外资比较优势企业的平均出口倾向最高，但没有出现悖论，原因可能是外资企业的投资类型是出口平台式的投资，出口对象是那些没有建立成熟销售网络的市场，所以没有节约出口固定成本。

从控制变量的结果来看，利润变量在样本总体、比较优势企业和国有企业中显著为负，这显示利润越高的企业生产率越低，说明上市企业可能主要是一些劳动密集的加工型企业，利润变量在外资企业中显著为正，说明获得更高利润的外资企业其生产率也越高；企业产出的一次项为正，二次项为负，说明产出与生产率呈倒 U 形关系，产出越大的企业生产率越高，但产出达到一定程度，即企业最优规模，则会导致生产率下降，我国企业还没有达到最优规模。

表7.5 出口企业与非出口企业的生产率差异（模型7.1）

变量	样本总体	比较优势企业	比较劣势企业	国有企业	民营企业	外资企业
Export	-0.003 (0.008)	-0.043** (0.018)	-0.003 (0.003)	-0.017 (0.012)	-0.008** (0.004)	-0.017 (0.022)
ln*Profit*	-0.016* (0.008)	-0.023** (0.009)	0.002 (0.002)	-0.014** (0.006)	-0.006 (0.004)	0.029** (0.010)
ln*Y*	0.902* (0.523)	1.107** (0.521)	0.091 (0.081)	1.306** (0.524)	0.097 (0.092)	-0.097 (0.291)
ln*Y*²	-0.019* (0.001)	-0.023** (0.011)	-0.001 (0.001)	-0.028** (0.011)	-0.001 (0.002)	0.002 (0.006)
产业	控制	控制	控制	控制	控制	控制
地区	控制	控制	控制	控制	控制	控制
企业性质	控制	控制	控制	—	—	—
R^2	0.43	0.55	0.30	0.60	0.28	0.46

注：*表示在10%的水平下通过检验，**表示在5%的水平下通过检验，***表示在1%的水平下通过检验；表中括号内数据是（稳健）标准差①。

表7.6 不同所有制性质的出口企业与非出口企业生产率差异（模型7.1）

变量	国有企业		民营企业		外资企业	
	比较优势	比较劣势	比较优势	比较劣势	比较优势	比较劣势
Export	-0.032 (0.020)	0.001 (0.009)	-0.040** (0.017)	-0.003 (0.004)	-0.021 (0.049)	-0.013 (0.023)

① 通过怀特检验，我们发现并不是所有类型的数据都存在异方差，存在异方差的数据主要是样本总体、比较优势和国有企业这三类，因此这三类数据采用"异方差稳健标准差"方法进行回归，得到稳健标准差。

续表

变量	国有企业		民营企业		外资企业	
	比较优势	比较劣势	比较优势	比较劣势	比较优势	比较劣势
ln*Profit*	− 0. 022 *** (0. 008)	0. 001 (0. 003)	− 0. 006 (0. 005)	0. 002 (0. 007)	0. 025 (0. 020)	0. 034 *** (0. 011)
ln$Y$	1. 457 *** (0. 444)	0. 123 (0. 125)	0. 113 (0. 109)	0. 175 (0. 165)	− 0. 279 (0. 735)	− 0. 186 (0. 281)
lnY^2	− 0. 031 *** (0. 009)	− 0. 002 (0. 002)	− 0. 002 (0. 002)	− 0. 003 (0. 004)	0. 007 (0. 017)	0. 004 (0. 006)
产 业	控制	控制	控制	控制	控制	控制
地 区	控制	控制	控制	控制	控制	控制
R^2	0. 72	0. 26	0. 30	0. 32	0. 41	0. 74

注：∗∗ 表示在 5% 的水平下通过检验，∗∗∗ 表示在 1% 的水平下通过检验；表中括号内数据是（稳健）标准差。

表 7.7 是运用 2SLS 回归对模型 7.1 的估计结果，由于篇幅所限，主要列出比较优势类别企业的估计结果。将表 7.7 与表 7.5 和表 7.6 进行比较发现，OLS 与 2SLS 估计的 *Export* 的数值虽然相差比较大，但符号一致，比较优势企业和民营比较优势企业的 *Export* 变量非常显著，而其他类别企业的 *Export* 变量不显著，证明之前的分析结果是稳健的，出口生产率悖论主要存在于比较优势部门，特别是民营比较优势部门。

表 7.7　　　　　　　　　**模型 7.1 的 2SLS 回归结果**

变量	样本总体	比较优势企业	比较劣势企业	国有优势企业	民营优势企业	外资优势企业
Export	− 0. 043 (0. 017)	− 0. 060 ** (0. 023)	− 0. 009 (0. 008)	− 0. 020 (0. 020)	− 0. 056 ** (0. 023)	− 0. 079 (0. 074)

续表

变量	样本总体	比较优势企业	比较劣势企业	国有优势企业	民营优势企业	外资优势企业
$\ln Profit$	-0.019^* (0.010)	-0.026^{***} (0.010)	0.001 (0.002)	-0.022^{***} (0.008)	-0.007 (0.005)	0.022 (0.019)
$\ln Y$	0.880^* (0.503)	1.134^{**} (0.499)	0.061 (0.084)	1.467^{***} (0.425)	0.131 (0.111)	-0.039 (0.731)
$\ln Y^2$	-0.018^* (0.011)	-0.024^{**} (0.011)	-0.001 (0.001)	-0.031^{***} (0.009)	-0.002 (0.002)	0.001 (0.017)
产业	控制	控制	控制	控制	控制	控制
地区	控制	控制	控制	控制	控制	控制
企业性质	控制	控制	控制	—	—	—
R^2	0.41	0.57	0.30	0.73	0.31	0.31

注：＊表示在 10% 的水平下通过检验，＊＊表示在 5% 的水平下通过检验，＊＊＊表示在 1% 的水平下通过检验；表中括号内数据是（稳健）标准差。

3. 结论

本节运用 2008 年 989 家制造业上市企业数据检验了比较优势对出口企业生产率的短期影响，得到的主要结论是：出口生产率悖论主要适用于比较优势部门内的企业，尤其是民营比较优势部门内的企业。比较劣势部门内的企业没有出现出口生产率悖论。

三 长期面板数据检验

1. 计量模型

上节进行的短期截面回归得出的结论可能带有偶然性，本节将从长期角度进一步检验比较优势对出口企业生产率的影

响，采用的数据是 2000—2013 年我国 534 家制造业上市企业
的平衡面板。从上节回归的结果得出，出口对生产率的影响依
赖于企业的比较优势状况，如果企业属于比较优势部门，出口
可能对生产率产生不利影响，如果企业属于比较劣势部门，则
不会产生不利影响。为了考察出口和比较优势状态的交互作用
对企业生产率的影响，本节采用二元变量交互回归模型，如下
（记为模型 7.2）：

$$\ln TFP_{ijt} = \alpha + \beta_1 Export_{ijt} + \beta_2 Advantage_{ijt} \times Export_{ijt} +$$
$$\lambda_1 \ln y_{ijt} + \lambda_2 \ln y_{ijt}^2 + \lambda_3 \ln profit_{ijt} + \gamma Control_{ijt} + \varepsilon_{ijt}$$

其中，$Advantage_{ijt}$ 是表示企业比较优势状态的虚拟变量，
如果企业 i 在 t 时期被划归为比较优势企业，那么 $Advantage_{ijt}$
$= 1$，否则，$Advantage_{ijt} = 0$。当增加了 $Advantage_{ijt}$ 与 $Export$
的交乘项时，出口企业与非出口企业对生产率的影响之差为
$\beta_1 + \beta_2 Advantage$，即出口企业与非出口企业生产率的差别状况
依赖于企业的比较优势状态，当 $Advantage_{ijt} = 0$ 时，出口企业
与非出口企业生产率的差别是 β_1，当 $Advantage_{ijt} = 1$ 时，差别
是 $\beta_1 + \beta_2$。这里的生产率分别取以 L-P 方法和近似全要素生产
率方法计算的全要素生产率，以相互佐证。

考虑到出现了两个内生变量 $Export$ 和 $Advantage \times Export$，
对模型 7.2 的回归采用动态面板的系统 GMM 方法，将 $\ln y$、
$\ln y^2$ 及其一阶滞后作为前定解释变量，将 $Export$ 和 $Advantage \times$
$Export$ 作为内生解释变量，使用其一阶和二阶滞后值作为工具
变量。

2. 检验结果

表 7.8 的第（1）（2）列是 OLS 的估计结果，作为模型估
计的参照组，第（3）（4）列是系统 GMM 的估计结果，对扰

动项自相关性的检验显示扰动项的差分存在一阶自相关，但不存在二阶自相关，故接受原假设"扰动项 $\{\varepsilon_{it}\}$ 无自相关"，根据 Sargan 检验结果，P 值均大于 0.1，故可以接受"所有工具变量均有效"的原假设，根据这些检验可以判定系统 GMM 模型的设定是基本合理的。

交乘项 $Advantage \times Export$ 的估计系数在两种估计方法和两种生产率下得到的结果比较稳定，在 10% 的水平上都显著为负，说明在比较优势和出口的交互影响下，出口企业和非出口企业生产率之间的差距进一步扩大了，比较（1）—（4）列的 β_2 估计值，OLS 的估计值大于 GMM 的估计值，基于 LP 计算的全要素生产率的估计值大于基于近似全要素生产率的估计值。可以进一步计算存在交乘项时，出口企业与非出口企业生产率的差异，当企业属于比较优势部门时，出口企业与非出口企业生产率的差异在第（1）（2）（4）列[①]中分别为：（-0.156）+（-0.093）（-0.016）+（-0.035）（-0.027）+（-0.028）。

为了与比较劣势企业对生产率的影响形成对比，表 7.8 第（5）列将模型 7.2 中的交乘项替换为 $Disadvantage \times Export$，其中当企业被划归为比较劣势企业时，$Disadvantage = 1$，否则 $Disadvantage = 0$。对替换后的模型进行 GMM 检验的结果显示交乘项 $Disadvantage \times Export$ 的估计系数显著为正值，说明在比较劣势和出口的相互作用下，出口企业和非出口企业之间生产率的差异被缩小了，缩小的幅度为 7.4%。

---

① 第（3）列中 $Export$ 的估计系数不显著。

表 7.8　　比较优势对企业生产率的长期影响（模型 7.2）

$\ln TFP$	OLS		GMM		GMM
	L-P-TFP（1）	ATFP（2）	L-P-TFP（3）	ATFP（4）	L-P-TFP（5）
Export	− 0.156 *** （0.014）	− 0.016 ** （0.006）	0.015 （0.019）	− 0.027 ** （0.012）	− 0.058 ** （0.023）
Advantage × Export	− 0.093 *** （0.017）	− 0.035 *** （0.007）	− 0.077 *** （0.024）	− 0.028 * （0.016）	—
Disadvantage × Export	—	—	—	—	0.074 *** （0.022）
$\ln y$	0.882 *** （0.045）	0.438 *** （0.021）	1.145 *** （0.096）	0.441 *** （0.075）	0.983 *** （0.094）
$\ln y^2$	− 0.011 *** （0.001）	− 0.011 *** （0.001）	− 0.011 *** （0.003）	− 0.005 ** （0.002）	− 0.004 （0.003）
$\ln profit$	0.022 （0.024）	0.009 （0.011）	− 0.012 *** （0.002）	− 0.005 （0.006）	− 0.012 *** （0.002）
产业	控制	控制	控制	控制	控制
时间	控制	控制	控制	控制	控制
R^2	0.68	0.43	—	—	—
P（Sargan Test）	—	—	0.65	0.11	0.63

注：（1）＊表示在 10% 的水平下通过检验，＊＊表示在 5% 的水平下通过检验，＊＊＊表示在 1% 的水平下通过检验；（2）表中括号内数据是标准差。

3. 结论

本节运用 2000—2013 年 534 家制造业上市企业面板数据检验了比较优势对出口企业生产率的长期影响，证实企业在出口中拥有的比较优势对企业率产生了消极效应，使出口企业生产率与非出口企业之间的差距进一步扩大，恶化了出口生产率悖论，企业的比较劣势地位反而对生产率有积极影响，能在一定程度上缩小出口企业与非出口之间的生产率悖论。

四 比较优势企业出口生产率悖论的来源探析①

以上分析说明比较优势企业更容易出现出口生产率悖论，这一结果来自两种机制：第一，比较优势出口企业的生产率在出口前就比比较优势非出口企业低；第二，比较优势出口企业的生产率在出口之后没有得到持续提高，从而落后于比较优势非出口企业。本节进一步探讨比较优势企业出口生产率悖论的来源，即导致比较优势出口企业的生产率低于比较优势非出口企业是因为出口选择悖论还是出口学习悖论。

1. 比较优势部门的出口选择效应检验

检验出口商在进入出口市场前是否具有更高生产率的另一个常用模型是出口的线性概率模型，本节采用这一模型，如下（记为模型7.3）：

$$Export_{it} = \alpha + \beta \ln TFP_{it-1} + \delta Export_{it-1} + \lambda Firm_{it-1} + \gamma Year_t + \varepsilon_{it}$$

$Export_{ijt-1}$ 是一个0—1变量，表示企业 i 滞后一期的出口状态。$\ln TFP_{jit-1}$ 是企业 i 滞后一期的生产率水平，其估计系数 β 如果显著为正值则意味着先前拥有更高生产率的企业更倾向于成为出口商。$Firm_{jit-1}$ 是滞后一期的企业特征，包括产出、固定资产和利润。

检验模型7.3所用数据是2000—2013年534家制造业上市企业中属于比较优势企业的观测值，总共3684个，其中出口2137个，非出口1547个。

检验方法是对面板数据进行Probit估计。Probit为0—1型

---

① 此处是基于 L-P-TFP 的检验。

变量，估计结果只能用于判断解释变量对被解释变量的影响方向，不能给出解释变量的边际效应，需要进一步用命令"margins"求出各变量的边际效应。

表 7.9 报告了出口 Probit 模型的估计结果。第（1）列给出了不控制时间、行业和企业性质的估计结果，第（2）列引入了时间、行业、企业性质虚拟变量。第（3）列和第（4）列分别是第（1）列和第（2）列对应的边际效应估计结果。对比结果可以看出，两种模型对影响出口的各项因素的定性显示并无大的差异，表明控制变量的选择是合理的，模型是稳健的。

$\ln TFP_{jit-1}$ 的估计系数为负值，至少在 10% 的水平下显著，说明先期的生产率水平对企业出口决策起阻碍作用，从边际效应看出，企业的生产率对数每提高 1%，将使得出口概率下降约 0.02%。这说明比较优势企业在出口前并不具有高生产率水平，存在出口选择悖论。上一期的出口对本期有显著促进作用，显示出口行为的连续性特征。上一期的产出（$\ln y_{ijt-1}$）对出口决策也起促进作用，产出越大，越有可能选择出口，因为产出越大的企业越有扩张市场份额的动力。固定资产（$\ln k_{ijt-1}$）的估计系数为负值，显示其对出口有阻碍作用。$\ln profit_{ijt-1}$ 的估计系数不显著，说明上期利润水平对企业出口决策的影响不大。

表 7.9　　　　比较优势部门的出口选择效应检验结果

Export	Probit 估计结果		Probit 边际效应	
	（1）	（2）	（1）	（2）
$\ln TFP_{jit-1}$	- 0. 237 ** (0. 104)	- 0. 358 * (0. 203)	- 0. 017 ** (0. 007)	- 0. 024 * (0. 013)

Export	Probit 估计结果		Probit 边际效应	
	（1）	（2）	（1）	（2）
$Export_{ijt-1}$	3. 591 *** (0. 096)	3. 620 *** (0. 111)	0. 265 *** (0. 013)	0. 247 *** (0. 011)
$\ln y_{ijt-1}$	0. 307 *** (0. 089)	0. 413 ** (0. 186)	0. 022 *** (0. 006)	0. 028 ** (0. 012)
$\ln k_{ijt-1}$	− 0. 161 *** (0. 059)	− 0. 148 (0. 117)	− 0. 011 *** (0. 004)	− 0. 010 (0. 008)
$\ln profit_{ijt-1}$	0. 528 (1. 099)	0. 368 (1. 187)	0. 039 (0. 081)	0. 025 (0. 081)
时间	No	Yes	No	Yes
行业	No	Yes	No	Yes
企业性质	No	Yes	No	Yes
LR	3485. 27	3520. 74		
Pseudo R^2	0. 788	0. 806		
观测值	3270	3270		

注：（1）*表示在 10% 的水平下通过检验，**表示在 5% 的水平下通过检验，***表示在 1% 的水平下通过检验；（2）表中括号内数据是标准差。

2. 比较优势部门的出口学习效应检验

在出口前，比较优势企业的生产率并不比非出口企业高，那么它们在出口后能否获得出口学习效应，以提高使自身生产率水平？本节将对这一问题进行检验。

本节用滞后期的出口对企业生产率的增长率进行回归，如下（记为模型 7.4）：

$$\Delta \ln TFP_{ijT} = \frac{1}{T}(\ln TFP_{ijT} - \ln TFP_{ij0}) = \alpha + \beta Export_{ij0} +$$

$$\delta Firm_{ij0} + \gamma Industry_{ij0} + \varepsilon_{ijT}$$

检验模型 7.4 所用数据是 2000—2013 年制造业上市企业中属于比较优势企业的观测值，总共 3684 个，其中出口 2137 个，非出口 1547 个。

表 7.10 报告了模型 7.4 的检验结果。1 年期和 5 年期的检验结果显示出口企业生产率的增长要显著快于非出口企业，以 5 年期的差别最大，出口企业生产率增长比非出口企业快 4.7%。9 年期的检验结果不显著。这说明比较优势企业能从出口中获得学习效应，在短期内使自身生产率水平得到提高，但是这种学习效应持续的时间比较短，不能在长期内提高企业的生产率水平。这显示了我国的比较优势企业在出口活动中可能以短期获利为目的，而不是以从国外市场获得先进的技术或经验，从长远提高自身的生产效率为目的。

表 7.10 检验出口学习效应

	1 年期	5 年期	9 年期
$Export$	0.026 *** (0.008)	0.047 *** (0.007)	0.008 (0.011)
$\ln y$	−0.056 *** (0.004)	−0.101 *** (0.003)	−0.017 *** (0.004)
$\ln k$	0.041 *** (0.004)	0.067 *** (0.004)	−0.124 (0.089)
$\ln p$	0.155 *** (0.056)	−0.007 (0.006)	−0.124 ** (0.089)
R^2	0.05	0.14	0.06

注：(1) ** 表示在5%的水平下通过检验，*** 表示在1%的水平下通过检验；(2) 表中括号内数据是标准差。

五 本节结论

本节从短期和长期角度检验了比较优势与出口生产率悖论的关系，并且进一步检验了比较优势部门出口生产率悖论的来源，得到以下主要结论。

1. 从短期看，出口生产率悖论主要适用于比较优势部门内的企业，尤其是民营比较优势部门内的企业。比较劣势部门内的企业没有出现出口生产率悖论。

2. 从长期看，比较优势对企业生产率产生了消极效应，使出口企业与非出口企业之间的生产率差距进一步扩大，恶化了出口生产率悖论，企业的比较劣势地位反而对生产率有积极影响，能在一定程度上缩减出口企业与非出口的生产率差别。

3. 比较优势出口企业的生产率悖论来源于出口选择悖论，它们在出口前的生产率就低于内销企业，在出口后能获得短期出口学习效应，从而在一定时期内提高自身生产率水平，但不能获得长期的、持续的出口学习效应。

第三节　比较优势与出口生产率悖论：
对多部门模型的实证检验

通过理论部分的分析得出，当存在多个产业时，本国比较优势越显著的部门其出口生产率临界值越低，获得的出口学习效应越显著，并且出现出口生产率悖论的概率越高。本节将从微观角度分析要素比例基础上的比较优势对异质性企业出口选择及生产率的影响，对多部门模型的预期进行验证。

一　比较优势与要素密集度

本节实证分析所用的数据仍然是 2000—2013 年 534 家中国制造业上市企业数据，与前文不同的是，为了研究多个部门模型下的要素密集度、比较优势与出口之间的关系，本节将所有数据的分类更为细化，将所有企业按照 1 位数 SITC 分为九大类，也就是 SITC0—SITC8 九个产业部门①。其中，SITC5—SITC7 类是拥有企业最多的三个类别，占全部企业数的 82%。SITC4 类是拥有企业最少的一个类别，只有两家企业（见表 7.11）。

本章的第一节用 RCA 指数和 NTR 指数计算了各个产业各年度的比较优势，这些产业的比较优势在 2000—2013 年虽然总体来看相对稳定，但是局部来看处于变化之中，如果按照年度 RCA 指数和 NTR 指数给产业的排序，可能每年的排序都不相同，这无疑使得整个检验非常复杂。这两类指数在测定比较优势方面各有其长处，如果单纯采用某一指数可能使得最后的排序有失偏颇。鉴于此，本文构建了一个同时包括 RCA 指数和 NTR 指数的平均比较优势指数，记为 AAI（Averaged Advantage Index）。AAI 的计算过程是：首先对各个产业在 2000—2013 年的 RCA 指数和 NTR 指数计算算术平均数，然后再求两个平均数的算术平均得到 AAI，计算公式为：

---

①　跨部门生产企业的类别归属按照主营业务中居于最主要地位的产品确定，居于最主要地位的产品首先根据企业年报披露的各主营产品占主营业务收入的比例确定，如果这一项缺失，则根据企业对主营产品的排序决定。

$$AAI_j = \frac{\left(\sum_{t=1}^{14} RCA_{jt} + \sum_{t=1}^{14} NTR_{jt}\right) \times (1/14)}{2} \tag{1}$$

根据公式（1）计算的各个产业的 AAI 反映在表 7.11 中。根据 AAI 把九个产业按照比较优势由大到小的顺序排列如下：SITC8 > SITC6 > SITC7 > SITC0 > SITC1 > SITC5 > SITC3 > SITC2 > SITC4

为了确定比较优势与产业要素密集度之间的关系，本节计算了九类产业的要素密集度。由于本文所选择的企业在全国企业中所占份额很小，用各类产业在全国意义上的要素密集度并不合适，因此本文就所选择的企业数据分别计算了各类产业的要素密集度。要素密集度以资本密集度代替，各类产业的资本密集度以人均资本拥有量表示，资本是指加总的行业内所有企业的固定资产，劳动是指加总的行业内所有企业的雇员人数。由于企业的固定资产和劳动力人数每年都在变化，所以每年的资本密集度都在变化，为了使资本密集度和比较优势之间的关系更加清晰，本文构建了一个加权资本密集度概念作为某个产业在 2000—2013 年整个期间的资本密集度的代理，记为 WKI_j（Weighted Capital Intensity），其计算过程为：首先计算出 j 产业内每个企业每年的资本密集度，然后以该企业该年的固定资产占企业在 2000—2013 年固定资产总额的比重作为权数，计算得到该企业的加权平均资本密集度，最后将所有企业的加权平均资本密集度再进行加权平均得到行业资本密集度，此时的权数是企业 i 在整个产业中的地位，以企业 i 的总固定资产占整个产业总固定资产的比例表示，WKI_j 的具体计算公式表示为：

$$WKI_j = w_{ij} \sum_{i=1}^{n} (k/l)_{ij} = \frac{\sum_{t=1}^{14} k_{ijt}}{K_j} \times \sum_{i=1}^{n} \sum_{t=1}^{14} w_{it} (k/l)_{it} \qquad （2）$$

其中，WKI_j 表示 j 产业的资本密集度，w_{ij} 表示企业 i 在产业 j 中的权重，$(k/l)_{ij}$ 表示企业 i 经过加权平均的资本密集度，w_{it} 表示企业 i 在第 t 期的权重，$(k/l)_{it}$ 表示企业 i 在第 t 期的资本—劳动之比。

按照公式（2）计算的各产业的加权资本密集度如表 7.11 最后一行所示。九个产业按 WKI 的大小排序如下：

SITC6 > SITC8 > SITC7 > SITC5 > SITC4 > SITC0 > SITC2 > SITC3 > SITC1

与按照 AAI 排列的九个产业的顺序相比较，虽然各个产业在两个排序中的位置并不严格一致，但从总体来看，资本密集度越高的行业比较优势越显著，通过计算相关系数，AAI 与 WKI 的相关系数为 0.68，且在 5% 水平上显著，说明二者呈密切正相关关系。

表 7.11　企业分类及各个产业部门的比较优势、要素密集度状况

	SITC0	SITC1	SITC2	SITC3	SITC4	SITC5	SITC6	SITC7	SITC8
企业数	29	21	6	8	2	134	117	185	32
出口企业数	19	8	5	3	2	87	85	154	27
非出口企业数	10	13	1	5	0	47	32	31	5
AAI	0.476	0.142	−0.255	−0.209	−0.397	0.085	0.757	0.671	1.474
WKI	3810	2719	3521	3274	5136	6603	9622	7910	8127

注：出口企业是指在 2000—2013 年其中某一年出口额不为 0 的企业，非出口企业是指在 2000—2013 年出口额一直为 0 的企业。

二 比较优势与出口企业生产率

按照理论部分的分析，比较优势越显著的产业出口生产率临界值越低。为了验证这一结论，本节将所有出口企业的生产率与产业的比较优势状态进行回归，模型如下（记为模型7.5）：

$$\ln TFP_{ijt} = \alpha + \beta Advantage_j + \delta Firm_{ijt} + \gamma Control_{ijt} + \varepsilon_{ijt}$$

其中，TFP_{ijt} 是以 L-P 方法测算的企业全要素生产率。$Advantage_j$ 是表示产业比较优势的虚拟变量，以按照 AAI 进行的排序为 $Advantage_j$ 赋值，AAI 最小的产业，$Advantage_j = 0$，AAI 最大的产业，$Advantage_j = 8$。按照理论预期，比较优势越显著的产业出口生产率临界值越低，因此 $Advantage_j$ 的预期符号为负。$Firm_{ijt}$ 是表示企业特征的向量，包括企业产出、利润和资本—劳动比。控制变量包括年度虚拟变量和企业所有制变量。

表7.12 报告了模型7.5 的回归结果。第一列是 OLS 混合回归结果，作为参照。第（2）（3）列分别是没有控制变量和加入控制变量的随机效应模型回归结果，第四列是将被解释变量由全要素生产率替换为劳动生产率的随机效应模型回归结果。从第（1）（2）（3）列看，两种方法的回归结果比较稳定，$Advantage_j$ 的符号始终为负号，且至少在10% 水平上显著，显示比较优势与出口企业生产率之间的负相关关系，产业比较优势越显著，出口企业的生产率越低。产出对出口企业的生产率有正效应，产出越大生产率越高。资本—劳动比（k/l）的估计系数显著为负值，这与预期不符，从理论上来说，资本—劳动比越高表示人均资本拥有量越高，说明生产率越高。可能

资本—劳动比对生产率的影响主要体现在劳动生产率上，而非全要素生产率，为了进一步验证这一结论，表 7.12 第（4）列将被解释变量替换为劳动生产率的对数（ln*p*）进行了回归，结果印证了这一预期，Ln（*k/l*）的估计系数显著为正数，表明人均资本拥有量越高的企业劳动生产率越高，人均资本拥有量每提高 1 个单位使劳动生产率提高 0.06 个单位。资本—劳动比使劳动生产率提高，却使全要素生产率下降，这说明我国企业生产规模扩张主要是依赖于单纯要素投入的大量增加，而非科技水平的提高，企业的增长模式仍然属于粗放式增长。比较优势对劳动生产率的影响仍然是负的，说明比较优势越显著，出口企业的劳动生产率越低。

表 7.12　　　　　　　　　比较优势与出口企业生产率

	Pooled OLS (1)	RE		
		（2）	（3）	（4）
Advantage	− 0.036 *** (0.005)	− 0.023 * (0.013)	− 0.039 *** (0.012)	− 0.004 * (0.002)
ln*y*	0.416 *** (0.005)	0.318 *** (0.007)	0.528 *** (0.007)	0.042 *** (0.001)
Ln（*k/l*）	− 0.074 *** (0.008)	− 0.042 *** (0.009)	− 0.081 *** (0.007)	0.057 *** (0.001)
ln*profit*	0.021 (0.025)	0.017 (0.018)	0.004 (0.013)	− 0.0002 (0.002)
年份	N	N	Y	Y
企业性质	N	N	Y	Y
R^2	0.57	0.57	0.68	0.59
观测值	4001	4001	4001	4001

注：（1）* 表示在 10% 的水平下通过检验，*** 表示在 1% 的水平下通过检验；（2）表中括号内数据是标准差。

三 比较优势与出口学习效应

根据理论预期，比较优势越显著的企业从出口中获得的学习效应越显著，平均生产率水平提高得越多。为了检验这一结论，本节在检验出口学习效应的模型中增加了比较优势与出口的交乘项，形成以下模型（模型 7.6）：

$$\Delta \ln TFP_{ijT} = \frac{1}{T}(\ln TFP_{ijT} - \ln TFP_{ij0}) = \alpha + \beta_1 Export_{ij0} +$$

$$\beta_2 Advantage_j \times Export_{ij0} + \delta Firm_{ij0} + \gamma Industry_{ij0} + \varepsilon_{ijT}$$

其中，$Advantage_j \times Export_{ij0}$ 是比较优势虚拟变量与出口虚拟变量的交乘项，比较优势使出口学习效应更为显著，使出口对生产率的正效应加强，所以该交乘项的符号预期为正。

表 7.13 报 告 了 模 型 7.6 的 估 计 结 果 。 与 预 期 相 反 ，$Advantage_j \times Export_{ij0}$ 的符号为负，并且非常显著，估计系数的值也比较稳定，这说明比较优势有弱化企业出口学习效应的倾向。在出口第 1 年，在比较优势的影响下，出口企业相对非出口企业生产率的增长率高（$0.076 - 0.008 \times Advantage$），比较优势越显著的产业，$Advantage_j$ 的取值越大，对出口企业生产率增长的消极影响越大。比较优势对企业出口第 5 年和第 9 年的影响同样如此，不过负作用在出口第 9 年稍稍下降。在上一节对两部门模型的检验中得出，比较优势企业能够从出口中获得学习效应，其生产率增长快于比较优势非出口企业。本节得出的结论与上一节的这一结论并不矛盾，本节的结论证明比较优势会弱化企业的出口学习效应，并不意味着比较优势显著的企业就不会获得出口学习效应。但是当比较优势非常显著时，这种弱化效应可能非常强，以至于使出口学习效应消失。为了

证明这一点，本节进一步分别检验了在比较优势排序中处于前三位的产业中的企业在出口第 5 年的生产率增长状况，检验结果反映在表 7.14 中，比较优势最显著的 SITC8 类，出口企业的生产率增长与非出口企业没有显著差别，而排在 SITC8 类后边的 SITC6 类和 SITC7 类则都显示出口企业生产率比非出口企业有较快的增长，并且 SITC7 的出口学习效应要强于 SITC6，在生产 SITC7 类产品的企业中，出口企业生产率增长比非出口企业快 6.3%，而在 SITC6 类中，这一数值仅为 3.1%。表 7.14 充分显示了比较优势对出口学习效应的弱化作用，一方面，比较优势企业能从出口活动中提高自身的生产率水平，另一方面，企业可能因为过度依赖比较优势而失去提高自身生产率水平的动力。

表 7.13　　　　　　　　**比较优势与出口学习效应**

	1 年期	5 年期	9 年期
Export	0.076 *** (0.020)	0.103 *** (0.018)	0.072 *** (0.015)
$Advantage_j \times Export_{ij0}$	− 0.008 *** (0.002)	− 0.008 *** (0.002)	− 0.007 *** (0.002)
ln$y$	− 0.060 *** (0.002)	− 0.107 *** (0.002)	− 0.087 *** (0.001)
ln$k$	0.050 *** (0.003)	0.077 *** (0.002)	0.063 *** (0.002)
ln$profit$	0.013 (0.010)	− 0.001 (0.006)	− 0.054 (0.033)
R^2	0.06	0.17	0.26

注：（1）***表示在1%的水平下通过检验；（2）表中括号内数据是标准差。

表 7. 14 **比较优势对出口学习效应的弱化**

	SITC8	SITC6	SITC7
Export	0. 006 (0. 016)	0. 031 *** (0. 009)	0. 063 *** (0. 009)
ln$y$	− 0. 035 *** (0. 009)	− 0. 117 *** (0. 005)	− 0. 122 *** (0. 004)
ln$k$	0. 012 (0. 009)	0. 085 *** (0. 004)	0. 083 *** (0. 005)
ln*profit*	0. 314 (0. 269)	− 0. 031 (0. 048)	0. 132 * (0. 080)
R^2	0. 19	0. 24	0. 18

注：（1） *表示在10%水平下通过检验；***表示在1%的水平下通过检验；
（2）表中括号内数据是标准差。

四 比较优势与出口生产率悖论

根据理论预期，比较优势越显著的部门，出现出口生产率悖论的可能性越大。为了验证这一预期，本节用出口溢价模型分别计算了每类产业中出口企业与非出口企业生产率的差别。为了避免由于观测值过少导致估计结果不稳定的问题，把观测值比较少的 SITC2、SITC3、SITC4 这三类企业合并为一类，记为 SITC234，这三类企业能够合并的另一个理由是它们处于比较优势排序的最末端，所以它们合并而成的一个大类代表了比较优势最不显著的产业，也就是那些比较劣势最显著的产业。

表 7. 15 报告了各个产业出口生产率溢价的检验结果。表 7. 15 中各列按照各类产业的比较优势排列。处于前三列的是我国具有显著比较优势的三个部门，这三个部门均存在显著的出口生产率悖论，在 SITC8、SITC6、SITC7 类中，出口企业

的生产率比非出口企业各低25.3%、17.3%、19.2%，其中SITC8作为我国具有极强比较优势的产业，出口生产率悖论的程度是最强的。接下来的三列（SITC0、SITC1、SITC5）是我国处于比较劣势的三个部门，这三列中 *Export* 的估计系数都不显著，出口企业与内销企业的生产率差别不显著，没出现生产率悖论。最后一列 SITC234 代表了我国竞争力较弱的产业部门，*Export* 的估计系数为正值（虽然几乎没通过显著性检验），说明在这些企业中出口企业的生产率高于非出口企业，符合异质性贸易理论的预期，原因在于这些企业由于生产的特殊性而不能利用本国廉价的丰富要素，要想在国际市场上具有竞争力，必须提高自身的生产效率。

总之，表7.15 反映的检验结果与理论预期是一致的，证实了在本国比较优势越显著的部门，出口企业的生产率低于非出口企业的概率越大，在本国比较劣势越显著的部门，几乎不会出现出口生产率悖论现象。

表 7.15　　　　　各类产业的出口生产率悖论状况

	SITC8	SITC6	SITC7	SITC0	SITC1	SITC5	SITC234
Export	-0.253 *** (0.077)	-0.173 *** (0.038)	-0.192 *** (0.036)	-0.147 (0.094)	-0.014 (0.097)	-0.051 (0.032)	0.495 * (0.282)
ln$y$	-0.160 (0.313)	1.655 *** (0.080)	1.500 *** (0.073)	2.183 *** (0.268)	-1.58 *** (0.321)	1.039 *** (0.107)	-0.119 (0.528)
lny^2	0.022 ** (0.010)	-0.036 *** 0.002	-0.029 *** (0.002)	-0.04 *** (0.008)	0.068 *** (0.010)	-0.01 *** (0.003)	0.022 (0.016)
ln*profit*	0.713 (0.723)	0.122 (0.120)	0.802 *** (0.119)	0.977 * (0.551)	-0.036 (0.635)	-0.003 (0.014)	-1.591 (1.838)

续表

	SITC8	SITC6	SITC7	SITC0	SITC1	SITC5	SITC234
年份	Y	Y	Y	Y	Y	Y	Y
地区	Y	Y	Y	Y	Y	Y	Y
企业性质	Y	Y	Y	Y	Y	Y	Y
R^2	0.83	0.62	0.74	0.76	0.74	0.74	0.76
观测值	448	1638	2590	406	294	1876	214

注：（1）＊表示在10%的水平下通过检验，＊＊表示在5%的水平下通过检验，＊＊＊表示在1%的水平下通过检验；（2）表中括号内数据是标准差。

五　本节结论

本节运用2000—2013年制造业上市企业数据检验了多部门模型的理论预期。首先运用平均比较优势指数（AAI）和加权资本密集度（WKI）测算了九类产业的比较优势和要素密集度，发现二者呈正相关关系，资本密集度越高的产业，比较优势越显著。在此基础上，检验了多部门条件下比较优势与出口企业的生产率、比较优势与出口企业的学习效应、比较优势与出口生产率悖论之间的关系，得到以下主要结论。

1. 比较优势与出口企业生产率之间成负相关关系，产业比较优势越显著，出口企业的生产率越低。比较优势对全要素生产率和劳动生产率都产生消极影响，对全要素生产率的影响大于对劳动生产率的影响。

2. 比较优势会弱化企业的出口学习效应。一方面，比较优势企业能从出口活动中提高自身的生产率水平；另一方面，企业可能因为过度依赖于比较优势而失去提高自身生产率水平的动力。当比较优势非常强时，这种弱化效应可能也非常强，以至于使出口学习效应消失。

3. 在本国比较优势越显著的部门，出口企业的生产率低于内销企业的概率越大，在具有极强比较优势的产业，出口生产率悖论的程度最强。在本国比较劣势越显著的部门，几乎不会出现出口生产率悖论现象，企业的表现基本符合异质性企业贸易理论的预期。

第八章　贸易摩擦与异质性企业的出口和对外直接投资

第一节　贸易摩擦对企业进入国际市场模式的影响研究

跨国企业经营理论认为出口是企业国际化经营的起点，在经济全球化背景下，由于各国经济发展目标和对外贸易政策的不一致性，贸易摩擦成为出口企业在从事国际交易中面对的常态。不论贸易摩擦的起因及表现形式如何，它对出口企业的主要影响是增加了出口成本，这些成本表现为各种显性的（如应对成本和反倾销税、反补贴税等各种进口附加税）和隐性的成本（如心理压力增大）。在贸易成本上升的驱动下，追求利润最大化的企业会通过对各种替代选择进行收益成本分析，重新安排进入国际市场的路径。

国际贸易理论文献认为企业进入国际市场的模式与资源投入、风险承担、控制权、利润回报等因素有关（Pan，2000）。在从贸易成本角度研究这一问题的文献中，最有影响力的理论是接近—集中权衡假说，该理论认为企业之所以放弃出口而进行国外生产其动机是以降低规模生产为代价来接近国外顾客或者专业化的供应商（Krugman，1983；Horstman and Markusen，1992；Brainard，1992），当运输成本和贸易壁垒越高、投资壁垒越低时，跨国投资越多。Brainard（1993）、Carr，Markusen and Maskus（2001）、Yeaple（2003）的实证分析都为接近—集中权衡假说提供了证据。一些个案分析也证实了接近—集中权衡假说，如 Neary and Ó Gráda（1991）对 20 世纪 30 年代的爱尔兰的研究和 Belderbos and Sleuwaegen（1998）对 80 年代日本电子企业在欧共体的投资的研究。

按照接近—集中权衡假说，FDI 与贸易壁垒是同方向变动的，当贸易壁垒下降时，FDI 就会减少。但这一结论与 20 世纪 90 年代以来国际贸易和国际投资发展的实践相矛盾。自 20 世纪 90 年代以来，贸易自由化与科技进步使贸易成本大大降低，与此同时，FDI 却以比贸易更快的速度增长。学者们开始从不同角度解释这一悖论，有学者认为贸易成本对不同形式的 FDI 的影响是不对称的，绿地投资随贸易壁垒上升而增加，而跨国并购随贸易壁垒上升而减少（Horn and Persson，2001；Bjorvatn，2004；Hijzen，2007；Tekin-Koru，2011）；Blanchard（2012）将产品差异内生化，认为出口与贸易成本之间的关系是非线性的，当贸易成本比较高时，企业会实行产品多样化出口策略。本文吸收了这些学者的观点，认为：第一，贸易壁垒对绿地投资和跨国并购的影响是不对称的，贸易摩擦越多，绿地投资越多，而跨国并购越少。本书提到的 FDI 指绿地投资，而非跨国并购；第二，产品差异化和多样化策略是企业应对贸易壁垒的重要策略，为分析方便，本书假设跨国企业在国际化过程中以不变技术只生产一种产品，这样当企业遇到来自某国外市场的贸易摩擦时，不存在以其他产品再次进入该市场的可能性。

另外，企业进入国际市场的模式是一个动态发展变化的过程，时间对进入模式的选择有重要影响。贸易摩擦对新进入企业的影响与对成熟企业的影响应该存在差异，因此这两类企业对贸易摩擦的反应也应该存在差异。一个新进入企业遇到贸易摩擦之后可能会承担贸易摩擦带来的成本，继续向该市场出口，而一个成熟的国际经营企业遇到贸易摩擦之后可能会选择改变进入模式，实现由出口向 FDI 的转换，也就是贸易摩擦可能成为成熟企业由出口转向对外直接投资的转折点和诱因，而新进入企业则成为增加的贸易成本的承担者。本文分析了时间对企业进入模式选择的意义，并在此基础上用净现值法分析了伴随贸易摩擦的企业国际化的动态路径。

中国出口企业自 20 世纪 90 年代以来频繁遭遇贸易摩擦，到当前中国已经成为世界各国发起贸易摩擦针对的头号目标国。国内学术界关于贸易摩擦的文献主要从宏观角度研究中国与国外贸易摩擦频发的原因、影响与对策，很少有文献从微观角度研究贸易摩擦对企业行为的影响，而这对频繁遇到贸易摩擦的中国出口企业是非常重要的。本书与以往研究的区别在于：第一，从微观角度出发，探讨贸易摩擦对企业进入国际市场模式选择的影响；第二，在传统的出口—FDI 路径基础上着重研究出口路径，即在贸易摩擦的影响下，贸易转移效应将导致出口路径分解为单一市场—单一市场出口和单一市场—多元化市场出口两种路径，本文通过理论分析证明伴随贸易摩擦的企业的最优国际化路径是：单一市场出口—多元化市场出口—FDI。

一　贸易摩擦与企业的各种替代选择

贸易摩擦在不同背景下有不同表现形式，20世纪80年代以前主要以关税壁垒为主，当前则以非关税壁垒为主，主要的有反倾销、反补贴、保障措施、知识产权保护等。不管其表现形式如何，贸易摩擦就像在企业出口过程中插入的一个楔子，成为国际交换正常进行的障碍物。设想一个出口企业，用 m 来表示，遇到来自某一国外市场的贸易保护措施后，它有多种应对措施，例如开辟其他国外市场、退出国外市场、放弃出口进行对外直接投资、产品升级和产品多样化等。为了分析方便，本文做出以下三个假设：第一，企业 m 是一个坚持走国际化道路的企业，不管遇到什么困难，它都不会放弃国外市场，退回国内市场；第二，该企业只生产一种产品，并且生产技术不变；第三，生产该种产品的技术是企业 m 的重要无形资产，该企业不会通过中间产品市场出售该项技术，也不会通过特许经营的方式允许另一方使用。在此三个假设下，当某一国家的贸易救济措施涉及企业 m 时，它的选择有贸易锁定、贸易转移和由出口向 FDI 转换三种。

1. 贸易锁定。贸易锁定是指尽管遇到目标市场的贸易保护措施，贸易成本增加，但出口企业 m 依然坚持向该市场出口。选择贸易锁定模式的原因包括以下几点：第一，贸易摩擦所产生的边际成本在总贸易成本中所占份额不大，没有让出口企业感到压力显著增大。如进口国放弃一开始提起的某种进口损害调查，或者最后征收小幅度的进口附加税；第二，出口企业对此目标市场的供给弹性比较小，形成对此目标市场的严重依赖，即便在贸易摩擦压力下，为了销售产品仍然要继续向原来市场出口；第三，出口产品成本足够低，价格在目标市场具有非常强的竞争力，即便加上进口国的反倾销等贸易摩擦形成的成本仍然有竞争力，这种情况在中国的劳动密集型产品出口中普遍存在。虽然贸易锁定避免了出口市场改变和市场进入模式改变所带来的成本增加，但贸易摩擦仍然给出口企业带来了额外的成本，包括应对成本、惩罚成本和心理成本。应对成本就是出口企业为应对国外某种贸易调查需要游说、谈判、提供证据、应诉等；惩罚成本就是如果发起国裁定进口商品对本国产业的实际损害存在，发起国对国外产品要征收反倾销税、反补贴税等进行惩罚；心理成本就是面对国外的贸易救济调查，出口企业心理压力增大，以及对裁定结果的焦虑和对其他进口国加入贸易救济调查的担忧。

2. 贸易转移。贸易转移是指企业在贸易摩擦发生后采取出口市场多元化策略，开拓新的出口市场①。贸易转移模式包括两种情况：一是企业同时将产品出口到原来市场和新市场；一是企业放弃了原来市场，转而只出口到新市场。贸易转移要产生额外的成本，包括新市场的选择、开拓等成本。不仅如此，第一个发起国针对某种产品发起的贸易救济调查往往具有连锁反应效应，在第一个发起国的"示范"下，同样的产品有可能接连在不同国家遇到贸易救济调查，这样当企业进入新的国外市场之后，又要付出应对成本和惩罚成本。这种连锁反应是中国出口企业频繁遇到的问题，在林汉川（2004）对回应反倾销问题的分析中指出，从1979—2003年相互回应的反倾销案件

---

① 在从进口国的角度论述贸易摩擦的影响的文献中，贸易转移是指进口国对涉案产品的进口从目标国转移到非目标国。

占同期对中国反倾销总案件的近一半，如果首次申诉反倾销成功，则回应反倾销成立的概率增大，为此企业应该避免将同种产品大量出口到单一市场。因此，贸易摩擦发生后，企业采取贸易转移策略是避免被重复提起贸易申诉的可行策略。

3. 由出口向 FDI 转换。是指国外的贸易救济调查使出口企业放弃了出口方式，转而以绿地投资方式进入国际市场，形成跨越关税（tariff-jumping）式投资。在 FDI 的区位上企业有两种选择，一种是在发起国投资，当地生产当地销售；一种是在发起国之外的其他国家投资，当地生产，再向其他国家出口，即出口平台式投资 [export-platform FDI, Motta and Norman (1996), Ekholm (2007)]。出口企业要将产品的要素密集度与区位的要素禀赋相结合，比如产品是劳动密集型的，而发起国是资本丰裕的国家，如果选择在发起国投资，则生产成本过高，此时最优选择是进行出口平台式投资。绿地投资的初期固定成本投入比较大，在贸易成本问题上 FDI 避免了继续出口可能产生的惩罚性税收，并且在发起国的投资消除了以后发生摩擦的可能性，但出口平台式投资仍然会产生与发起国之间的间接贸易摩擦，发起国对在他国的投资出口企业发起"反规避"调查在当前普遍存在。同样为了下文分析的方便，本文假设综合考虑各种因素之后，出口企业选择在原来的贸易摩擦发起国境内进行绿地投资。

二 最优进入模式：贸易锁定、贸易转移或者 FDI

贸易摩擦发生之后一个生产单一产品的出口企业面临贸易锁定、贸易转移和向 FDI 转换这三种选择，每种选择的成本不同，对企业利润的影响也不同。这一部分从静态角度研究为了

实现利润最大化企业对进入模式的选择。这部分的模型建立在
Tekin-Koru (2011) 的基础上，与其区别主要有两点：第一，
将 Tekin-Koru (2011) 的模型由两个国家扩展至三个国家；第
二，分析的进入模式不同，Tekin-Koru (2011) 分析了企业对
于出口、绿地方式与并购方式的选择，本文分析企业对于贸易
锁定、贸易转移以及 FDI 的选择。

（一）模型基本框架

假设有一个出口企业 m，所属产业用 j 表示。企业 m 只生
产一种产品，这种产品只能出口，不能在国内销售。目标市场
有两个国家分别用 k_1 与 k_2 表示。这两个国家都有 j 行业，并且
都存在 n 家与 m 同样的企业，每家企业都只生产与 m 出口的
产品完全相同的产品，代表性企业 i 生产的边际成本 $C_i^s = c$。
企业 m 在初始时只向 k_1 出口，但在某一时刻（用 t_0 表示）k_1 国
对 m 发起反倾销调查①，m 面临以下选择：贸易锁定（继续单
独向 k_1 出口，用 E_{k1} 表示）、贸易转移（或者单独向新市场 k_2 出
口，用 E_{k2} 表示，或者同时向 k_1 和 k_2 出口，用 E_{k1+k2} 表示）、对
k_1 进行绿地投资（用 I 表示）。假设生产的规模报酬不变，并
且企业 m 具有某种所有权优势，比如专利、人力资本、设计
等，这种优势为它带来成本节约 $\delta \in (0, c)$，因此企业 m 生
产的边际成本为 $C_m^F = c - \delta$。

（二）进入模式与企业利润

假设 k_1 最后裁定 m 倾销事实存在，决定对 m 征收反倾销
税，各种选择产生的成本为：如果继续单独出口到 k_1，有额外
的贸易壁垒成本（应对成本加反倾销税）$\tau_1 \in (0, c)$；如果

---

① 无论从中国还是全球来看，当前的贸易摩擦以反倾销作为主要代表。

对两个国家同时出口，则不仅有贸易壁垒成本 τ_1，还有新市场 k_2 的开拓成本 F^E 以及新的贸易成本 $\tau_2$①；如果单独向新市场 k_2 出口，则仅包括新市场的开拓成本 F^E 以及新的贸易成本 τ_2；如果选择对外直接投资，初期投入的固定成本用 F^I 表示。这样可以写出在 k_1 对 m 发起反倾销调查后企业 m 进行不同选择的利润函数：

$$\prod_m^{E_{k1}} = \prod_m^{E_{k1}} (\underset{-}{c}, \underset{+}{\delta}, \underset{-}{\tau_1}; \underset{-}{n}) \tag{1}$$

$$\prod_m^{E_{k2}} = \prod_m^{E_{k2}} (\underset{-}{c}, \underset{+}{\delta}, ,, \underset{-}{\tau_2}; \underset{-}{n}) - F^E \tag{2}$$

$$\prod_m^{E_{k1}+E_{k2}} = \alpha \prod_m^{E_{k1}} (\underset{-}{c}, \underset{+}{\delta}, \underset{-}{\tau_1}; \underset{-}{n}) + (1-\alpha) \prod_m^{E_{k2}} (\underset{-}{c}, \underset{+}{\delta}, \underset{-}{\tau_2}; \underset{-}{n})$$
$$- F^E \tag{3}$$

$$\prod_m^I = \prod_m^I (\underset{-}{c}, \underset{+}{\delta}; \underset{-}{n}) - F^I \tag{4}$$

式（1）、式（2）、式（3）、式（4）分别表示单独向 k_1 出口、单独向 k_2 出口、同时向两个国家出口、FDI 方式的利润函数。下标"－"表示利润随边际成本、贸易成本、厂商数目的增加而减少，下标"＋"表示利润随所有权优势的增强而增加。式（3）中的 α 和 $(1-\alpha)$ 分别表示出口到 k_1 和 k_2 的市场份额。贸易成本 τ 和固定成本 F^E 和 F^I 是影响企业选择的主要因素，F^I 越高，企业越倾向于维持出口方式，F^E 越高，企业越倾向于贸易锁定方式；而贸易成本 τ 越高企业越倾向于选择 FDI。如果出口是最佳选择（$\max\{\prod_m^E, \prod_m^I, \prod_m^N\} = \prod_m^E$），在贸易方向上企业要权衡 τ_1 与 $(\tau_2 + F^E)$ 的大小，如果 $\tau_1 > (\tau_2$

①　贸易成本非常宽泛，除了包括关税和非关税等贸易壁垒，还包括运输成本、文化、汇率、时间成本等多个方面。

$+ F^E$），那么企业会考虑放弃原来市场重新选择出口方向，如果 $\tau_1 < (\tau_2 + F^E)$ 则企业会继续向原来市场出口，$\tau_1 = (\tau_2 + F^E)$，m 会同时出口两个市场。如果对外直接投资是最佳选择（$\max\{\prod_m^E, \prod_m^I, \prod_m^N\} = \prod_m^I$），则意味着对外直接投资的固定成本 F^I 小于贸易成本（$F^I < \min[\tau_1, (\tau_2 + F^E)]$）。

（三）时间对利润的影响

企业对国际市场进入方式的选择往往与企业从事国际经营的时间长短有关，用 t 表示企业进入国际市场的时间，t 越大时间越长，设 $t \in [t_0, +\infty)$，假设贸易摩擦成本随时间延长而增加，固定成本随时间延长而减少。于是得到：

$$\tau = f(\underset{+}{t}) \tag{5}$$

$$F = f(\underset{-}{t}) \tag{6}$$

将式（1）、式（4）分别对 t 求导，得到时间对出口利润、FDI 利润的影响：

$$\frac{d\prod_m^{E_{k1}}}{dt} = -\frac{d\tau_1}{dt} < 0 \tag{7}$$

$$\frac{d\prod_m^I}{dt} = -\frac{dF^I}{dt} > 0 \tag{8}$$

从式（7）、式（8）得出，进入国外市场的时间对出口与FDI 方式的影响相反，经营时间越长，出口带来的利润越少，而对外直接投资带来的利润增加。所以，随着经营时间的推移，追求利润最大化的企业最终会选择从出口转换到FDI。

将式（2）、式（3）两式分别对 t 求导，得到：

$$\frac{d\prod_m^{E_{k2}}}{dt} = -\frac{d\tau_2}{dt} - \frac{dF^E}{dt} \tag{9}$$

$$\frac{d\prod_{m}^{E_{k1}+E_{k2}}}{dt} = -\frac{d\tau_1}{dt} - \frac{d\tau_2}{dt} - \frac{dF^E}{dt} \tag{10}$$

式（7）、式（9）、式（10）说明了企业在遇到贸易摩擦后如果仍然坚持以出口方式进入国际市场，单一市场出口和多元化市场出口的利润随时间变化的趋势。式（7）表明贸易锁定方式下，利润一定随时间负增长；式（9）表明单独向新市场出口的利润随时间的变化趋势不确定，式（10）表明同时向新旧市场出口的利润随时间变化的趋势也具有不确定性。综合式（7）、式（9）、式（10）得出，贸易摩擦发生之后，出口企业如果坚持出口进入模式的话，最优选择是出口市场多元化战略。这一点是与出口企业发展实践和许多学者的研究相一致的，是本文的重要结论之一。

三　伴随贸易摩擦的企业国际化路径

第三部分从静态角度分析了在某一时点上，出口企业 m 遇到贸易摩擦之后最优国际市场进入模式的选择问题。这一部分从动态角度采用净现值法（Net Present Value，NPV）研究企业国际化经营的全过程，探讨伴随贸易摩擦的企业国际化路径。

（一）各种进入方式的净现值

假定企业 m 每笔出口的数量是固定的，并且不存在技术变化，这样可以把贸易成本分为固定成本和可变成本，固定成本主要指运输成本和其他的如报关等出口成本，可变成本主要指贸易摩擦形成的成本，并假设可变成本与贸易摩擦的次数呈正比。与在第三部分中的假定相同，贸易摩擦与时间呈正比，在企业 m 对 k_1 出口初期，贸易摩擦次数很少，随着出口量增多，贸易摩擦次数增多，可变贸易成本上升，总贸易成本随之上升。随着总贸易成本增加，m 会开拓新市场，采取贸易转移策略。但随着出口经营方式时间的延长，总贸易成本越积越高，同时企业对海外市场的认知程度提高，当企业的总贸易成本超过了对外直接投资的初始成本投入时，m 会选择 FDI 方式进入国外市场。随着时间 t 变化，出口带来的贸易成本是上升的，对外直接投资的初始成本很高，但后期运营成本会迅速下降。把各种进入方式的净现值表示如下①：

$$NPV_{E_{k_1}} = \sum \frac{R_t - C_t - \tau_{1,t}}{(1+r)^t}$$

$$NPV_{E_{k1+k_2}} = \alpha \sum \frac{R_t - C_t - \tau_{1,t}}{(1+r)^t} + (1-\alpha) \sum \frac{R_t - C_t - \tau_{2,t}}{(1+r)^t}$$
$$- F^E$$

$$NPV_{FDI} = \sum \frac{R_t - C_t^* - F^I}{(1+r)^t}$$

其中，R 表示 m 的销售收入，C 表示在国内生产的成本，C^* 表示在国外生产的成本，τ_1 表示与 k_1 的贸易成本，τ_2 表示与 k_2 的贸易成本，F^I 和 F^E 的含义与第三部分相同。r 表示利率水平。企业在某一时点选择最优进入方式的依据就是将不同进入方式的净现值进行比较，选择净现值最大的那种方式，由于各项成本随时间变动，企业在不同时点上的选择是不同的。

（二）贸易成本和固定成本的动态变化

把 m 开始进入国际市场的时间记为 $t = 0$，把 m 同时向两个市场出口的联合贸易成本记为 $\tau^* = [\alpha\tau_1 + (1-\alpha)\tau_2 -$

---

① 本节的第二部分证明了，贸易摩擦发生后，企业如果仍然以出口方式进入国际市场，则市场多元化策略是最优选择，所以这一部分不再分析单独出口到新市场的情况。

F^E],此时 $\tau_1 < \tau^*$,所以 m 只向 k_1 出口。记 t_1 为贸易摩擦发生的时间,比如把 k_1 启动对 m 的反倾销调查的日期记为 t_1,在 t_1 之后,随着企业应对反倾销调查及后期倾销事实的裁定和反倾销税的征收,τ_1 增大,m 开始在单独出口到 k_1 与同时出口到 k_1 和 k_2 之间权衡,如果 $\tau_1 < \tau^*$ 仍然成立,m 会采取贸易锁定策略,坚持只向 k_1 出口;如果 $\tau_1 \geqslant \tau^*$,则 m 采取贸易转移策略,实行出口市场多元化。对外直接投资的初始成本 F^I 一开始比较大,所以在 $t = 0$ 时有 $\tau_1 < \tau^* < F^I$,随着新建企业投入生产运营,F^I 会逐渐下降。假设以下三式成立:

$$\tau_1 = a + bt^x$$

$$\tau^* = e + ft^y$$

$$F^I = h - it^z$$

因为在 $t = 0$ 时,有 $\tau_1 < \tau^* < F^I$,所以有:$a < e < h$。所以 τ_1、τ^*、F^I 的大小只取决于 x、y、z 的大小。随着时间 t 推进,m 与任何一个国家的贸易成本都增加,由于 F^E 的作用,τ_1 的增加速度要慢于 τ^* 的增加速度,而 F^I 则随时间推移迅速下降,其速度要快于 τ_1 与 τ^* 增加的速度。因此有:$x < y < z$。

(三)伴随贸易摩擦的企业国际化路径

结合各项成本的动态变化,可以将各种进入方式的净现值用曲线表示出来,如图 8.1 所示,在 $(0, t_1)$ 时间段内,没有贸易摩擦,企业 m 单独出口产品到 k_1 获得的净现值最高,因此 m 采取单一市场出口策略;在 $[t_1, t_2]$ 时间段内,贸易摩擦发生,这时同时出口产品到两个市场的净现值最大,因此 m 采取出口市场多元化策略;在 t_2 之后,FDI 方式产生的净现值最大,因此 m 将进入国际市场方式由出口转换为 FDI。FDI 的出现归因于两个方面：一是企业海外活动时间的延长，二是企业出口的贸易成本上升。图8.1描述了伴随贸易摩擦的企业国际化的动态过程，将这一过程表述为：单一市场出口—多元化市场出口—FDI。这一动态过程反映了贸易摩擦对企业行为的影响，即贸易摩擦是促使企业改变国际市场进入模式的一个重要因素，也体现了贸易摩擦的两种基本效应，贸易破坏效应和贸易转移效应，贸易破坏效应通过出口量由单一市场向多个市场的分流以及FDI对贸易的替代体现出来，贸易转移效应主要通过贸易量由单一市场向多个市场的分流体现出来。

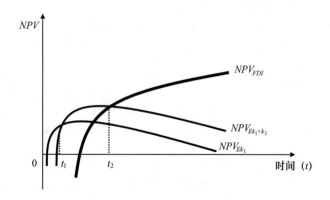

图 8.1　各种进入方式的净现值

四　本节结论

为了分析贸易摩擦对出口企业进入国际市场模式选择的影响，本节假设了一个生产单一产品的坚持走国际化经营道路的企业 m，当它遇到来自某一国外市场的贸易摩擦时，它的可供选择的国际化模式有贸易锁定、贸易转移和向 FDI 转换三种。本书首先通过对 Tekin-Koru（2011）模型进行扩展，从静态角度分析了贸易摩擦发生后追求利润最大化的企业进行不同选择的依据，通过加入时间因素的影响，我们发现如果企业仍然坚持以出口方式进入国外市场，那么市场多元化将是其最优选择。然后本书从动态角度采用净现值法研究了企业国际化经营的全过程，通过比较各种进入方式的净现值，提出了一条伴随贸易摩擦的最优企业国际化路径，即单一市场出口—多元化市场出口—FDI。这一路径与接近—集中权衡假说的预期是一致的，反映了当国外生产带来的收益超过了国内生产规模减小带来的损失时，企业最终会放弃出口方式选择 FDI 方式进入国外市场。并且本文通过把出口模式分化为单一市场—单一市场和单一市场—多元化市场，反映了由出口向 FDI 的转变的具体过程，是对接近—集中权衡假说的补充和发展。

第二节　贸易摩擦与异质性企业的出口和对外直接投资选择

改革开放以来中国出口迅速发展，随着对外交易规模扩大，我国出口企业自 20 世纪 90 年代以来遭遇的贸易摩擦迅速增加，成为世界各国贸易保护的众矢之的。与此同时，自 90 年代以来中国的对外直接投资也表现出迅猛发展态势，当前中国已成为资本流出最多的发展中国家。根据对外直接投资的经典理论——接近—集中权衡假说，出口和对外投资之间是相互替代的，企业放弃出口进行国外投资的动机是以降低规模生产为代价来接近国外顾客或者专业化的供应商（Brainard，1993），当运输成本和贸易壁垒越高、投资壁垒越低时，跨国投资越多。后来的一些实证研究，如 Carr et al.（2001）、

Yeaple（2003）等都为该假说提供了有力证据，从而使得该假说成为解释水平型对外直接投资的经典理论。事实证明，在我国出口企业频繁遭遇贸易摩擦的同时，对外直接投资也呈增长趋势，这与接近—集中权衡假说的预期相符合。国内有一些文献指出，我国企业的对外直接投资行为具有明显的贸易壁垒规避动机（杜凯等，2010；李猛等，2013）。

　　但是接近—集中权衡假说忽视了企业的异质性问题，它将所有企业一视同仁，而事实是当贸易成本增加时，并不是所有企业都开展跨国投资。面对贸易摩擦，有的企业坚持出口，有的企业由出口转换为 FDI，有的企业则两者兼而有之，既出口也对外直接投资。Bernard et al.（2003）和 Melitz（2003）是研究出口与企业异质性的两篇开创性文献，虽然采用了不同的模型，但他们得出了相同的结论，即生产率越高的企业越有可能成为出口商。在贸易成本问题上二者得出的结论也基本一致，即贸易成本下降会使更多低生产率的企业成为出口商。Bernard et al.（2004）建立了一个出口动态模型，认为出口沉没成本对企业选择当前是否进入出口市场非常重要。Baldwin（2005）建立了一个基本的异质性企业贸易模型，分析了贸易自由化对贸易利得和收入分配的影响。Bernard et al.（2007）认为对于贸易成本下降的反应会因产业要素密集度的差异而不同，在比较优势产业出口生产率临界值的下降相对更多，企业平均产出的增加也更多。Blalock et al.（2004）、Baldwin et al.（2003）等的实证分析都证实了贸易自由化会使更多的企业成为出口商这一结论。以上这些文献只分析了企业异质性与出口的关系，没有涉及对外直接投资。Helpman et al.（2003）解释了异质性企业在出口与 FDI 之间的选择，认为在均衡时只有生产效率最高的企业才进行对外直接投资，该模型（HMY 模型）也是传统的接近—集中权衡假说的体现，它预示着当贸易摩擦较少或者规模经济较高时，企业会更加倾向于通过出口而非 FDI 进入国外市场，他们利用美国企业 1994 年的相关数据证实了模型的结论，从而认为企业层面的异质性是决定贸易和投资结构的一个新的因素。一些针对发达国家的实证研究都为 HMY 模型提供了证据（Head et al.，2003；Yeaple，2009）。

新新贸易理论出现后，国内学者也开始将生产率与企业的跨国行为相联系，从多角度展开研究。张天顶（2008）将企业异质性引入模型分析，并将企业的研发活动作为内生变量，研究了企业异质性与出口和对外直接投资的选择问题；李春顶（2009）扩展了新新贸易理论框架，并选取我国 36 个行业的数据，分析了不同行业应有的国际化路径选择；赖伟娟等（2011）、田巍等（2012）、洪联英等（2012）分别利用中国企业普查数据、浙江省制造业企业数据和湖南省"走出去"企业数据对企业异质性的出口和对外直接投资问题进行了研究；田东文等（2012）从企业异质性的视角研究了技术性贸易壁垒对中国出口的影响。

贸易成本是影响企业跨国经营的重要因素，来自国外诸多的贸易摩擦成为中国企业进入国外市场的重要贸易成本之一，但国内现有文献多数并没有将贸易摩擦纳入异质性企业的分析框架。本节目的在于研究国外贸易保护行为对异质性企业的影响，探讨纳入贸易摩擦这一影响因素后企业在出口和 FDI 之间的选择。本节首先在新新贸易理论基础上构建了一个分析框架，然后利用山东省企业层面的数据检验了理论模型的主要结论。

一 理论框架

(一) 基本模型

假设只有两个国家，本国（D）和外国（F），每个国家有 $N+1$ 个生产部门，一个部门生产同质产品，其余 N 个部门生产差异化产品。劳动是唯一的生产要素。消费者收入中用于购买差异产品的份额为 β_n，则用于购买同质产品的份额为 $1-\beta_n$。同质产品是标量，生产 1 单位同质产品需要使用 1 单位劳动，工资为 1。

消费者的效用函数为 CES 形式：

$$u = (1-\beta)\log z + \frac{\beta}{\alpha}\log\left[\int_{j\in J} x(j)^{\alpha} dj\right] \tag{1}$$

其中，z 表示同质产品的消费量，$x(j)$ 是差异化产品 j 的需求函数，$0 < \alpha < 1$，$\varepsilon = 1/(1-\alpha) > 1$，表示差异化产品的替代弹性，由效用最大化得出每种产品 j 的需求函数为：

$$x(j) = Ap(j)^{-\varepsilon} \tag{2}$$

其中，A 表示对差异化产品的总需求，p 表示价格。

生产方面，企业进入市场需要投入 f_E 的固定成本，企业进入市场后才知道自己的劳动生产率水平，以单位劳动产出 v 表示，其概率分布函数为 $G(v)$。如果企业选择生产，那么它还需要承担固定成本 f_D。企业的生产函数为：

$$l = f_D + vx \tag{3}$$

其中，l 表示劳动投入。为了实现利润最大化，企业将根据加成定价原则制定产品价格 $p = v/\alpha$，那么企业利润为：

$$\pi_D = v^{1-\varepsilon}B - f_D \tag{4}$$

其中，$B = (1-\alpha)A/\alpha^{1-\varepsilon}$。等式（4）表明企业利润只与

企业生产率水平有关，生产率水平越高则获得利润也越高。

（二）出口与对外直接投资

国外市场对产异化产品有需求，假设企业只能通过出口或者 FDI 服务国外市场，不存在技术许可协议等其他进入国外市场的方式，并且企业只能选择出口和 FDI 中的一种。

假设外国 F 对差异化产品的需求函数为：

$$x(j) = A^F p(j)^{-\varepsilon} \tag{5}$$

如果企业选择出口方式，要承担出口固定成本 f_x 和可变贸易成本 τ，出口固定成本包括在国外建立营销渠道、广告等成本，可变贸易成本包括运输成本、关税和非关税壁垒产生的贸易成本等，假设可变贸易成本是冰山形式，即 $\tau > 1$。企业通过出口方式获得的利润为：

$$\pi_x = (\tau v)^{1-\varepsilon} B_x - f_x \tag{6}$$

如果企业选择 FDI 方式进入国外市场，则节省了可变贸易成本，但是在国外建立新工厂需要更高的固定成本投入 f_I，一般来说有下式成立：

$$f_I > \tau^{\varepsilon-1} f_x > f_D \tag{7}$$

企业进行对外直接投资时获得的利润为：

$$\pi_I = v^{1-\varepsilon} B_F - f_I \tag{8}$$

图 8.2 比较了企业国内生产、出口和国外生产时的利润函数曲线，因为 $\varepsilon > 1$，所以 $v^{1-\varepsilon}$ 是劳动生产率的单调递减函数。假设本国和外国的总需求相同（$A = A^F$），且两国具有相同的差异产品需求弹性，那么 π_D 和 π_I 曲线平行，由于 FDI 的固定成本大于在国内生产的固定成本，所以 π_I 曲线更低一些。因为 $(\tau v)^{1-\varepsilon} B < B$，所以 π_X 的斜率小于 π_I。$v_D^{1-\varepsilon}$ 是企业是否在

国内生产的临界生产率，当企业生产率小于 $v_D^{1-\varepsilon}$ 时则由于无法盈利而退出市场；$v_X^{1-\varepsilon}$ 是企业是否进入出口市场的临界生产率，当企业生产率高于 $v_X^{1-\varepsilon}$ 时则可以通过出口获得利润；$v_I^{1-\varepsilon}$ 是企业是否进行对外直接投资的临界生产率，只有当企业的生产率高于 $v_I^{1-\varepsilon}$ 时才使得对外直接投资获得的利润高于出口获得的利润。

（三）贸易摩擦的影响

贸易摩擦在不同背景下有不同表现形式，20 世纪 80 年代以前主要以关税壁垒为主，当前则以非关税壁垒为主，主要有反倾销、反补贴、保障措施、知识产权保护等形势。不管其表现形式如何，贸易摩擦就像在企业出口过程中插入的一个楔子，成为国际交换正常进行的障碍物。贸易摩擦发起国通过各种贸易救济调查、征收临时税收和其他各种进口附加税等措施增加目标企业的可变贸易成本 τ，达到限制进口的目的。假设出口固定成本 f_x 不变，τ 上升为 τ^*，则 $(\tau^* v)^{1-\varepsilon} B < (\tau v)^{1-\varepsilon} B$，$\pi_X^*$ 的斜率小于 π_X，表现为图 8.2 中的 π_X 曲线向下移动到 π_X^*。π_X^* 与横轴的交点记为 $v_X^{*1-\varepsilon}$，与 π_I 的交点对应的生产率记为 $v_I^{*1-\varepsilon}$，可以发现 $v_X^{*1-\varepsilon} > v_X^{1-\varepsilon}$，$v_I^{*1-\varepsilon} < v_I^{1-\varepsilon}$，这意味着在贸易摩擦影响下出口临界生产率上升，对外直接投资的临界生产率下降。一方面，对出口企业来说，伴随贸易成本的上升，只有生产率水平高于 $v_X^{*1-\varepsilon}$ 的企业才能抵消成本上升的压力获得正的利润，生产率水平处于 $v_X^{1-\varepsilon}$ 和 $v_X^{*1-\varepsilon}$ 之间的企业由于无法盈利只能退回国内市场，因此出口临界生产率提高，以出口方式进入国际市场的企业减少；另一方面，对于对外投资企业来说，出口成本上升相对降低了在国外开展生产的成本，

生产率水平位于 $v_I^{*1-\varepsilon}$ 和 $v_I^{1-\varepsilon}$ 之间的企业通过对外直接投资也能获得比出口更多的利润，因此这部分企业也开始对外投资，对外投资的临界生产率下降。

贸易摩擦导致的可变贸易成本增加越多，π_X^* 的斜率越小，从而出口临界生产率水平越高，对外投资临界生产率水平越低。假设贸易摩擦强度以贸易摩擦的次数衡量，并且 τ 增加与贸易摩擦的次数呈正比，那么可以进一步得出的结论是，贸易摩擦强度大的领域出口企业的平均生产率要高于贸易摩擦强度小的领域，贸易摩擦强度大的领域对外直接投资企业的平均生产率要低于贸易摩擦强度小的领域。

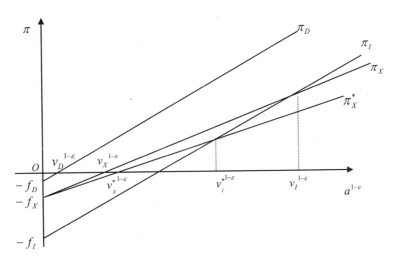

图 8.2　贸易摩擦对出口和对外直接投资临界生产率的影响

二　数据来源及描述

本节选取山东省企业层面数据检验贸易摩擦对异质性企业

出口和对外直接投资选择的影响。之所以选择山东省的数据是因为关于中国出口、OFDI 及贸易摩擦的微观数据并不完备，而一个省的数据比较容易获取。山东省作为一个出口和 OFDI 大省，进出口额一直稳居全国第五、第六位，2012 年山东省对外直接投资存量居全国第二位，总计 30.6 亿美元，选取这样一个贸易和投资大省进行分析从全国来说不失一般性。

为了检验贸易摩擦对企业跨国经营模式的影响，本文选取了频繁发生贸易摩擦的企业作为分析对象。当前的贸易摩擦以非关税壁垒为主要形式，非关税壁垒包括多种形式，但正如李猛等（2013）所述，反补贴和技术性贸易壁垒等措施对出口造成的限制根本原因在于国内企业未能达到发起国的标准，如果以投资方式进入发起国，则同样不能达到标准，因此这些措施不能引致对外投资，而反倾销和保障措施与目标企业有没有达到发起国的某些标准无关，可能引致对外投资行为。因为反倾销的有关数据比较容易获取，并且反倾销案件的数量在总案件数中占到 80% 以上，所以本文以国外对中国企业发起的反倾销调查作为贸易摩擦的代表来分析。

根据世界银行 GAD（Global Antidumping Database）的统计，本书共收集了 1995—2012 年国外针对中国产品发起的 884 起反倾销调查案件，按照 H-S 二位数编码分类归纳的结果如表 8.1 所示。就产品类别而言，1995—2012 年国外对华发起反倾销调查频率最高（$n \geq 50$）的产品包括：第 73 章钢铁制品（123 起）、第 29 章有机化学品（90 起）、第 72 章钢铁（55 起）和第 28 章无机化学品（55 起）；频率比较高（$30 \leq n < 50$）的包括：第 40 章橡胶及其制品（30 起）、第 70 章玻璃及其制品（30 起）、第 84 章机器、机械器具及其零件（48 起）

和第 85 章电机、电气设备及其零件（44 起）；中等频率（10
≤ n < 30）的一共包括 19 章，主要有塑料及其制品（28 起）、
纸制品（21 起）、化学纤维长丝（23 起）和短纤（20 起）、
车辆及零件（25 起）、精密仪器及零件（23 起）和杂项制品
（27 起）等。1995—2012 年对中国发起反倾销调查的国家中，
高频率的国家和地区包括：印度（145 起）、美国（112 起）、
欧盟（108 起）、阿根廷（76 起）、土耳其（72 起）、巴西
（63 起）；较高频率的国家包括澳大利亚（35 起）、加拿大
（32 起）、南非（36 起）、秘鲁（46 起）、墨西哥（33 起）；
中等频率的国家包括哥伦比亚（27 起）、泰国（17 起）、巴基
斯坦（11 起）、印尼（16 起）。

表 8.1　　　　1995—2012 年间国外对华反倾销调查的
产品和发起国（地区）集中度

调查数量（n）	产品类别	国家（地区）
高频率 $n \geq 50$	第 28、第 29、第 72、第 73 章	阿根廷、巴西、欧盟、美国、土耳其、印度
较高频率 $30 \leq n < 50$	第 40、第 70、第 84、第 85 章	澳大利亚、加拿大、南非、秘鲁、墨西哥
中等频率 $10 \leq n < 30$	第 25、第 32、第 38、第 39、第 44、第 48、第 52、第 54、第 55、第 61、第 63、第 64、第 69、第 76、第 81、第 83、第 87、第 90、第 96 章	哥伦比亚、泰国、巴基斯坦、印尼
低频率 $n < 10$	以上未列的章	其他 GAD 所列国家和地区

资料来源：根据 GAD 数据分类整理。

从理论上来说，如果企业的对外投资属于水平型，即在

当地生产当地销售，那么属于贸易摩擦高频率和较高频率发生类别的企业对外投资的动机最为强烈，并且这些企业对外投资的临界生产率要低于其他类别企业对外投资的临界生产率，而这些企业出口的临界生产率要高于其他类别企业出口的临界生产率。就位于同一反倾销调查频率的出口企业和对外投资企业来说，对外投资企业应该比出口企业拥有更高的生产率。

1. 贸易摩擦使企业对外直接投资的动机增强了吗？

本节选取了山东省190家对外投资企业和出口企业进行生产率的比较分析，这些企业是从山东省上市企业、山东省历年出口百强企业、1996年以来进行境外加工贸易类投资的企业中剔除了无境外活动企业、数据不全的企业后筛选出来的。之所以选择境外加工贸易类投资是因为这类投资属于制造业投资，生产的产品也是贸易摩擦主要针对的产品，符合本节的分析目的。这190家企业中从事对外投资的有73家，从事出口的有177家，其中从事对外投资的企业绝大部分同时从事出口。对这些企业根据其生产的产品按照表8.1的第（1）列和第（2）列进行分类，结果见表8.2，表8.2同时列出了不同类别企业的对外投资状况。由表8.2可见，属于高频率和较高频率类别的企业并没有呈现明显增多的OFDI活动，相反属于贸易壁垒强度为中等和低等频率类别的企业对外投资活动更多。另外从投资的东道国来看，属于贸易摩擦高频率和较高频率类别企业投资的东道国是与我国贸易摩擦发生频率低（见表8.1）的国家，而非与表8.1中所列的贸易摩擦高发国相对应，相反低频度和中等频率类别的企业向美国、印度、加拿大等贸易摩擦发生频率比较高的国家有较多投资。从投资规模看，也是中等频率和低等频率类别的企业比另外两个类别的企业有更大规模的投资。总之我们不能从表 8.2 中发现山东省企业的对外投资属于跨越贸易壁垒型投资的明显证据。

表 8.2　　　　　　企业遭遇贸易摩擦及对外直接投资状况

贸易摩擦强度	（1）企业数量	（2）（1）中对外投资的企业	（3）（2）投资的东道国	（4）（2）的中方投资总额（万美元）
高频率	32	7	纳米比亚、韩国、越南、马来西亚、朝鲜、巴基斯坦、尼日利亚	6480
较高频率	50	14	马来西亚、南非、埃及、柬埔寨、缅甸、越南、阿联酋、美国、苏丹、几内亚、西班牙、泰国等	8383
中等频率	73	33	意大利、印度、泰国、墨西哥、越南、俄罗斯、澳大利亚、南非、苏丹、柬埔寨、马来西亚等	26068
低频率	35	19	缅甸、俄罗斯、美国、加拿大、澳大利亚、几内亚、南非、越南等	10278

注：（2）中企业的中方投资总额根据 2009 年《山东对外经济贸易年鉴》有关数据计算。

2. 贸易摩擦使企业对外直接投资的临界生产率下降了吗？

为了检验贸易摩擦是否使企业对外直接投资的临界生产率下降，我们首先分别计算表 8.2 中不同类别对外投资企业的生产率，然后进行对比。企业生产率的计算有多种方法，由于获得数据的局限性本文采用近似全要素生产率（ATFP）和劳动生产率（LP）两种方法来估算企业生产率，全要素生产率测度的是扣除投入要素贡献后剩余的技术和效率因素，根据Head et al.（2003），近似全要素生产率（ATFP）估算了经资本密集度 K/L 校正后的劳动生产率 Q/L，其计算公式为：

$$ATFP = \ln(Q/L) - s\ln(K/L)$$

劳动生产率的估算公式为：

$$LP = \ln(Q/L)$$

其中，Q 表示企业的销售收入，L 表示企业的雇员人数，K 表示企业的固定资本，$s \in (0,1)$ 表示生产函数中资本的贡献度，其估算过程如下：假设一个规模报酬不变的 C-D 函数 $Q = AK^s L^{1-s}$，对其两边取对数得：$\ln Q = \ln A + s\ln(K/L)$，对本文样本进行估计得：$s = 0.43$。

运用 ATFP 和 LP 的计算公式，对表 2 中属于不同类别的对外投资企业的生产率进行估算，得到表 8.3 的结果。表 8.3 显示在贸易摩擦强度大的领域对外投资企业的生产率也较高，在贸易摩擦强度小的领域对外投资企业的生产率较低，属于高频率和较高频率的企业的 ATFP 分别为 2.65 和 3.22，中等频率和低频率的企业的 ATFP 分别为 2.38 和 1.68，LP 也显示出同样的特征。这一结果与理论模型的预测正好相反，从理论上来说，贸易摩擦的增多使更多企业开展 OFDI，从而使 OFDI 的临界生产率下降，但是山东省企业的对外投资数据显示贸易摩擦的增多反而使对外投资的临界生产率上升，表现出"生产率悖论"。投资的"生产率悖论"现象也进一步证实了表 8.2 的结论，即山东省企业的 OFDI 活动并没有表现出显著的跨越贸易壁垒动机。

表 8.3　　　贸易摩擦强度与对外投资企业的平均生产率

贸易摩擦强度	ATFP	LP
高频率	2.65	3.44
较高频率	3.22	4.37
中等频率	2.38	3.24
低频率	1.68	2.59

3. 贸易摩擦使出口的临界生产率上升了吗？

贸易摩擦通过国外发起各种调查、征收各种进口附加税增加了出口企业的成本，在出口成本的压力下，只有拥有更高生产率的企业才能进入国外市场获得利润。为了检验这一理论预测，仍然根据上文所述的 ATFP 和 LP 的估算公式估算属于表 8.2 中不同类别的出口企业的生产率以进行比较。计算结果如表 8.4 所示。

表 8.4　　　贸易摩擦强度与出口企业的平均生产率

贸易摩擦强度	出口企业数量	ATFP	LP
高频率	33	3.02	4.37
较高频率	42	2.95	4.11
中等频率	69	2.72	3.74
低频率	34	2.46	3.68

表 8.4 显示的结果证实了理论模型的预测，出口企业的 ATFP 和 LP 都随着贸易摩擦频率的增加而递增。在贸易摩擦低频率一栏，出口企业的 ATFP 均值为 2.46，中等频率的 ATFP 均值上升为 2.72，较高频率的 ATFP 均值又进一步上升为

2.95，最后面临高贸易摩擦频率出口企业的 ATFP 均值增加到
3.02。这充分说明国外的贸易保护行为对山东省的出口企业产
生了实质性的影响，只有那些生产率高的企业才能在出口市场
中生存下来，生产率低的企业将退回国内市场。

4. 对外直接投资企业的生产率高于出口企业的生产率吗？

为了比较山东省对外投资企业和出口企业的生产率状况，
将表 8.3 和表 8.4 的 ATFP 计算结果放在表 8.5 中进行比较，
可见只有较高频率类型的 OFDI 企业的生产率高于同类型的出
口企业的生产率，其他几类的企业均是出口企业的生产率要高
于对外投资企业的生产率，再次出现"生产率悖论"现象。这
一结果可能与本书所选择的投资类型属于加工贸易型投资有
关，如果将贸易型的投资考虑在内则可能会得出不同结论。

表 8.5   出口企业与对外直接投资企业的生产率比较

贸易摩擦强度	出口企业	对外直接投资企业
高频率	3.02	2.65
较高频率	2.95	3.22
中等频率	2.72	2.38
低频率	2.46	1.68

三 计量模型与方法

从上文分析可以初步看出，贸易摩擦对山东省企业出口的
影响符合异质性企业贸易理论的预期，而对 OFDI 的影响出现
"生产率悖论"，具体表现在两个方面：一是对外投资企业的平
均生产率低于出口企业的平均生产率；二是贸易摩擦强度越
大，对外直接投资企业的平均生产率越高。为了表述方便，我

们分别将这两个方面称为"悖论1"和"悖论2"。为了进一步检验贸易摩擦对企业出口和 OFDI 选择的影响，并且探讨其他影响企业出口和 OFDI 的因素，本书采用二元 Probit 模型对山东省微观企业的数据运用 Stata 软件进行计量分析。

（一）计量模型

我们采用以下模型（1）检验生产率对企业选择出口和 OFDI 模式的影响：

$$y_{ijk,s} = \beta_{0;s} + \beta_{1;s}P_{ij} + \beta_{2;s}E_{ij} + \beta_{3;s}N_{ij} + \beta'_{4;s}X_k + \varepsilon_{ijk;s} \quad (1)$$

其中，$y_{ijk;s}$ 是一个二值变量，其中，i 表示企业，j 表示产业，k 表示东道国，s 表示出口或者对外直接投资。当企业在出口和 FDI 之间进行选择时产生两个方程，一个关于 FDI，一个关于出口，同时就有两个二值被解释变量，$y_{ijk;FDI}$（当解释对外投资时取值为1，其他为0）和 $y_{ijk;EX}$（当解释出口时取值为1，其他为0）。P_{ij} 表示企业生产率，E_{ij} 表示企业的国际经营经验，N_{ij} 是表示企业性质的虚拟变量，国有企业取值1，其他取0。X_k 是表示东道国特征因素的向量。

为了检验贸易摩擦对异质性企业进行出口和 FDI 选择的影响，我们在模型（1）中加入了一个贸易摩擦 τ 与生产率 P 的交乘项，形成模型（2）：

$$y_{ijk,s} = \beta_{0;s} + \beta_{1;s}P_{ij} + \beta_{2;s}P_{ij}\cdot\tau_k + \beta_{3;s}E_{ij} + \beta_{4;s}N_{ij} + \beta'_{5;s}X_k + \varepsilon_{ijk;s} \quad (2)$$

各种变量解释如下：

1. 被解释变量：为企业进入国外市场的模式，当企业选择出口时 $y_{ijk;EX}=1$，$y_{ijk;FDI}=0$；当企业选择 FDI 时，$y_{ijk;FDI}=1$，$y_{ijk;EX}=0$。从山东省190个企业中我们总共收集了这些企业493次跨国经营活动，这些活动的分类见表8.6。从表8.6看出，山东省跨国企业的经营活动无论出口还是投资都主要集中在亚洲地区，出口另外比较集中的区域是美洲和欧洲，投资另外比较集中的区域是非洲。

2. 企业生产率（P）：以本文第三部分计算的 ATFP 作为代理变量，生产率对企业跨国经营产生积极影响，生产率越高的企业从事跨国经营的概率越大，所以其符号期望为正。

3. 国际经营经验（E）：以企业进入国际市场的时间作为代理，由于我们没有获得企业进入国际市场的确切时间，故采用以下方法计算：在改革开放以后成立的企业进入国际市场的时间取该企业成立的年份到 2012 年间隔的年数，在改革开放以前成立的企业进入国际市场的时间取从 1980 年至 2012 年的年数，即 32。由于误差存在，可能该变量的分析结果不一定非常理想。

4. 企业性质（N）：是一个虚拟变量，表示企业的所有制性质，当企业属于国有时 $N_{ij}=1$，其他情况取 0。

5. 贸易摩擦（τ）：以企业 i 所生产的产品（按 HS 编码二位数分类）在 1996—2012 年累计遇到的国外反倾销调查数量作为代理，数据来源于本节第二部分根据 GAD 的统计计算的结果。

6. 东道国特征变量：包括市场规模（由 GDP 衡量）、基础设施状况（每百万人口中拥有的电话干线量，Tel）、劳动力的熟练程度（人口中大学毕业生的比重，Skill）、贸易开放度（贸易额占 GDP 的比重，Open）、人均 GDP（Percapital）、东道国首都与山东省省会济南的距离（Distance）、设立新企业所需要的程序数量（Procedure）。距离（Distance）数据来源于 Google 地图提供的数据，其他数据都来源于世界银行的世界发展指数数据库（WDI）中相关国家 2012 年的数据。由于 GDP、人均 GDP 和距离三个变量数值比较大，在检验时作对数处理，虽然影响估计系数，但不影响显著性和方向性。

（二）计量方法

我们采用的计量方法是对所有数据按截面数据进行 Probit 回归，Probit 回归的特点是回归系数不表示边际效应，为了计算解释变量的边际效应，在 Probit 回归之后运用 mfx 命令计算边际效应。针对截面数据容易出现的异方差问题，首先运用 hetprob 命令检验是否接受同方差 Probit 模型，如果不接受则使用异方差的 Probit 模型。通过检验，本节数据不存在异方差，故在检验时均使用同方差 Probit 模型。

表8.6　　　　　山东省企业跨国经营状况

企业跨国经营次数		出口	FDI
地域分布	亚洲	171	53
	美洲	107	8
	欧洲	84	9
	非洲	10	23
	大洋洲	25	3
总计		493	397	96

四 实证结果与分析

（一）生产率、出口和对外直接投资

表 8.7 前两列报告了我们采用计量模型（1）的回归结果，表 8.8 前两列报告了模型（1）各解释变量的边际效应。从中可以得到以下几点结论：（1）生产率变量对出口和 OFDI 都产

生显著影响，生产率对出口的影响是积极的，对 OFDI 的影响是消极的，说明生产率越高的企业选择出口的概率越大，选择对外直接投资的概率越小，证实了存在"悖论 1"；（2）从边际效应看，生产率的微小增长将引起企业选择出口的概率增加 13.7%，将引起企业选择 OFDI 的概率下降 30%；（3）企业的国际经营经验变量对出口和 OFDI 都不显著，可能由计算误差引起；企业性质变量对出口不显著，对 OFDI 显著，说明山东省的国有企业选择 OFDI 的概率大于非国有企业，从边际效应看，国有企业选择 OFDI 的概率增加 32.6%。

东道国的特征变量对出口和 OFDI 的符号都是相反的，这显示了二者之间的替代性。东道国的市场规模、贸易开放度、距离三个变量对出口和 FDI 都显著，显示企业在出口时选择那些市场规模较大、开放度较高、距离较近的国家，而对外直接投资时选择那些市场规模较小、贸易开放度较低、距离较远的国家。除了市场规模和距离变量外，其他变量的边际效应都比较小。

表 8.7　　　　　模型（1）和模型（2）的估计结果

变量	模型（1）		模型（2）	
	Export	OFDI	*Export*	OFDI
P	0.4789*** (3.10)	-0.7654*** (-3.12)	0.5734*** (3.20)	-1.1618*** (-3.33)
$P \times \tau$	—	—	-0.0018 (-1.13)	0.0036** (1.98)
E	-0.0213 (-0.97)	0.0204 (0.93)	-0.0244 (-1.09)	0.0275 (1.19)

续表

变量	模型（1）		模型（2）	
	Export	OFDI	*Export*	OFDI
N	−0.1911 （−0.42）	0.8407 ** （1.96）	−0.1929 （−0.42）	1.0053 ** （2.17）
ln*GDP*	0.9257 *** （4.20）	−0.9084 *** （−4.01）	0.9568 *** （4.31）	−1.0193 *** （−4.21）
Tel	−0.0018 （−1.07）	0.0005 （0.25）	−0.0017 （−1.00）	−0.00007 （−0.03）
Skill	0.0204 * （1.75）	−0.0154 （−1.09）	0.0187 （1.58）	−0.0165 （−1.13）
Open	0.0122 * （1.77）	−0.0129 * （−1.65）	0.0115 * （1.66）	−0.0125 （−1.56）
ln*Percapital*	0.3410 （1.41）	−0.3530 （−1.39）	0.3116 （1.27）	−0.2976 （.2673）
ln*Distance*	−0.7359 *** （−2.97）	0.7860 *** （2.95）	−0.7673 *** （−3.05）	0.9307 *** （3.19）
Procedure	0.0651 （1.08）	−0.1088 （−1.57）	0.0631 （1.05）	−0.1197 * （−1.71）
Pseudo R^2	0.6398	0.6427	0.6454	0.6616

注：括号内为 t 统计量；*、**、***分别表示在10%、5%、1%的水平上显著。

（二）贸易摩擦、出口和对外直接投资

表8.7后两列报告了我们采用计量模型（2）的回归结果，表8.8后两列报告了模型（2）各解释变量的边际效应。从中得到以下几点结论：（1）生产率对出口和OFDI的作用仍然是相反的，对出口为正，对OFDI为负，说明"悖论1"依然存在；（2）$P \times \tau$交乘项对出口显示负号，说明在贸易摩擦与生产率的相互作用下，企业选择出口的概率下降，但注意到 $P \times \tau$

的系数并不显著，说明这一作用并没显现。$P \times \tau$ 项对 OFDI 是正的，并且显著，说明在贸易摩擦与生产率的相互作用下，企业选择进行对外边际直接投资的概率增加；（3）从边际效应看，生产率单独对出口的边际效应为 0.16，交乘项的边际效应为负，说明在加入贸易摩擦后生产率对出口的综合边际效应下降，意味着贸易摩擦使企业选择出口的概率下降了，但是注意到交乘项的边际效应很小且不显著，说明贸易摩擦的这种作用可能没有显示出来；（4）生产率单独对 OFDI 的边际效应为 -0.45，交乘项的边际效应为正且显著，说明在加入贸易摩擦后生产率对 OFDI 的综合边际效应上升了，意味着贸易摩擦使企业选择对外直接投资的概率上升。所以，从综合边际效应看，贸易摩擦在一定程度上缓解了对外直接投资中的"悖论1"；（5）其他变量的显著性、符号和边际效应与模型（1）的估计结果没有很大差别，证明山东省的企业在进行跨国经营时主要的影响因素是东道国的市场规模和到山东的距离，但在对外投资时企业的所有制性质也是重要影响因素。

表 8.8   各变量的边际效应

变量	模型（1）		模型（2）	
	Export	OFDI	*Export*	OFDI
P	0.1365 ***	-0.2959 ***	0.1623 ***	-0.4504 ***
$P \times \tau$	—	—	-0.0005	0.0014 **
E	-0.0060	0.0078	-0.0069	0.0106
N	-0.0568	0.3255 **	-0.0570	0.3847 **
$\ln GDP$	0.2639 ***	-0.3512 ***	0.2709 ***	-0.3952 ***
Tel	-0.0005	0.0001	-0.0005	-0.00002

续表

变量	模型（1）		模型（2）	
	Export	OFDI	*Export*	OFDI
Skill	0.0058 *	− 0.0059	0.0052	− 0.0064
Open	0.0034 *	− 0.0050	0.0032	− 0.0048
ln*Distance*	− 0.2098 ***	0.3039 ***	− 0.2172 ***	0.3608 ***
ln*Percapital*	0.0972	− 0.1364	0.0882	− 0.1154
Procedure	0.0185	− 0.0420	0.0178	− 0.0464 *

注：＊、＊＊、＊＊＊分别表示在10%、5%、1%的水平上显著。

（三）稳健性检验

结合对模型（1）和模型（2）的回归分析我们发现，山东省的企业在对外直接投资中存在"悖论1"现象，并且加入 $P \times \tau$ 项后缓解了"悖论1"，据此我们可以进一步推知"悖论2"：贸易摩擦越多，对外直接投资企业的平均生产率水平越高。为了验证模型（1）和模型（2）的稳健性，我们采用了以下两种方法：（1）计算 Probit 模型准确预测的比率；（2）对模型进行 Logit 估计。

1. 计算 Probit 模型准确预测的比率

表8.9显示，模型（1）和模型（2）预测准确的百分比都在88%以上，显示出模型拟合优度较好。

表8.9 Probit **模型准确预测的比率**

	模型（1）		模型（2）	
	Export	OFDI	*Export*	OFDI
正确预测比率	90.76%	89.94%	89.67%	88.68%

2. 对模型进行 Logit 估计

由于 Probit 模型和 Logit 模型的估计系数没有可比性，所以表 8.10 仅显示了 Logit 估计的边际效应、准 R^2 和正确预测比率。通过比较表 8.10、表 8.8 和表 8.9 可以发现，Logit 模型的边际效应、变量显著性、准 R^2 与正确预测比率与 Probit 模型几乎完全相同，因此可以认为无论是模型（1）还是模型（2）其估计结果都是稳健的。

表 8.10　　　　　　　　　Logit 模型估计的边际效应

变量	模型（1）		模型（2）	
	Export	OFDI	*Export*	OFDI
P	0.1259 ***	− 0.3119 ***	0.1478 ***	− 0.4700 ***
$P \times \tau$	——		− 0.0004	0.0014 *
E	− 0.0044	0.0072	− 0.0053	0.0106
N	− 0.0682	0.3676 **	− 0.0694	0.4214 **
lnGDP	0.2429 ***	− 0.3725 ***	0.2498 ***	− 0.4171 ***
Tel	− 0.0005	0.0001	− 0.0004	− 0.00003
Skill	0.0057 *	− 0.0063	0.0053 *	− 0.0068
Open	0.0031 *	− 0.0053 *	0.0030	− 0.0052
ln$Distance$	− 0.2091 ***	0.3413 ***	− 0.2063 ***	0.3988 ***
ln$Percapital$	0.0943	− 0.1601	0.0864	− 0.1348
Procedure	0.0178	− 0.0470	0.0174	− 0.0505 *
Pseudo R^2 正确预测比率	0.6376 90.76%	0.6399 89.94%	0.6424 90.22%	0.6576 89.31%

注：*、**、***分别表示在10%、5%、1%的水平上显著。

五　本节结论

贸易成本是影响企业跨国经营的重要因素，当前中国出口企业面临来自世界各国的贸易摩擦,这些贸易摩擦成为中国企业国际化的重要阻碍。从理论分析来看,贸易摩擦导致的可变贸易成本增加越多,出口临界生产率水平越高,对外直接投资的临界生产率水平越低。贸易摩擦强度大的领域出口企业的平均生产率要高于贸易摩擦强度小的领域,而对外直接投资企业的平均生产率要低于贸易摩擦强度小的领域。对山东省企业层面数据的实证检验得到以下结论。

1. 生产率是影响山东省企业跨国经营模式选择的重要因素,并且山东省的企业在对外投资中存在"生产率悖论"现象,具体表现在两个方面:第一,生产率越高的企业选择出口的概率越大,选择对外直接投资的概率越小,对外投资企业的平均生产率低于出口企业的平均生产率("悖论1");第二,贸易摩擦强度越大,对外直接投资企业的平均生产率越高("悖论2")。

2. 贸易摩擦对企业的跨国经营模式选择产生了重要影响。贸易摩擦使企业选择出口的概率下降,选择对外直接投资的概率上升,所以贸易摩擦在一定程度上缓解了对外直接投资中的"悖论1"。

3. 东道国的市场规模和距离是影响企业跨国经营的另外两个主要因素。东道国的市场规模越大、距离越近,企业选择以出口方式进入该市场的概率越大;东道国的市场规模越小、距离山东省越远企业选择以对外直接投资方式进入的概率越大。另外,所有制性质也是影响对外投资的重要因素,国有企业选择对外直接投资的概率大于非国有企业。

在当前形势下,应对贸易摩擦是中国企业从事跨国经营面临的常态。从企业异质性的角度来说,当贸易摩擦频繁发生时，企业首先应该从各个方面着手提高自身的生产率水平，生产率水平提升越多，越有可能继续向国外市场出口；其次企业可以考虑以对外直接投资替代出口方式进入国外市场，此时企业应该综合考虑自身所具备的生产率水平、所处行业、企业性质、东道国的市场规模、距离等因素。

第九章　出口生产率悖论下的
　　　　制度创新

　　本书前面部分的分析显示，比较优势部门是我国出口生产率悖论的主要来源。比较优势战略是中国发展对外贸易的基本战略，这一战略在宏观上取得了巨大成功，比较优势部门成为带动我国出口、就业、经济发展的重要力量，这与比较优势理论的预期是相符合的，即按照比较优势进行国际分工和贸易，能够提高本国的福利水平。但从微观来看，比较优势部门中出口企业的生产率低于非出口企业，并且其学习效应也因为比较优势而遭到弱化，这与新新贸易理论的预期是相悖的。比较优势战略在宏观和微观上表现出的这一"二元性"特征说明支撑中国出口迅速扩张的微观基础并不牢固，一方面大量低生产率企业依靠低价格获取出口机会，另一方面获得出口机会的企业不能持续提升自身的生产率水平。但是中国的比较优势战略表现出的"二元性"特征与中国所处的经济发展阶段是分不开的。因此在出口生产率悖论问题上既要客观地看待，又要充分认识到提高生产率的重要性。

第一节　出口生产率悖论的客观性

出口生产率悖论与我国所处的经济发展阶段密切相关，具有一定的客观必然性和必要性。

一　就业与出口生产率悖论

从解决就业的角度看，出口生产率悖论在我国有其存在的必要性。就业是一国经济发展中面临的重要问题，就业数量和质量影响一国经济发展速度和工业化进程。我国劳动力资源丰富，几乎处于刘易斯所述的"无限供给"状态（高德步等，2005），在相当长时间内不会遇到劳动力短缺问题。但是我国劳动力整体素质偏低，因此要解决就业压力必须主要依靠传统的资源密集型和劳动密集型产业。资源密集型产业包括石油化工、黑色金属、有色金属等国民经济的基础性产业，产业规模大，就业人数多。我国新型工业化战略强调绿色的发展观，力图实现资源、环境和经济增长的动态平衡，实现中国经济的可持续发展。随着环境问题的日益突出，一些严重破坏环境和大量消耗资源的产业将受到限制，必须进行相应调整以适用可持续发展战略需要。在此背景下，资源密集型产业的发展将受到很大考验，在投资门槛等多方面受到严格限制。一些中小型资源密集型企业可能出现生存危机，一些大型企业将大量采用先进设备，传统上大量使用劳动力的状态将得到一定程度的遏制。随着资源密集型产业的发展放慢脚步，其就业弹性也将下降。因此劳动密集型产业成为吸纳我国劳动力的主要部门。于是，劳动密集型部门在现阶段我国经济发展中发挥双重作用：

一方面是我国的比较优势部门，是我国出口的主力；另一方面是解决就业压力的主要部门。

　　当前我国就业压力仍然比较大，主要以来自高校毕业生为重点的青年就业、农业剩余劳动力转移就业和失业人员就业。我国高校毕业生呈逐年递增趋势，2014年727万人，2015年749万人，2016年765万人。相对于高校毕业生群体，我国农村剩余劳动力的数量更为庞大。我国农村剩余劳动力的数量经历了由上升到下降的过程。Taylor（1988）计算出20世纪80年代中期以前中国农村劳动力剩余的比例为30%—40%，1986年剩余劳动力数量为1.14亿—1.52亿人。事实上，学界一般认为，20世纪80年代，中国农村劳动力剩余的比例在30%以上。Rawski & Mead（1998）的研究表明，1991年，中国农村劳动力剩余的比例高达38.98%，绝对数量为1.33亿人。而Bhattacharyya & Parker（1999）则认为，1991年，中国农村劳动力剩余的比例为38.9%，绝对数量为1.32亿人；到了1995年，剩余的比例为37.1%，绝对数量为1.19亿人。人们普遍认为，20世纪90年代与80年代相比，中国农村剩余劳动力的数量和比例都在上升。进入21世纪后，较为普遍看法是，中国农村剩余劳动力的比例和数量没有多大变化。李瑞芬等（2006）估算出，2004年，中国农村劳动力还剩余34.79%。经济的持续较快增长使得工业部门不断吸纳农业劳动力，以至于劳动力需求的增速超过了供给的增速。劳动力供求关系的变化，导致劳动力短缺现象普遍存在，不同地区之间出现工资不断上升并趋同的趋势。有学者认为，这就是中国劳动力市场"刘易斯转折点"到来的标志（蔡昉，2011）。虽然一些研究表明中国农村劳动力剩余的数量明显下降，剩余的比例也明显降低，但农村剩余劳动力数量仍然庞大，蔡昉、王美艳（2007）认为，2005 年，中国农村劳动力剩余的数量为 0.25亿—1.06 亿人，剩余的比例为 5%—22.5%；而马晓河、马建蕾（2007）则认为，2006 年剩余的比例为 23.7%。

农村剩余劳动力的特点决定劳动密集型部门，特别是劳动密集型的中小企业是吸纳农村剩余劳动力的主力。农村剩余劳动力总体文化素质比较低，在农村剩余劳动力中，文盲或半文盲劳动力占劳动力总数的 7.4%，小学程度的占 31.1%，初中程度的占 49.3%，高中程度的占 9.7%，中专程度的占 2.0%，大专及以上程度的占 0.5%。其中，初中及其以下文化程度的比重高达 87.8%。此外，在农村劳动力中，受过专业技能培训的仅占 13.6%（曹金祥，2008）。从流动方式上看，农村剩余劳动力的转移仍存在着相当程度的盲目性和随意性。目前农民外出就业以依托传统血缘、地缘、人际关系网络为主。据调查，2001 年农村劳动力通过有关部门或亲属有组织进行转移的只占 27.8%，其余人员在转移方式上仍存在着相当程度的盲目性。从流动时间上看，我国农村剩余劳动力的流动具有明显的间隔性。绝大部分转入非农产业部门的劳动力，并没有完全脱离农业，放弃土地承包权，每年除在外务工外，农忙季节都要回家从事农业生产，属于兼业型或季节性转移。一般而言，家庭劳动力较多，从事劳务收入又较高的，在外工作时间就长，反之则短。据统计，农村转移出的剩余劳动力 60% 以上都是兼业型转移。

要素之间具有可替代性，但当前属于劳动密集型部门的企业以资本或技术替代劳动并不是理性选择。根据经济学相关理论，如果一种要素的成本低于另外一种要素，那么在自由市场的情况下，成本昂贵的要素会被成本低廉的要素取代。在我国当前情况下，对大多数企业来说，投入劳动要素的成本要低于投入资本和技术要素的成本。对于雇用农村剩余劳动力来说，大多是临时雇用，对企业来说成本较低，利润较高。而企业获得资本和技术的成本较高，先进的机器设备往往比较昂贵，中小企业往往面临资金不足问题，但是，由于受到金融体系结构以及中小企业风险溢价高、抵押品不足等因素的影响，中小企业从正规金融渠道获得融资难度较大，面临着"融资难、融资贵"的障碍。

因此，在我国当前背景下，使生产率低的企业也能"走出去"，通过出口扩大产能，缓解国内就业压力，在当前我国社会和经济条件下是完全有必要的。

二　创新主体与出口生产率悖论

从我国创新主体的创新能力看，出口生产率悖论有其存在的必然性。创新活动主体包括高校、科研院所和企业，就我国当前研发经费的分配情况看，投入到高校和科研院所的经费占总经费的30%左右，投入到企业的占70%左右。因此就科研经费的分配来看，企业已经成为我国自主创新体系的主体。

私营企业是社会主义市场经济的重要组成部分，截至2013年底，我国登记注册的私营企业达到1253.9万户，个体工商户达到4436.3万户，同比增长15.5%和9.3%。个体私营经济是我国吸纳就业的主渠道，全国1/3就业都集中在个体私营经济部门。截至2013年底，全国个体、私营经济从业人员实有2.19亿人，较上年同期增长9.7%。其中私营企业1.25亿人，增长10.85%，个体工商户0.93亿人，增长8.2%。但我国私营企业大部分属于资源依赖型和劳动密集型产业，总体技术层次较低，不少私营企业生产工艺落后，技术含量低，产品缺乏市场竞争力，企业之间的竞争大多是价格竞争。私营企业大部分依靠模仿技术创新来开发新产品，在实践中很少运用战略管理规划，存在技术创新和市场需求脱节问题。创新人才缺乏也是我国私营企业面临的突出问题，私营企业的专业技术人员较少，有些技术人员属于兼职性质，技术人员的专业化水平参差不齐，在解决技术创新的某些关键技术问题时，缺少交叉学科技术人才之间的协作，使得私营企业的技术创新不得不借助于外来技术，通过技术转让进行。长期困扰私营企业技术创新的"瓶颈"是创新资金不足，主要由于两个方面的原因：一是由于企业自有资金较少，二是由于在贷款和融资方面相对于国有企业和集体企业劣势明显，目前我国对私营企业在信贷方面还存在着歧视性政策。在研发方面，私营企业研发机构设置比重低，并且许多私营企业的研发机构形同虚设，不具备独立研究开发的能力。私营企业的研发投入比重较低，研发经费占销售收入的平均比重为0.5%，大大低于我国企业的平均水平。因此，私营企业虽然具有较强的创新动力机制，但在创新中面临种种困难和障碍，导致创新能力不足。

　　与私营企业相比，国有企业不仅拥有强大的人才队伍，而且大多处于关系国民经济命脉的重要行业和关键领域，拥有得天独厚的资源优势。但是我国国有企业在创新能力上存在五个"缺乏"①。

---

　　①　石耀东：《提高大型国企创新能力应从五个方面着手》，2012年12月，新华网，http://www.xinhuanet.com/。

第一，缺乏动力。企业的创新动力来源无外乎有三个：一是生存的压力，即如果不从事持续的创新活动，企业就无法在激烈的市场竞争环境下长期生存，生存压力越大，企业创新的动力就越强。二是发展的压力，即如果企业不从事持续的创新活动，企业虽然生存无忧，但却很难成长壮大。三是资本回报的压力，即企业创新活动一旦成功，就可以获得高于行业平均利润水平的超额利润，企业股东也可以获得丰厚的投资回报。对于大型国企特别是对于拥有市场支配地位的大型国企而言，由于缺乏足够的替代性竞争压力，企业普遍感受不到强烈的生存压力和发展压力，市场支配地位足以保证其获得丰厚的资本回报。因此，相对于其他企业而言，国企更倾向于选择风险相对较低的成熟技术和成熟产品，特别是引进国外成熟技术组织大规模生产，而不是选择那些投资大、风险高、周期长的原始创新活动。从企业家个人角度来看，企业家是企业创新活动的人格化代表，是创新活动的发起者和推动者。其创新的动力来源主要有三个：一是企业家职位被替代的潜在威胁。如果没有创新成果，企业无法获得持续的经济回报，企业家就可能被股东炒鱿鱼。二是企业家个人的经济回报。在企业家个人报酬与创新活动的成果直接挂钩的情况下，企业家就会有充足的动力去开展创新活动。当然，这种挂钩应当是一种长期稳定的制度安排（如股权激励机制），否则短期内企业家要么因惧怕高昂的创新失败风险而选择风险最低的创新活动，要么拿股东的钱去冒险。三是个人成就感和社会荣誉感。如果没有成功的创新活动，企业家就无法实现其事业成功的个人荣誉感，获得被公众广泛认可的社会地位。对于大型国有企业的企业家而言，通常具有企业家和政治家的双重身份（存在"旋转门"现象）。

大型国企的企业家一般都对应着一定的行政级别，其任职通常由上级国资委直接任命，其职位升迁与调任、社会地位、荣誉与成就感往往与企业规模、增长速度和稳定性密切相关，而与技术创新成果的直接关联度较弱。再者，从企业研发人员角度来看，企业研发人员是创新活动的具体执行者和实践者，其创新动力的强与弱也会直接影响到企业创新的实际效果。作为个体而言，企业研发人员的创新动力与企业家大致相同，既有获得个人报酬和职位升迁的动力，也有个人价值实现的精神需求。相对于民营企业和外资企业而言，国有企业研发人员的个人报酬水平普遍较低，股权激励等激励机制尚不健全，且通常会受到企业工资总额的限制（尽管工资总额每年都会根据上一年企业经济绩效有一定幅度的递增，但是相对于外资企业和民营企业而言，这一增幅是比较有限的）。研发人员升迁机会不多，进入国企决策层的难度更大，因此，研发人员自身的创新积极性受到很大限制，优秀研发人员很容易被外资企业和民营企业以高薪挖走，研发队伍的不稳定使得国企被戏称为外企和民企的人才培训基地。

第二，缺乏创新能力。创新能力不足表现为国有企业技术创新活动普遍缺乏持续筹资能力、基础研究能力、创新资源的系统整合能力和高端创新人才的集聚能力等一系列创新要素的组合能力。企业研发投入强度高低取决于其持续筹资能力，取决于企业长期盈利水平，最终取决于企业差异化竞争能力。从目前国内制造业的竞争格局来看，国有企业的持续筹资能力不容乐观。一方面是民营企业依靠低成本竞争优势、产品线延伸和灵活的营销策略开展竞争，竞争特点越发不突出；另一方面是外资企业利用品牌溢价优势和技术优势将产品线不断下移，从而在价值链高端上压缩国有企业的利润空间。从国有企业自身来看，"企业办社会"、辅业分离、大量冗员和退休职工须妥善安置、厂办大集体、"拉郎配"式企业重组、项目繁多的行政性收费和公益捐赠等都使国有企业背负着沉重的财务负担，从而大大压缩了本就不高的盈利空间。没有足够的盈利作保障，企业也就难以长期高强度地进行研发投入。尽管近年来我国大型国有企业研发投入增长较快，但总体而言与跨国公司相比仍然存在相当大的差距。在一些国有资本占重要地位的战略性行业，全行业研发投入甚至不足国际知名跨国公司一家的研发投入。如根据中国汽车技术研究中心统计，2009 年全行业3413 家企业研发经费支出仅为 460.6 亿元，甚至低于当年丰田汽车公司一家 470 亿元的研发经费支出。主要汽车企业研发投入占销售收入比例始终徘徊在 1.4%—1.8%，与国外 5% 左右的平均水平差距较大。基础研究能力是评价企业创新能力的一项重要指标，是企业研发活动的一项基础性工作，是长期投入和知识积累的结果。同时，由于基础研究通常存在一定的行业共性和知识外溢特征，因而企业往往更愿意从事应用性研究。与跨国公司相比，我国大型国企的基础研究工作还比较薄弱，其原因是多方面的：一是企业研发投入侧重于应用研究。1999年全国范围内展开的技术开发类科研院所改制促进了科技成果的产业化，但同时，一个不容忽视的问题是，在科研院所改制特别是并入大企业集团后，研究院所的研究重点开始向应用性研究倾斜，导致体现行业共性技术特征的基础性研究工作被大大削弱，企业所属的科研院所各自为战，缺乏联合创新的激励机制。二是对于实际开展基础性研究的企业而言，基础性研究投入大、周期长、风险高，如果没有倾斜性财税鼓励政策，就会使企业背上一定的财务负担。即使目前国家科技部主管的国家重点实验室和国家工程技术中心、国家发展改革委主管的企业技术中心和国家工程研究中心等创新体系平台，对于企业开展基础研究工作给予相当大的政策支持，但是，企业持久深入地开展基础研究工作还存在动力不足问题。三是产学研结合不够紧密。企业与大学、科研机构的联系比较松散且不固定，通常以短期项目合作为主，缺乏稳定的长效合作机制。

第三，创新经验不足。创新经验不足是指大型国有企业在市场竞争和现代企业制度环境下从事自主开发和自主品牌实践经验少，特别是长期的现代技术开发经验、充分市场竞争经验和品牌经营经验普遍缺乏，影响了大型国有企业创新能力的提高。创新是一个涉及信息采集、加工处理、应用反馈等在内的系统性活动，具有相当强的连续性，特别是像电子、医药、生物等产业，往往需要十几年甚至几十年的数据积累，才能从中发现其规律性。一项新技术新产品，如一种新药品，往往要经过成千上万次的实验和验证才能走出实验室，真正进入大规模商业化应用阶段。与动辄有上百年历史的外资企业相比，我国大型国有企业还比较年轻，各方面经验明显不足。在计划经济时期，受国际环境影响，我国一些重化工业部门依靠自己的力量发展起来，实现了从无到有的跨越。改革开放之后，国有企业通过引进消化和合资合作提升了整体创新能力，但是，从整体上讲，创新能力与发达国家相比还存在较大差距。其中一个重要原因是现代化历程较短，即运用现代科学原理、采用现代制造技术、利用现代工艺装备和使用现代组织方式的现代化生产方式和管理方式的历史不长。国有企业普遍缺乏足够的系统性经验，特别是决定创新能力高低的数据库资源量和集成度、创新网络建立、创新资源组织、创新流程设计和人才激励机制等研发活动的基础管理工作还十分薄弱，成为我国大型国企与跨国公司在创新能力上的最大差距所在。市场竞争经验也是大型国企普遍欠缺的。企业创新能力是在激烈的市场竞争中培养和发展起来的。只有身处充分竞争的市场环境，企业才能形成科学合理的创新决策，才能不断强化创新意识和创新理念，才能不断提高系统创新能力。与民营企业和外资企业相比，我国大型国有企业长期处于竞争不充分状态，一些特大型企业甚至长期处于市场垄断地位，没有真正感受到市场竞争带来的压力，从而也就无法积累起足够的市场竞争经验。其中，国际化经验是大型国有企业最缺乏的。其中一个原因是许多企业如大型金融企业和能源企业等全方位开展国际化业务时间不长，缺乏在全球范围内配置创新资源的经验与技能，如何建立全球研发网络，如何在国外设立独立研发机构，如何与跨国公司进行研发合作，如何吸引国外优秀研发人才，如何在国外开展知识产权保护工作等，这些能力只有不断的知识积累甚至是痛苦的试错过程，才能从幼稚走向成熟。

第四，品牌不足。品牌不足不是指大型国有企业缺少产品和服务品牌、商标和标识，而是指与国外大型跨国公司相比，我国大型国有企业普遍缺乏被广大消费者普遍认可的国内外知名的自主品牌，缺乏一整套培育、保护和发展自主品牌的战略、规划与实践，这也是大型国企面临的一个共性难题。自主品牌战略是企业最高层级的竞争战略，是企业创新能力的集中体现，关乎企业长远发展。长期以来，大型国有企业普遍缺乏发展自主品牌的战略意识，没有将自主品牌发展上升到关乎企业长远发展的核心战略来认识。在一些竞争性行业里，国有企业热衷于搞合资，借助引进国外成熟技术和国外知名品牌来占领市场、分享利润，忽视了自主品牌的创建、培育、经营、保护和发展，对于企业原有的一些国内知名品牌疏于保护和发展。对于品牌延伸和多品牌经营也缺乏足够的经验。树立牢固的自主品牌战略是企业家的首要责任，是企业家战略眼光和历史责任的集中体现。要让自主品牌战略成为大型国企的最高战略，首先是要让企业家担负起发展和壮大自主品牌的责任和义务，这需要在企业家创新激励机制的制度设计过程中嵌入自主品牌因素，把自主品牌发展的实际成果内化到企业家绩效考核指标当中。在这一点上，目前的制度设计还有待进一步完善。

第五，环境不足。环境不足表现在大型国有企业自主创新活动的有效竞争环境、成果转化环境和政府管理环境，制约着企业自主创新的能力提升和创新绩效。大型国有企业最缺乏的发展环境是有效竞争的市场环境，而非吃小灶式的各种优惠政策。实际上，自我国中长期科技发展规划纲要颁布以来，围绕国家创新体系建设，相关部委陆续出台了几十项配套支撑政策。应该说，大型国有企业相对于中小企业、民营企业而言从中获益较多。然而笔者认为，大型国有企业并未真正处于公平透明、残酷激烈的市场竞争环境下，在能源、矿产资源开发、铁路、市政基础设施、金融等重要领域，大型国有企业长期处于市场垄断地位，民营资本面临很高的进入障碍。在这种竞争环境下，大型国有企业的创新动力明显不足。只有打破大型国有企业对市场的垄断，才能让它们真正感受到来自生存与发展的强大压力，才能让它们激发自主创新的动力与活力。缺乏一个有效促进创新成果产业化的制度环境，也是困扰我国大型国有企业创新能力提高的重要障碍。长期以来，我国科技成果的

转化率平均仅为 20%，远远低于发达国家 60% 的水平，一大
批科研成果只是在大学和研究机构的教室和实验室里循环，沦
为评职称和获取经费的工具。只有采取切实有效的政策手段鼓
励创新成果向现实生产力转化，才能真正使科研成果从实验室
走向生产线。在创新成果产业化推进的一个重要领域是军用技
术的民用化。美国等发达国家非常重视军民技术的结合和军用
技术的民用化。军用技术与民用技术通常有 85% 的通用率，全
国有 85% 的专家直接或间接为国防服务。相比之下，我国长期
以来存在着军口和民口两套科研体系、两种管理体制。大型国
有军工企业集中了国内优秀的科研人才，在基础研究、航空航
天、新材料、电子信息、数字化精密加工等领域，聚集了世界
一流的实验设备、工艺装备，完善的设计制造标准和科研基础
管理，但是其科技成果却没能更好地实现民用化。推动军工技
术的民用化，应该成为提高大型国有企业创新能力的一个重要
内容。

三 区域经济协调发展与出口生产率悖论

从区域经济协调发展看，出口生产率悖论在今后一段时期
内仍将继续存在。虽然目前我国总体处于工业化中期阶段，但
区域经济发展阶段存在显著的空间差异性，呈现出地带性分异
的总体特征。人均 GDP 达到工业化阶段标准的地级行政单元
集中分布在以环渤海、长三角、珠三角为主体的东部沿海城市
群、资源富集地区以及中西部区域性的中心城市，中西部地区
尚有部分地级行政单元未达到工业化阶段标准（齐元静等，
2013）。从目前来看，东部发达省份是产生出口生产率悖论的
主要区域（汤二子、刘海洋，2011a），便利的地理位置和优惠

的国家政策大大降低了东部企业的出口成本，有助于更多企业进入国际市场。但当东部地区受 2008 年全球性金融危机严重冲击时，出口企业却难以实现内销转型。出口企业的表现意味着东部地区之所以具有较高的外贸水平，可能得益于贸易成本优势而非单纯的企业生产率优势。加工贸易产业则是产生出口生产率悖论的主要产业领域，加工贸易出口在中国出口中占据半壁江山，但主要集中于劳动密集型的加工、装配环节。加工贸易出口主要依赖劳动力、土地、政策等因素，出口部门缺乏创新动力，对我国技术进步和生产率增长的促进作用较小。

随着东部地区劳动力、土地等生产要素成本上升，以加工贸易为主体的劳动密集型产业向中西部地区转移正在形成趋势，例如广东省从 2011 年启动了新一轮加工贸易转型升级，而搬迁是主要路径之一，截至 2015 年，珠三角地区转入粤东西北地区的加工贸易项目 779 个，涉及加工贸易进出口 72.7 亿美元，陆续向中西部地区转移加工贸易产能约 400 亿美元。中西部地区在承接加工贸易方面积极部署，例如山西省对比其他中西部省份及东南亚国家出台的承接政策，出台"最惠"政策以争取承接产业转移，包括提供费用补贴、简化审批、保障企业用工、降低企业成本等一系列优惠配套措施。政府相关部门也在出台政策鼓励加工贸易向中西部地区转移，2016 年国务院下发《关于促外贸回稳向好的若干意见》，把加工贸易发展和对加工贸易的支持放在更加突出的位置，提出综合运用财政、土地、金融政策，支持加工贸易向中西部地区转移。随着加工贸易向中西部地区转移的进行，可以预见未来中西部地区将是产生出口生产率悖论的主要区域。

第二节　提高出口企业生产率的必要性

虽然出口生产率悖论在我国现阶段有其存在的客观必要性和必然性，但是在长期要认识到企业提高生产率对出口可持续发展的重要性。从长远看，提高企业的生产率是出口实现可持续发展的微观基础。

一　出口企业提高生产率与我国出口竞争优势提升

中国对外贸易长期高速增长的竞争优势主要来源于贸易成本相对较低的优势，其中最主要是劳动力价格低廉的优势。中国劳动生产率的增长快于劳动工资的增长，中国制造业的平均工资水平处于世界最低水平之列，美国的一项研究指出，中国纺织服装类产品的竞争优势不仅仅在于低薪，中国拥有比大多数发展中国家更好的道路以及能够达到国际标准的产品质量，中国最重要的优势还在于拥有较高的生产率，例如生产一件纯棉衬衫，中国工人需要12.5分钟，而在孟加拉国或印度需要22.2分钟才能做出同样一件衬衫，墨西哥的工人则需要半小时。但中国较高的劳动生产率并没有体现在较高的工资水平上，间接强化了劳动力优势，降低了出口成本。另外，各种提供出口激励的贸易政策也在某种程度上补偿了部分出口成本。

技术创新的实质是提高生产率。技术创新通过提高生产率影响出口，是企业进入国际市场、提升出口表现的主要因素之一，是形成企业异质性和竞争优势的关键要素。技术创新通过两个途径强化企业的竞争优势：一是生产流程创新可以提高生产率从而降低成本；二是产品创新，包括更高质量的产品和满足顾客需求的差异产品。这两个途径相互联系，虽然新的生产流程可能针对现有产品实施，但创新产品通常需要新的生产技术和生产流程。无论流程创新还是产品创新都可能使创新企业获得垄断利润。Kirbach & Schmiedeberg（2006）认为，创新在一国内部扩散要快于在国际间的扩散，因此创新企业倾向于开拓国际市场获取创新的利润，而企业想要维持其在全球市场的竞争力就必须不断创新，在这种良性循环中，中国出口的竞争力将得到持久提升。

二 出口企业提高生产率与我国比较优势转换

提高企业生产率是一国比较优势实现动态转换、避免落入"比较优势陷阱"的微观基础。我国按照比较优势参与国际分工和贸易，运用廉价劳动力资源虽然能够获得国际竞争力和一定收益，但这种优势使我国被"锁定"在全球价值链的底端，只能获得较低的附加值。对一个大国来说，如果经济增长偏向出口部门、出口供给的变动足以影响世界价格、世界初级产品的需求价格弹性非常小，则经济增长的结果是导致贸易条件恶化，陷入"悲惨增长"。如果出口企业单纯依赖廉价劳动力获取竞争优势，那么当劳动力资源日趋紧张，生产边际成本上涨，企业的竞争优势也就随之消失。技术进步是比较优势实现动态转化的重要途径，只有出口企业不断创新、不断学习、持续提升生产率水平，才能获得持续性的竞争优势，我国的比较优势才能逐步实现由劳动密集型产品向资本和技术密集型产品的转化。

三　出口企业提高生产率与转变我国外贸增长方式

长期以来，我国外贸增长方式都是粗放型的，片面注重规模速度，忽略质量效益，这使得中国在初级产业中不断地重复低效率、技术含量不高的劳动，并且在这些产业中投入大量的重要资源，造成资源产出的低效率。提升出口的经济效益是未来我国外贸发展方式转型的方向，增加出口产品附加值是提升出口经济效益的集中体现。异质企业有两种途径增加出口产品附加值：一种途径是企业通过技术创新提高出口产品的附加值，企业通过这种途径实现出口产品附加值的提升会带来出口产品的平均价值提升。另一种途径是企业增加出口市场的数量和出口产品的种类来提高出口产品的附加值，这会使规模经济的潜力进一步发挥，降低出口产品的平均成本，在出口价格不变或下降幅度较小的条件下增加原有出口市场的出口产品的附加值。这两种途径的结果是都带来企业生产率的提升，因此只有从微观上提高出口企业的生产率水平，才能在宏观上实现外贸增长方式的转变。

第三节　出口生产率悖论下的制度创新

比较优势部门是带动我国出口发展的中坚力量，企业异质性对出口可持续发展意义重大。比较优势战略在宏观和微观上表现出的"二元性"特征说明我国现阶段应该在对外贸易发展过程中充分重视微观企业的作用，从微观角度对对外贸易战略进行适度调整，以保障我国出口的可持续发展。

第一，对比较优势部门和比较劣势部门的出口企业采取不同的鼓励创新措施。比较优势部门既是出口的主力，又是吸纳劳动力就业的主力，因此，在一定时间内对依靠廉价劳动力获得竞争优势的比较优势部门内的企业要持容忍态度。但是在长远角度，仍然要鼓励比较优势部门内的企业凭借高生产率而不是廉价劳动力形成的价格优势进入国外市场，为此可以采取分步、分批的方式，采取财政支持策略，促使一部分企业先提高生产效率，然后再逐步提高剩余企业的生产效率。比较劣势部门分为两类，一类是我国的夕阳产业，如资源密集型产业；一类是我国的新兴产业，如高科技产业。对我国的夕阳产业应严格以生产率为标准，提高进入国外市场的"门槛"，防止出现出口生产率悖论，以促使其提高生产率，节约资源，促进生产要素向其他产业流动。我国的新兴产业代表了未来的比较优势，这些产业属于发达国家的优势产业，只有具有高生产效率才能进入发达国家市场，所以对发达国家的出口出现出口生产率悖论的概率不大。但我国的这些新兴产业与经济不发达国家相比较可能具有一定优势，因此对不发达国家的出口存在生产率悖论的可能性。这些新兴产业属于资本和技术密集型的产业，必须依靠高生产率创造的竞争力才能在将来与发达国家的"先行优势"相抗衡，所以应该对生产率低的企业出口进行限制，采取措施鼓励企业进行自主创新，培育竞争力。

第二，对不同所有制性质的出口企业采取不同的鼓励创新措施。民营企业和国有企业都是我国创新的主体，但目前来看创新能力都不强。国有企业规模大，有实力创新，但是经营目标不单纯是获得利润，还要兼顾社会目标，并且有政府给予的各种有利条件，往往创新动力不足。民营企业是市场化运作，以利润最大化为目的，有创新动力，但是由于规模较小，没有能力投入大量人力资本和资金进行创新，也承受不了创新的风险。在我国当前条件下，国有企业建立有效的公司治理结构，实现完全市场化运作仍非在短期内能实现，因此，民营企业的创新活力大于国有企业。对出口企业来说，面对日趋上升的劳动力、土地成本，中国低价格的比较优势将首先在规模较小的民营企业上消失，所以民营出口企业的生产率必须率先得到提升。政府要破除阻碍民营企业创新的体制因素和融资约束，加大科研经费支持，加大知识产权保护力度。民营出口企业要将科技创新能力提高到战略高度，首先进行体制创新和管理创新，进行资源整合、资产重组，改革家族式管理方式，以吸引人力资本进行技术创新，还要进行经营创新，建立自己的品牌和销售渠道，从"打价格战"走出去转向"高生产率"走出去。

第三，改革扭曲生产率发挥"自选择"效应的国内制度因素，为生产率高的企业"走出去"提供制度保障。虽然当前我国的市场经济体系逐步完善，市场在资源配置中发挥越来越重要的作用，但是仍然存在一些扭曲资源市场化配置的体制，在出口中表现为扭曲生产率的自选择效应，使很多企业即使生产率达到了出口临界值水平仍然不能成为出口商，只能面对国内市场销售。对生产率的自选择影响比较大的是国内的高贸易成本问题，中国存在严重的市场分割，地方性行政垄断导致国内市场条块分割，市场呈现碎片化，结果是国内市场的交易成本甚至超过出口交易成本，造成企业重出口而轻内销。为此，政府除了改善交通运输等基础设施，降低运输成本，更要为企业公平竞争提供制度保障，减少行政干预行为、行业和地方保护行为，破除国有企业对某些行业的垄断地位，降低行业进入壁垒，对企业实行优胜劣汰，实现商品和要素在全国范围内的自由流动。政府同时也要提高办事效率，在工作中将各类企业一视同仁，杜绝各种寻租行为出现。

第四，引导和协助比较优势企业在出口中不断学习和创新。比较优势部门内的企业短时期内借助国内廉价的劳动力形成了一定的国际竞争力，这种相对"便捷"的进入途径在一定程度上削弱了他们的学习动机。政府应加大对科技创新的宣传，让其意识到只有依靠技术进步、自主创新才能获得持续竞争力，加大科研经费投入，引导企业实现从引进、模仿到自主创新的转变。协助企业消化吸收从国外获得的技术外溢，构建合理的人力资本结构，使科研成果尽快转化，真正达到从"出口中学习"到提升企业生产效率的目的。政府要出台政策鼓励大型企业到发达国家建立产品研发和设计中心，收购和兼并国外企业和品牌。政府要加强对企业对外投资的金融扶持，继续深化外汇管理体制改革，取消不必要的外汇管制，提高用汇的便利化，积极发展外汇市场，开发金融产品，方便跨国企业规避汇率风险。

参考文献

［1］安虎森、皮亚彬、薄文广：《市场规模、贸易成本与出口企业生产率"悖论"》，《财经研究》2013年第5期。

［2］陈文芝：《贸易自由化与行业生产率：企业异质性视野的机理分析与实证研究》，博士学位论文，浙江大学，2009年。

［3］陈强：《高级计量经济学及Stata应用》，高等教育出版社2011年版。

［4］柴忠东、施慧家：《新新贸易理论"新"在何处——异质性企业贸易理论剖析》，《国际经贸探索》2009年第12期。

［5］戴觅、余淼杰：《中国出口企业生产率之谜：加工贸易的作用》，《经济学》（季刊）2014年第1期。

［6］段亚丁、车维汉：《国外李嘉图比较优势理论实证研究之评述》，《国际贸易问题》2014年第4期。

［7］范爱军：《中国各类出口产业比较优势实证分析》，《中国工业经济》2002年第2期。

［8］范剑勇、冯猛：《中国制造业出口企业生产率悖论之谜：基于出口密度差别上的检验》，《管理世界》2013年第

8 期。

[9] 傅朝阳、陈煜：《中国出口商品比较优势：1980—2000》，《经济学》（季刊）2006 年第 2 期。

[10] 高德步、吕致文：《新型工业化对我国未来就业的影响》，《经济理论与经济管理》2005 年第 2 期。

[11] 关兵：《出口地理方向与我国全要素生产率增长——基于中国省际面板数据的实证分析》，《国际贸易问题》2010 年第 11 期。

[12] 郭界秀：《比较优势理论研究新进展》，《国际贸易问题》2013 年第 3 期。

[13] 胡兵、乔晶：《对外贸易，全要素生产率与中国经济增长——基于 LA-VAR 模型的实证分析》，《财经问题研究》2006 年第 5 期。

[14] 胡兵、张明：《加工贸易出口是否促进了生产率增长——基于 Malmquist 指数和动态面板模型的实证分析》，《财经科学》2011 年第 1 期。

[15] 胡兵、张明：《中国加工贸易增值率影响因素的实证分析》，《财贸研究》2011 年第 4 期。

[16] 胡健、董春诗：《比较优势理论研究的最新进展——一个文献述评》，《西安财经学院学报》2006 年第 5 期。

[17] 洪联英、罗能生：《出口，投资与企业生产率：西方贸易理论的微观新进展》，《国际贸易问题》2008 年第 7 期。

[18] 黄静波：《技术创新，企业生产率与外贸发展方式转变》，《中山大学学报》（社会科学版）2008 年第 3 期。

[19] 黄静波、黄小兵：《生产率是出口决定因素吗？——基于中国企业的实证分析》，《世界经济研究》2011 年第

9 期。

[20] 荆逢春、陶攀、高宇:《中国企业存在出口学习效应吗?——基于所有制结构角度的实证研究》,《世界经济研究》2013 年第 3 期。

[21] 康志勇:《出口与全要素生产率——基于中国省际面板数据的经验分析》,《世界经济研究》2009 年第 12 期。

[22] 孔庆峰、陈蔚:《基于要素禀赋的比较优势理论在我国贸易实践中适用性的经验检验》,《国际贸易问题》2008 年第 10 期。

[23] 李春顶:《出口与企业生产率——基于中国制造业 969 家上市公司数据的检验》,《经济经纬》2009 年第 4 期。

[24] 李春顶、尹翔硕:《我国出口企业的"生产率悖论"及其解释》,《财贸经济》2009 年第 11 期。

[25] 李春顶:《中国出口企业是否存在"生产率悖论"基于中国制造业企业数据的检验》,《世界经济》2010 年第 7 期。

[26] 李春顶、赵美英:《出口贸易是否提高了我国企业的生产率?——基于中国 2007 年制造业企业数据的检验》,《财经研究》2010 年第 4 期。

[27] 李春顶、石晓军、邢春冰:《"出口—生产率悖论":对中国经验的进一步考察》,《经济学动态》2010 年第 8 期。

[28] 李春顶、唐丁祥:《出口与企业生产率:新—新贸易理论下的我国数据检验(1997—2006 年)》,《国际贸易问题》2010 年第 9 期。

[29] 李小平、卢现祥、朱钟棣:《国际贸易、技术进步和中国

工业行业的生产率增长》,《经济学》(季刊)2008 年第
1 期。

[30] 李坤望主编:《国际经济学》,高等教育出版社 2006
年版。

[31] 李军:《企业多重异质性与出口行为:Melitz 模型的拓展
与来自中国制造业的证据》,博士学位论文,华中科技大
学,2011 年。

[32] 李炳炎、王冲:《中国经济"双陷阱"问题及其作用机
制》,《社会科学研究》2013 年第 2 期。

[33] 赖伟娟、黄静波:《出口行为,企业异质性与生产率研
究——基于 1999—2007 年中国企业普查数据的实证分
析》,《国际经贸探索》2011 年第 7 期。

[34] 刘重力、刘德江:《中国对外贸易比较优势变化实证分
析》,《南开经济研究》2003 年第 4 期。

[35] 刘振兴、金祥荣:《出口企业更优秀吗——基于生产率视
角的考察》,《国际贸易问题》2011 年第 5 期。

[36] 刘海洋、汤二子:《鼓励出口究竟能否促进企业生产率提
高的数据验证》,《现代财经》(天津财经大学学报)
2011 年第 6 期。

[37] 刘刚:《企业的异质性假设——对企业本质和行为基础的
演化论解释》,《中国社会科学》2002 年第 2 期。

[38] 刘佳、陈飞翔:《关于中国实现比较优势动态转换的路径
选择——一个文献综述》,《财贸研究》2006 年第 1 期。

[39] 林毅夫、蔡昉、李周:《比较优势与发展战略——对"东
亚奇迹"的再解释》,《中国社会科学》1999 年第 9 期。

[40] 梁会君、史长宽:《市场需求,贸易成本与内需动力:沿

海地区与西部地区检验》,《改革》2013 年第 2 期。

[41] 梁会君、史长宽:《中国制造业出口"生产率悖论"的行业分异性研究》,《山西财经大学学报》2014 年第 7 期。

[42] 鲁晓东、连玉君:《中国工业企业全要素生产率估计:1999—2007》,《经济学》(季刊)2012 年第 2 期。

[43] 陆文聪、许为:《中国落入"比较优势陷阱"了吗?》,《数量经济技术经济研究》2015 年第 5 期。

[44] 金秀燕、许培源:《企业出口自选择效应与出口学习效应研究述评》,《国际商务》(对外经济贸易大学学报)2016 年第 4 期。

[45] 马述忠、郑博文:《中国企业出口行为与生产率关系的历史回溯:2001—2007》,《浙江大学学报》(人文社会科学版)2010 年第 2 期。

[46] 马相东、杨丽花:《贸易模式、企业异质性与国际贸易:研究述评与展望》,《云南财经大学学报》2010 年第 4 期。

[47] 聂文星、朱丽霞:《企业生产率对出口贸易的影响——演化视角下"生产率悖论"分析》,《国际贸易问题》2013 年第 12 期。

[48] 钱学锋:《企业异质性,贸易成本与中国出口增长的二元边际》,《管理世界》2008 年第 9 期。

[49] 钱学锋、王菊蓉、黄云湖:《出口与中国工业企业的生产率——自我选择效应还是出口学习效应?》,《数量经济技术经济研究》2011 年第 2 期。

[50] 齐元静、杨宇、金凤君:《中国经济发展阶段及其时空格

局演变特征》，《地理学报》2013 年第 4 期。

［51］邵敏：《出口贸易是否促进了我国劳动生产率的持续增长——基于工业企业微观数据的实证检验》，《数量经济技术经济研究》2012 年第 2 期。

［52］盛丹：《地区行政垄断与我国企业出口的"生产率悖论"》，《产业经济研究》2013 年第 4 期。

［53］史长宽、梁会君：《行政垄断，市场进入成本与出口生产率悖论——基于中国工业省级动态面板数据的经验分析》，《经济与管理研究》2013 年第 9 期。

［54］石耀东：《提高大型国企创新能力应从五个方面着手》，2012 年 12 月，新华网，http：//www. xinhuanet. com/。

［55］孙晓华、孙哲：《出口贸易对企业生产率的异质性影响——基于行业特征，企业规模和出口比重分组的实证检验》，《世界经济研究》2012 年第 8 期。

［56］孙少勤、邱斌、唐保庆：《加工贸易存在"生产率悖论"吗？——一个经验分析与理论解释》，《世界经济与政治论坛》2014 年第 2 期。

［57］孙俊新、蓝乐琴：《制造业企业出口和生产率的关系——新新贸易理论框架下对中国工业企业的微观分析》，《经济与管理》2011 年第 3 期。

［58］汤二子、孙振：《引入产品质量的异质性企业贸易模型及中国经验证据》，《经济评论》2012 年第 4 期。

［59］汤二子、李影、张海英：《异质性企业，出口与"生产率悖论"——基于 2007 年中国制造业企业层面的证据》，《南开经济研究》2012 年第 3 期。

［60］汤二子、刘海洋：《中国出口企业的"生产率悖论"与

"生产率陷阱"——基于 2008 年中国制造业企业数据实证分析》，《国际贸易问题》2011 年第 9 期。

[61] 汤二子、刘海洋：《中国出口企业"生产率悖论"存在性检验——来自 2005—2008 年中国制造业企业的证据》，《国际经贸探索》2011 年第 11 期。

[62] 汤二子、邵莹、刘海洋：《生产率对企业出口的影响研究——兼论新新贸易理论在中国的适用性》，《世界经济研究》2012 年第 1 期。

[63] 汤二子、孙振：《异质性生产率、产品质量与中国出口企业的"生产率悖论"》，《世界经济研究》2012 年第 11 期。

[64] 汤二子、孙振、邵莹：《出口之于我国企业利弊辨析——基于我国制造业企业 1999—2007 年数据分析》，《现代财经》2012 年第 3 期。

[65] 唐宜红、林发勤：《异质性企业贸易模型对中国企业出口的适用性检验》，《南开经济研究》2009 年第 6 期。

[66] 佟家栋、刘竹青、黄平川：《不同发展阶段出口学习效应比较——来自中国制造业企业的例证》，《经济评论》2014 年第 3 期。

[67] 王华、许和连、杨晶晶：《出口，异质性与企业生产率——来自中国企业层面的证据》，《财经研究》2011 年第 6 期。

[68] 王华、赖明勇、柴江艺：《国际技术转移，异质性与中国企业技术创新研究》，《管理世界》2011 年第 12 期。

[69] 王海军、张莤：《中国二元经济结构演变与经济增长的实证分析》，《经济与管理》2010 年第 5 期。

［70］王敏、赵彦云：《全要素生产率的 Levinsohn-Petrin 半参方法的测算和比较研究：1999—2006 中国制造业企业数据》，《统计教育》2010 年第 4 期。

［71］王志刚、龚六堂、陈玉宇：《地区间生产效率与全要素生产率增长率分解（1978—2003）》，《中国社会科学》2006 年第 2 期。

［72］王兵：《出口与生产率增长关系研究评述》，《经济学动态》2007 年第 6 期。

［73］魏浩、毛日昇、张二震：《中国制成品出口比较优势及贸易结构分析》，《世界经济》2005 年第 2 期。

［74］魏浩、王露西、李翀：《中国制成品出口比较优势及贸易结构研究》，《经济学》（季刊）2011 年第 3 期。

［75］徐蕾、尹翔硕：《贸易成本视角的中国出口企业"生产率悖论"解释》，《国际商务》（对外经济贸易大学学报）2012 年第 3 期。

［76］许昌平：《集聚，产品差异性和出口的"自我选择效应"——基于中国企业层面数据的经验研究》，《财贸研究》2014 年第 1 期。

［77］徐建斌、尹翔硕：《贸易条件恶化与比较优势战略的有效性》，《世界经济》2002 年第 1 期。

［78］杨高举、黄先海：《中国会陷入比较优势陷阱吗?》，《管理世界》2014 年第 5 期。

［79］严建苗、王辰璐：《异质性，生产率与出口贸易——来自浙江民营企业的经验证据》，《浙江社会科学》2013 年第 4 期。

［80］叶蓁：《中国出口企业凭什么拥有了较高的生产率?——

来自江苏省的证据》,《财贸经济》2010 年第 5 期。

[81] 叶明确、方莹:《出口与我国全要素生产率增长的关系——基于空间杜宾模型》,《国际贸易问题》2013 年第 5 期。

[82] 易靖韬:《企业异质性,市场进入成本,技术溢出效应与出口参与决定》,《经济研究》2009 年第 9 期。

[83] 易靖韬、傅佳莎:《企业生产率与出口:浙江省企业层面的证据》,《世界经济》2011 年第 5 期。

[84] 尹恒、柳荻、李世刚:《企业全要素生产率估计方法比较》,《世界经济文汇》2015 年第 4 期。

[85] 余淼杰:《中国的贸易自由化与制造业企业生产率:来自企业层面的实证分析》,《经济研究》2010 年第 12 期。

[86] 袁堂军:《中国企业全要素生产率水平研究》,《经济研究》2009 年第 6 期。

[87] 张礼卿、孙俊新:《出口是否促进了异质性企业生产率的增长:来自中国制造企业的实证分析》,《南开经济研究》2010 年第 4 期。

[88] 赵伟、赵金亮:《生产率决定中国企业出口倾向吗?》,《财贸经济》2011 年第 5 期。

[89] 赵伟、赵金亮、韩媛媛:《异质性,沉没成本与中国企业出口决定:来自中国微观企业的经验证据》,《世界经济》2011 年第 4 期。

[90] 赵伟、李淑贞:《出口与企业生产率:由实证而理论的最新拓展》,《国际贸易问题》2007 年第 7 期。

[91] 张杰、李勇、刘志彪:《出口与中国本土企业生产率》,《管理世界》2008 年第 11 期。

[92] 张杰、李勇、刘志彪:《出口促进中国企业生产率提高吗?——来自中国本土制造业企业的经验证据:1999—2003》,《管理世界》2009 年第 12 期。

[93] 张礼卿、孙俊新:《出口是否促进了异质性企业生产率的增长:来自中国制造企业的实证分析》,《南开经济研究》2010 年第 4 期。

[94] 张小蒂、李晓钟:《经济全球化与我国比较优势理论的拓展》,《学术月刊》2001 年第 6 期。

[95] 张小蒂、李晓钟:《我国外贸产品比较优势的实证分析》,《数量经济技术经济研究》2001 年第 12 期。

[96] 张鸿:《我国对外贸易结构及其比较优势的实证分析》,《国际贸易问题》2006 年第 4 期。

[97] 张艳、田鹏:《中国出口企业"生产率悖论":基于国内分割的解释》,博士学位论文,中央财经大学,2012 年。

[98] 赵志耘、刘晓路、吕冰洋:《中国要素产出弹性估计》,《经济理论与经济管理》2006 年第 6 期。

[99] 赵忠秀、吕智:《企业出口影响因素的研究述评——基于异质性企业贸易理论的视角》,《国际贸易问题》2009 年第 9 期。

[100] 周世民、沈琪:《中国出口企业的"生产率之谜":理论解释》,《宏观经济研究》2013 年第 7 期。

[101] 赵金亮:《异质性视角下的出口与生产率:企业动因及行业绩效》,博士学位论文,浙江大学,2012 年。

[102] Aw B Y, "Chung S and Roberts M J, Productivity and Turnover in the Export Market: Micro-level Evidence from the Republic of Korea and Taiwan (China)", *The World Bank*

Economic Review, Vol. 14, No. 1, 2000.

[103] Arnold J M, Martin J and Hussinger K, "Export Behavior and Firm Productivity in German Manufacturing: A Firm-level Analysis", *Review of World Economics*, Vol. 141, No. 2, 2005.

[104] Balassa B. "Trade Liberalisation and 'Revealed' Comparative Advantage", *The Manchester School*, Vol. 33, No. 2, 1965.

[105] Bernard A B, Redding S J and Schott P K, "Comparative Advantage and Heterogeneous Firms", *Review of Economic Studies*, Vol. 74, No. 1, 2007.

[106] Bernard A B and Jensen J B, "Exporters, Jobs, and Wages in U. S. Manufacturing: 1976 – 1987", *Brookings Papers on Economic Activity: Microeconomics*, 1995.

[107] Bernard A B and Wagner J, "Exports and Success in German Manufacturing", *Review of World Economics*, Vol. 133, No. 1, 1997.

[108] Bernard A B and Jensen J B, "Exporting and Productivity", *National Bureau of Economic Research*, No. 7135, 1999.

[109] Bernard A B, Andrew B, Eaton J and Jensen J B, " Plants and Productivity in International Trade", *American Economic Review*, Vol. 93, No. 4, 2003.

[110] Bernard A B and Jensen J B, "Exporting and Productivity in the USA", *Oxford Review of Economic Policy*, Vol. 20, No. 3, 2004.

[111] Bernard et al. , Jensen J B and Redding S J, "Firms in In-

ternational Trade", *The Journal of Economic Perspectives*, Vol. 21, No. 3, 2007.

[112] Bernard, Jensen J B and Redding S J, "The Empirics of Firm Heterogeneity and International Trade", *Annual Review of Economics*, Vol. 4, No. 1, 2012.

[113] Blalock G and Gertler P J, "Learning from Exporting Revisited in a Less Developed Setting", *Journal of Development Economics*, Vol. 75, No. 2, 2004.

[114] Clerides S K, Lach S and Tybout J R, "Is Learning by Exporting Important? Micro Dynamic Evidence from Colombia, Mexieo, and Moroeeo", *The Quarterly Journal of Economies*, Vol. 113, No. 3, 1998.

[115] Castellani D, "Export Behavior and Productivity Growth: Evidence from Italian Manufacturing Firms", *Review of World Economics*, Vol. 138, No. 4, 2002.

[116] Caves D W, Christensen L R and Diewert W E, "The Economic Theory of Index Numbers and the Measurement of Input, Output, and Productivity", *Econometrica: Journal of the Econometric Society*, Vol. 113, No. 3, 1982.

[117] Carrillo P, "Technology Transfer on Joint Venture Projects in Developing Countries ", *Construction Management and Economics*, Vol. 14, No. 1, 1996.

[118] Delgado M A, Farinas J C and Ruano S, "Firm Productivity and Export Markets: a Non-Parametric Approach", *Journal of International Economics*, Vol. 57, No. 2, 2002.

[119] Damijan J P and Kostevc Č, "Learning-by-Exporting: Con-

tinuous Productivity Improvements or Capacity Utilization Effects? Evidence from Slovenian Firms", *Review of World Economics*, Vol. 142, No. 3, 2006.

[120] Damijan J P, Polanec S and Prasnikar J, "Self-Selection, Export Market, Heterogeneity and Productivity Improvements: Firm Level Evidence from Slovenia", *LICOS Discussion Paper*, No. 148, 2004.

[121] De Loecker J, "Do Exports Generate Higher Productivity? Evidence from Slovenia", *Journal of International Economics*, Vol. 73, No. 1, 2007.

[122] De Loecker J, "Product Differentiation, Multi-Product Firms and Structural Estimation of Productivity", *KU Leuven, mimeograph*, 2005.

[123] Demidova S, "Productivity Improvement and Falling Trade Costs: Boon or Bane? ", *International Economic Review*, Vol. 49, No. 4, 2008.

[124] Dixit A K and Stiglitz J E, "Monopolistic Competition and Optimum Product Diversity", *The American Economic Review*, Vol. 67, No. 3, 1977.

[125] Farinas J C and Martin-Marcos A, "Exporting and Economic Performance: Firm-Level Evidence for Spanish Manufacturing", *Universidad Complutense and UNED, Madrid, Mimeo*, April, 2003.

[126] Fryges H and Wagner J, "Exports and Productivity Growth: First Evidence from a Continuous Treatment Approach", *Review of World Economics*, Vol. 144, No. 4, 2008.

［127］ Fu X, "Exports, Technical Progress and Productivity Growth in A Transition Economy: A Non-Parametric Approach for China", *Applied Economics*, Vol. 37, No. 7, 2005.

［128］ Mac Dougall G D A, "British and American Exports: A Study Suggested by the Theory of Comparative Costs", *The Economic Journal*, Vol. 61, No. 244, 1951.

［129］ Giles J A and Williams C L, "Export-Led Growth: A Survey of the Empirical Literature and Some Non-Causality Results", *Journal of International Trade & Economic Development*, Vol. 9, No. 3, 2000.

［130］ Girma S, Görg H and Strobl E, "Exports, International Investment, and Plant Performance: Evidence from A Non-Parametric Test", *Economics Letters*, Vol. 83, No. 3, 2004.

［131］ Girma S, Greenaway D and Kneller R, "Export Market Exit and Performance Dynamics: A Causality Analysis of Matched Firms", *Economics Letters*, Vol. 80, No. 2, 2003.

［132］ Girma S, Kneller R and Pisu M, "Exports versus FDI: an Empirical Test", *Review of World Economics*, Vol. 141, No. 2, 2005.

［133］ Greenaway D and Kneller R, "Exporting, Productivity and Agglomeration: A Difference in Difference Analysis of Matched Firms", *European Economic Review*, Vol. 52, No. 5, 2008.

［134］ Greenaway D, Gullstrand J and Kneller R, "Exporting May Not Always Boost Firm Productivity", *Review of World Economics*, Vol. 141, No. 4, 2005.

[135] Greenaway D and Kneller R, "Exporting and Productivity in the United Kingdom", *Oxford Review of Economic Policy*, Vol. 20, No. 3, 2004.

[136] Greenaway D and Kneller R, "Industry Differences in The Effect of Export Market Entry: Learning by Exporting?", *Review of World Economics*, Vol. 143, No. 3, 2007.

[137] Greenaway D and Kneller R, "Firm Heterogeneity, Exporting and Foreign Direct Investment", *The Economic Journal*, Vol. 117, No. 517, 2007.

[138] Golub S S and Hsieh C T, "Classical Ricardian Theory of Comparative Advantage Revisited", *Review of International Economics*, Vol. 8, No. 2, 2000.

[139] Good D H, Nadiri M I and Sickles R C, "Index Number and Factor Demand Approaches to the Estimation of Productivity", *National Bureau of Economic Research*, No. 5790, 1996.

[140] Griliches Z and Mairesse J, "Production Functions: the Search for Identification", *National Bureau of Economic Research*, No. 5067, 1995.

[141] Hahn C H, "Exporting and Performance of Plants: Evidence from Korean Manufacturing", *National Bureau of Economic Research*, No. 10208, 2004.

[142] Hallward-Driemeier M, Larossi G and Sokoloff K L, "Exports and Manufacturing Productivity in East Asia: A Comparative Analysis with Firm-Level Data", *National Bureau of Economic Research*, No. 8894, 2002.

[143] Helpman E, Melitz M J and Yeaple S R, "Export versus FDI", *National Bureau of Economic Research*, No. 9439, 2003.

[144] Helpman E, "Increasing returns, imperfect markets, and trade theory", *Handbook of International Economics*, Vol. 1, No. 1, 1984.

[145] Head K and Ries J, "Heterogeneity and the FDI versus Export Decision of Japanese Manufacturers", *Journal of the Japanese and International Economies*, Vol. 17, No. 4, 2003.

[146] Hall R E and Jones C I, "Why Do Some Countries Produce So Much More Output Per Worker Than Others?", *The Quarterly Journal of Economics*, Vol. 114, No. 1, 1999.

[147] Harrigan J, "Technology, Factor Supplies, and International Specialisation: Estimating the Neoclassical Model", *American Economic Review*, Vol. 87, No. 4, 1997.

[148] Hopenhayn H A, "Entry, Exit, and Firm Dynamics in Long Run Equilibrium", *Econometrica: Journal of the Econometric Society*, Vol. 60, No. 5, 1992.

[149] Isgut A, "What's Different About Exporters? Evidence from Colombian Manufacturing", *Journal of Development Studies*, Vol. 37, No. 5, 2001.

[150] Jensen J B and Musick N, "Trade, Technology, and Plant Performance", *ESA/OPD*, 1996.

[151] Kamata I, "Comparative Advantage, Firm Heterogeneity and Selection of Exporters", http://www.researchgate.net,

2010a.

[152] Kamata I, "Explaining Export Varieties: The Role of Comparative Advantage", http: //www. researchgate. net, 2010b.

[153] Kraay A, "Exports and Economic Performance: Evidence from a Panel of Chinese Enterprises", *Revue d'Economie du Developpement*, Vol. 1, No. 2, 1999.

[154] Krugman P, "Scale Economies, Product Differentiation, and the Pattern of Trade", *The American Economic Review*, Vol. 70, No. 5, 1980.

[155] Kokko A, "Foreign Direct Investment, Host Country Characteristics and Spillovers", *Economic Research Institute*, *Stockholm School of Economics*, 1992.

[156] Kokko A, "Technology, Market Characteristics, and Spillovers", *Journal Of Development Economics*, Vol. 43, No. 2, 1994.

[157] Lall S, "Competitiveness Indices and Developing Countries: An Economic Evaluation of the Global Competitiveness Report", *World development*, Vol. 29, No. 9, 2001.

[158] Leamer E E and Levinsohn J, "International trade theory: The evidence", *National Bureau of Economic Research*, No. 4940, 2004.

[159] Levinsohn J and Petrin A, "Estimating Production Functions Using Inputs to Control for Unobservables", *The Review of Economic Studies*, Vol. 70, No. 2, 2003.

[160] Levinsohn J and Petrin A, "When Industries Become More Productive, Do Firms?", *National Bureau of Economic Re-*

search, No. 6893, 1999.

[161] Laursen K, "Revealed Comparative Advantage and the Alternatives as Measures of International Specialization", *Eurasian Business Review*, Vol. 5, No. 1, 2015.

[162] Lu D, "Eeceptional Exporter Performance? Evidence from Chinese Manufacturing Firms", *Job Market Paper*, *University of Chicago*, Nov. , 2010.

[163] López R A, "Entry to Export Markets and Firm-Level Productivity in Developing Countries", *University of California*, *Los Angeles*, February, 2003.

[164] Markusen J R and Venables A J, "The Theory of Endowment, Intra-Industry and Multi-National Trade", *Journal of International Economics*, Vol. 52, No. 2, 2000.

[165] Melitz M J, "The Impact of Trade on Intra-Industry Reallocations and Aggregate Industry Productivity", *Econometrica*, Vol. 71, No. 6, 2003.

[166] Mengistae T and Pattillo C, "Export Orientation and Productivity in Sub-Saharan Africa", *IMF Staff Papers*, Vol. 51, No. 2, 2004.

[167] Olley G S and Pakes A, "The Dynamics of Productivity in The Telecommunications Equipment Industry", *National Bureau of Economic Research*, No. 3977, 1992.

[168] Okubo T, "Trade Liberalization and Agglomeration with Firm Heterogeneity: Forward and Backward Linkages", *Regional Science and Urban Economics*, Vol. 39, No. 5, 2009.

[169] Pavcnik N, "Trade Liberalization, Exit, and Productivity

Improvements: Evidence from Chilean Plants", *The Review of Economic Studies*, Vol. 69, No. 1, 2002.

[170] Pär H and Nan L N, "Exports as an Indicator on or Promoter Of Successful Swedish Manufacturing Firms in The 1990s", *Review of World Economics*, Vol. 140, No. 3, 2004.

[171] Perkins F C, "Export Performance and Enterprise Reform in China's Coastal Provinces", *Economic Development and Cultural Change*, Vol. 45, No. 3, 1997.

[172] Proudman J and Redding S, "Evolving Patterns of International Trade", *Review of International Economics*, Vol. 8, No. 3, 2000.

[173] Stern R M, "British and American Productivity and Comparative Costs in International Trade", *Oxford Economic Papers*, Vol. 1, No. 14, 1962.

[174] Roberts M J and Tybout J R, "The Decision to Export in Colombia: An Empirical Model of Entry with Sunk Costs", *The American Economic Review*, Vol. 87, No. 4, 1997.

[175] Sjöholm F, "Exports, Imports and Productivity: Results from Indonesian Establishment Data", *World Development*, Vol. 27, No. 4, 1999.

[176] Van Biesebroeck J, "Exporting Raises Productivity in Sub-Saharan African Manufacturing Firms", *Journal of International Economics*, Vol. 67, No. 2, 2005.

[177] Wagner, J, "Exports, Firm Size, and Firm Dynamics", *Small Business Economics*, Vol. 7, No. 1, 1995.

[178] Wagner J, "Exports and Productivity: A Survey of the Evi-

dence from Firm-Level Data ", *The World Economy*, Vol. 30, No. 1, 2007.

[179] Wagner J, "The Causal Effects of Exports on Firm Size and Labor Productivity: First Evidence from A Matching Approach", *Economics Letters*, Vol. 77, No. 2, 2002.

[180] Wagner Joachim, "Exports and productivity: a survey of the evidence from firm level data ", *The World Economy*, Vol. 30, No. 1, 2007.

[181] Yu R, Cai J and Leung P S, "The Normalized Revealed Comparative Advantage Index", *The Annals of Regional Science*, Vol. 43, No. 1, 2009.

[182] Yeaple S R, "A Simple Model of Firm Heterogeneity, International Trade, and Wages", *Journal of International Economics*, Vol. 65, No. 1, 2005.

后　记

　　本书在异质性企业贸易理论框架下研究了出口企业的生产率悖论问题。异质性企业贸易理论是一个新兴理论，中国学界对它的研究正处于起步阶段，而纵观国内外有关文献，"出口生产率悖论"更仿佛是一个具有"中国特色"的问题，国外相关研究几乎为零，国内相关研究虽然众多，但缺乏系统性的研究。在此背景下，本书所作研究难免存在不足之处。

　　本书的理论模型有待进一步扩展。本书对比较优势部门更易于出现出口生产率悖论的理论分析是建立在 Bernard et al.（2007）的基础上，论述了比较优势企业由于拥有"低边际生产成本—高生产率二元选择优势"和较低的出口固定成本而削弱了生产率对出口的决定性作用。首先，本书只是探讨了促使比较优势部门出现悖论的两个原因，还有一些本书尚未提及但仍然对出口产生影响的因素，如政策、FDI 等，将这些因素加入本文模型是否能得出不一样的结论，这是下一步的一个研究方向；其次，本书只是探讨了出口生产率悖论的来源问题，没有探讨悖论对福利的影响，生产率低的企业成为出口商对消费者剩余和生产者剩余的影响如何，一国总体福利增加了还是恶化了，这也是继续研究的课题；最后，将异质性企业贸易理论的前沿与出口生产率悖论问题相结合，可能会得出一些有意思的结论，比如可以将出口的外延边界和集约边界与出口生产率悖论相结合，可以将企业出口市场的动态变化与出口生产率悖论相结合，考察企业生产率跟随出口状态的变动情况，这也是未来的一个研究方向。

　　本书在实证方面的分析也遗留了一些有待解决的问题。首先，将间接出口企业作为出口企业可能会使出口生产率悖论问题扩大化。间接出口企业不需要自己开拓国际市场，虽然支付了一定代理手续费，但是出口过程中没有沉没成本，当企业只是偶尔出口少量货物时，支付的手续费与直接出口产生的沉没成本相比可能相去甚远，这大大降低了出口生产率临界值。其次，本书运用三种方法估算了企业的全要素生产率，虽然估计结果存在差异，但本书在各种检验中证实这些差别基本不会影响估计系数的方向性，却会严重影响到估计系数的大小。怎样使不同方法的估计结果更为接近，目前国内文献没有相关研究。最后，本书的实证研究结论需要更丰富的数据资料检验。由于研究条件限制，本文实证检验运用了中国制造业上市企业数据资料，为了形成平衡面板，总共选择了534家上市企业，在我国众多的企业中，本书的样本不过是其中的一小部分，因此本书实证检验所得出的结论可能仅适用于上市企业，其在全国范围内的适用性需要包括更多微观数据的数据库来检验。